FONCTIONS de L'ENTREPRISE

Profession Manager commercial

Motiver, coacher et piloter une équipe de vente

Alain FOSSIER

Odile LETRILLART-BÉNARD

Préface de Gérald KARSENTI

DUNOD

Maquette intérieure : Catherine Combier
et Alain Paccoud

Couverture : Didier Thirion/Graphir design

Photos couverture : Didier Thirion/Graphir design

Mise en pages : Nord Compo

ISBN 978-2-10-058176-4

Table des matières

Remerciements

L'émotion me conduit à souligner que, sans tous ces moments de vie partagés avec des hommes et des femmes exceptionnels, cet ouvrage n'aurait pu se réaliser. Je tiens à ce titre à adresser toute ma gratitude à mon épouse Elisabeth pour son aide, sa patience et son regard précieux, ainsi qu'à mon fils Hugo pour le défi qu'il a su me lancer. Rendre hommage à toute l'équipe Halifax Consulting pour son soutien et plus particulièrement Frédéric Vendeuvre pour ses conseils éclairés. Saluer la contribution des experts managers qui ont enrichi cet ouvrage par la qualité de leurs témoignages et tous les managers commerciaux avec qui j'ai eu le plaisir d'échanger lors de missions toujours passionnantes.

Enfin, remercier Emilie Lerebours et Marine de Lacoste, des éditions Dunod, pour leur patience et leurs recommandations.

Alain Fossier

Mes remerciements vont naturellement vers Alain Fossier qui a été à l'origine de ce projet et qui a su manager notre collaboration d'écriture de son introduction à la conclusion avec enthousiasme et passion… mais également à Frédéric Vendeuvre qui nous a aidés dans la rédaction de cet ouvrage et dont les conseils furent précieux. Je remercie également Benoît, mon mari, pour son soutien et mes trois enfants Marion, Juliette et Baudouin pour leur patience et leur compréhension.

Odile Letrillart-Bénard

Préface

Vous n'aurez pas trop de difficultés à trouver un bon ouvrage sur la vente et ses métiers en entrant dans une librairie spécialisée dans le management et la gestion des entreprises. Leur prolifération est telle que vous aurez l'embarras du choix des publications qui se disputent la vedette chaque mois. Il en sera toutefois tout autrement si vous en cherchez un sur la fonction même de manager commercial. Odile Letrillart-Bénard et Alain Fossier viennent combler ce vide avec ce livre en nous offrant un panorama tout à fait exhaustif de ce métier qui reste l'une des pierres angulaires de l'entreprise moderne. Alchimie parfaite entre théories et expériences pratiques – combinaison des savoir-faire respectifs des auteurs –, ces pages vont intéresser tout aussi bien les managers en poste, les commerciaux en devenir, voire faire découvrir ce métier très méconnu auprès des étudiants.

Cette profession a profondément évolué au fil du temps pour embrasser toutes les dimensions de l'action commerciale, quel que soit le secteur d'activité envisagé, le type de vente réalisé (volume, valeur ou les deux), l'offre proposée (produits, services ou les deux) ou les segments de clientèle, couverts au travers de forces commerciales directes, de réseaux de partenaires, de l'internet ou du téléphone. Cette diversité d'approche et de contenu a certes enrichi la profession mais l'a aussi complexifiée, les niveaux de compétences requis s'étant du même coup élevés brutalement. On ne vend plus aujourd'hui comme hier. On ne manage plus une équipe de commerciaux comme autrefois. Plus que jamais, la réussite est une combinaison de facteurs et le manager commercial doit – à défaut de les posséder toutes – être au moins très performant sur deux d'entre eux. D'un côté, il lui faut maîtriser les théories du leadership et de la relation client – *la vente est un art* –, de l'autre, il doit être parfaitement formé à la gestion des processus, aux rouages et indicateurs commerciaux – *la vente est une science* (ou quasi-science, une partie significative des données nécessaires à la prise de décision reposant sur des évaluations humaines forcément subjectives). Une façon de dire que le manager commercial doit posséder de nos jours diverses formes d'intelligences – allant de l'analytique à l'émotionnelle –

s'il veut réussir dans son métier et apporter une réelle valeur ajoutée à son équipe, à l'entreprise et aux clients.

Il lui faut tout d'abord donner du sens à son action, motiver les équipes, tout en expliquant la vision, la démarche et les objectifs opérationnels qu'il entend poursuivre. Il est par essence le principal relais de la stratégie de l'entreprise. Savoir gérer le changement – quasi permanent dans cette profession –, résister à un niveau de stress environnant inévitable, sans tomber dans le travers des erreurs classiquement rencontrées, sont des qualités qu'il faut posséder et peaufiner tout au long de sa carrière. Il doit ensuite se concentrer sur le développement des membres de son équipe, s'assurer qu'ils soient tous affectés à la bonne mission, en leur donnant les moyens de progresser. Reste alors une dernière dimension, celle de la création de valeur. Le manager commercial doit de nos jours chercher à en ajouter tout au long du processus d'identification, de qualification et de gestion d'une opportunité commerciale. Cela passe par l'édification de plans commerciaux élaborés – l'acte de vente nécessite de la méthode –, par la mise au point de propositions de valeur très sophistiquées, ou par la maîtrise de processus et d'indicateurs qui permettent de mesurer progrès et satisfaction clients.

Bref, la vente est au confluent de l'art et de la science. Entre la séduction et la méthode. Le manager commercial en est le chef d'orchestre. Il se situe entre d'une part la conviction, l'engagement, l'énergie et d'autre part, la maîtrise, la rationalité et l'exécution. Les auteurs en parcourent l'ensemble des dimensions et vont au-delà encore dans cet ouvrage complet, simple et efficace, dont on ne peut très vite plus se séparer.

Gérald Karsenti
PDG de HP France

Introduction

Dans un contexte de crise, le rôle du manager commercial prend une dimension encore plus essentielle dans les entreprises. L'entreprise doit vendre plus et mieux, elle ne peut plus compter uniquement sur des financiers virtuoses ou sur la seule capacité d'innovation des chercheurs. Le manager commercial, au cœur de cette problématique, a besoin d'excellents commerciaux pour faire la différence. Le traitement toujours plus rapide de l'information commerciale grâce aux nouvelles technologies, les mouvements de fusions-acquisitions d'entreprises qui bouleversent les périmètres de marchés, la concurrence exacerbée par une offre pléthorique, les exigences des actionnaires sur les résultats à deux chiffres, autant de phénomènes maintes fois décrits dans les médias qui sont au cœur du quotidien de la vie du manager commercial.

Dans ce climat d'incertitudes, le manager doit entretenir et enrichir le lien avec ses équipes, avec des commerciaux (tout comme les clients) devenus plus exigeants, moins fidèles et plus ou moins engagés. Leurs attentes ont aussi changé avec l'émergence de la génération Y : les plus jeunes veulent réussir leur vie professionnelle sans que celle-ci empiète trop sur leur vie privée. Quant aux seniors, ils doivent rapidement s'adapter aux changements et conserver le désir d'évoluer dans leur métier ou dans un parcours professionnel qui a tendance à se prolonger jusqu'à 65 ans.

C'est dans cette complexité que la fonction de manager commercial prend toute sa richesse. Il est devenu de fait un personnage central de l'entreprise. Il doit à la fois savoir fédérer les équipes autour de la stratégie commerciale décidée par la direction générale et réussir à mobiliser chacun des commerciaux à sa mise en œuvre et ce, dans le timing voulu. Dans une économie plus ouverte et mondiale, la vitesse devient un mode de vie : **le manager est donc aussi celui qui doit accélérer l'intégration de multiples changements au sein des équipes**.

Dans tous les secteurs d'activités, les offres se sont multipliées : qu'il s'agisse de produits innovants ou fortement banalisés, le client est de plus en plus sollicité. La qualité de service ou de prestations annexes doit faire la différence et, souvent, la « posture » des commerciaux est déterminante : **le manager est aussi celui qui doit faire adopter les bons comportements**

et les pratiques commerciales définies grâce à ses qualités pédagogiques et sa proximité.
Les canaux de distribution représentent des enjeux importants, que ce soit la vente par téléphone, en face à face, par internet, en direct ou par intermédiaire. Les fonctions opérationnelles supports comme le marketing, l'informatique, les centres de relation client, doivent toujours être plus réactives et développer davantage de synergies pour satisfaire le client. **Le manager commercial est désormais connecté avec le monde extérieur et avec les services de son entreprise et doit donc faire face à une inflation d'informations à traiter pour prendre des décisions.**
Face à cette situation où l'insécurité économique domine, la vie d'entreprise est une aventure plus incertaine qu'hier. Il est fondamental pour le manager de développer l'optimisme, d'insuffler aux équipes l'énergie nécessaire autour de projets mettant en relief des valeurs simples, sincères et partagées. L'esprit d'équipe en fait partie, la reconnaissance individuelle aussi et la plupart des entreprises ont compris l'importance des valeurs comme vecteurs de performance. En revanche, si ces notions font l'unanimité, elles ne sont pas simples à faire vivre. À titre d'exemple, l'idée de développer les talents de chacun est aujourd'hui devenue très populaire, séduisante, mais sa mise en œuvre reste plus difficile. En effet, le manager a tendance à se focaliser davantage sur les points faibles d'un commercial que sur le développement de ses points forts. Pourtant, dans le cadre de nos missions en entreprise, on observe qu'un commercial heureux, « bien dans sa tête », accroît davantage de satisfaction client et devient de fait créateur de valeur pour son entreprise. Bien sûr, l'objectif de l'entreprise n'est pas *a priori* de garantir le bonheur professionnel de ses collaborateurs, mais de réaliser principalement des objectifs de marge, de chiffre d'affaires. Si le résultat est le but, le chemin pour y parvenir est primordial et le plus intéressant à vivre. Là où se ressentent les émotions et le besoin de sens dans l'action.
C'est armés de nos convictions et de nos expériences depuis vingt ans dans plusieurs centaines d'entreprises, que nous dédions cet ouvrage à tous les managers commerciaux et aux étudiants. **Il a pour ambition d'apporter, dans ces années réputées difficiles, des éclairages sur le rôle prépondérant du manager commercial dans les entreprises.**

Ce livre se focalise sur trois leviers d'actions à la fois simples et puissants pour prendre davantage de plaisir dans ce métier à vocation. Un triangle magique au service des résultats grâce auxquels la pérennité de l'entreprise serait assurée :
1. développer les qualités essentielles de leadership : donner du sens à l'action et savoir motiver au quotidien ;

2. faire progresser les commerciaux en appliquant les règles d'or du coaching ;
3. piloter l'activité des commerciaux afin d'optimiser leurs performances.

Pour les managers commerciaux dont les résultats sont excellents, la question centrale à se poser est : comment faire encore mieux ? Quelles sont la vision et les valeurs à faire partager ? Comment continuer à faire progresser l'équipe ? Tous les leviers pour améliorer les performances de l'équipe sont-ils suffisamment exploités ?

Pour ceux qui ont dans leur équipe certains commerciaux en difficulté, liée à un manque de motivation dans l'action, à une résistance à changer de pratique ou à un manque d'organisation... il leur arrive d'entendre des remarques telles que : « une campagne commerciale de plus... », « toujours plus », « trop de reporting », « on n'est pas associés au projet », « le marketing ne comprend pas le terrain », « tout ça pourquoi ? », « pas assez de moyens », « peu d'évolutions de carrière possible », « ces réunions ne servent pas à grand-chose », « l'entretien annuel est intéressant, mais il n'est pas suivi », « ça change trop souvent et on revient à l'organisation d'il y a 5 ans », « on est trop cher »... Bref, toute une série de griefs relevés même dans des entreprises en bonne santé. En revanche, on entend plus rarement l'inverse. Il ne s'agira pas alors d'avoir réponse à tout, mais de se challenger par rapport à ses propres pratiques managériales.

La gestion du temps en management est un dilemme pour le manager commercial. En effet, le manager est à la fois réalisateur, en conservant la responsabilité de clients importants, il doit aussi participer à des projets transverses à l'entreprise et assurer tous les actes de management. Les priorités ne manquent pas, mais pour autant des choix s'imposent. Manager des commerciaux aujourd'hui demande de voir clair dans ses missions et dans l'organisation de son temps car, si le manager doit arbitrer son temps dans des périodes chargées, il doit avant tout privilégier **le cœur de sa mission : motiver, coacher et piloter l'activité des hommes**.

En somme, le métier de manager commercial possède sans doute tous les attributs de la passion. Est-ce une vocation ? Peut-être. En tout cas, notre conviction nous amène à penser que « manager, c'est aimer ».

La structure du livre s'organise autour des trois leviers du management commercial en précisant les avantages, la mise en œuvre et les limites de chacun des leviers.

Le schéma présenté ci-après illustre les valeurs ajoutées du manager commercial qui, en agissant à la fois sur la motivation, les compétences et l'organisation de l'équipe commerciale, optimise les performances de l'entreprise.

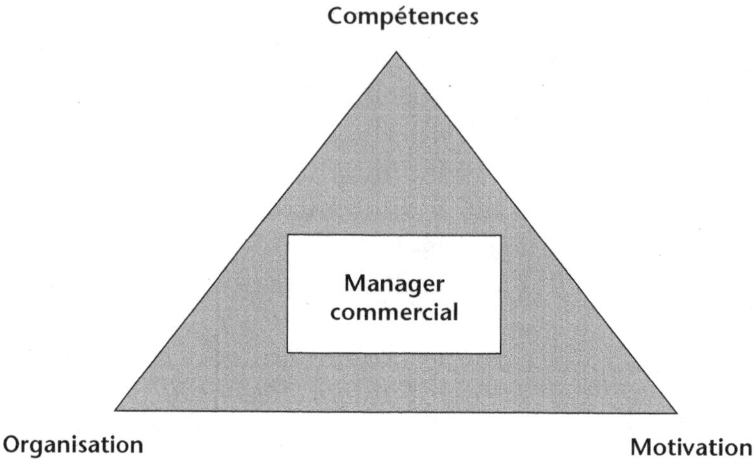

Figure 1 – Les valeurs ajoutées du manager commercial

Partie I

Premier levier : développer son leadership

Chapitre 1

Renforcer ses qualités de leader

Executive summary

- **Le manager donne l'élan à son équipe commerciale,** en lui apportant des raisons « supérieures » d'agir dans la durée.
- **Il explique la direction à prendre avec conviction** en accrochant son discours à la stratégie de l'entreprise. Afficher des valeurs ne suffit pas : il faut les vivre !
- **Décider est souvent risqué**, mais le manager commercial sait que le courage est apprécié par son équipe et sa direction.
- **Le changement n'attend pas le nombre des années**, c'est pourquoi il accompagne ses commerciaux pour les faire adhérer.

Donner du sens

Si la dimension « pilotage » du management commercial a pris une place importante grâce aux systèmes d'information, la dimension relationnelle est devenue encore plus cruciale dans le management au quotidien.

Un commercial est habitué à vivre avec une pression permanente par rapport à ses propres résultats. Son activité est mesurable à toutes les étapes du processus de vente. La fréquence des réussites et des échecs est une donnée essentielle de la vie d'un commercial, ce qui exige à la fois des qualités de résistance à l'échec et une forte volonté de réussir. Le commercial est plus exposé que d'autres professionnels à l'alternance des émotions : la colère, la peur, le dégoût, la tristesse, la surprise et la joie, autant de liens à établir par le manager entre les émotions et les besoins de ses commerciaux. Le manager commercial doit donc être particulièrement vigilant sur la motivation, dont l'origine se forge dans les émotions de chacun, et plus profondément, les aider à trouver du sens à leur travail.

Construire ou relayer la stratégie commerciale de l'entreprise

Au-delà des résultats à atteindre, il s'agit pour le manager de forger et de faire partager une raison supérieure à ses commerciaux pour agir dans le sens voulu. À l'image du sport collectif, où chacun des joueurs contribue par ses talents aux résultats de l'équipe, c'est le chemin qui importe le plus, car c'est là que se construit le résultat : l'entraînement, la technicité, la qualité relationnelle entre les joueurs et le staff de l'équipe, l'analyse du jeu des adversaires sont autant d'actions qui doivent être menées au service des ambitions affichées. De la même manière, le manager commercial doit d'abord proposer un projet, une vision afin de fédérer l'énergie de chacun au service des objectifs visés. Il s'agit de donner envie de participer à une aventure dont tous pourront être fiers. En cela, la vision doit répondre à la nécessité de donner un sens à l'activité des commerciaux et correspondre aux valeurs dans lesquelles l'équipe et chaque commercial pourront s'identifier.

En l'absence de vision, chacun de nous agirait sans véritable conviction, sinon à tenter d'assurer l'essentiel : atteindre des objectifs, assurer un niveau de vie, se conformer à un statut social... Il manquerait le goût de l'aventure, d'une belle histoire à vivre. La vision donne l'élan et entretient l'envie d'agir, tandis que l'objectif n'est qu'une étape.

Exemples

Des visions uniques

Le FC Barcelone apporte un vrai style de jeu correspondant à une vision spécifique du football. Le fait d'être champion national, européen ou du monde représente autant d'objectifs atteints. Ce palmarès incomparable s'explique par une vision unique du football qui a permis au club de remporter autant de titres. Dans le monde de l'entreprise, GE, Microsoft, Apple, Citroën, Sodexo, AXA... ont tous vécu des moments forts issus de visions successives qui leur ont permis de prendre et de développer un certain leadership. C'est en cela que le manager commercial doit transmettre cette envie fondatrice d'agir, et donner la foi et l'optimisme pour faire vivre cette vision.

Si les raisons de posséder une vision sont maintenant encore plus évidentes, d'autres exemples peuvent l'illustrer. Bien sûr, elle dépend du contexte de l'entreprise et de son environnement :

- « Nous allons envoyer un homme sur la Lune et l'en faire revenir sain et sauf, avant la fin de la décennie », John F. Kennedy.
- « Inspirer les personnes pour leur donner envie de prendre soin de la planète », National Geographic.
- « Le Cirque du Soleil est un provocateur de nouvelles expériences. »

Des formulations plus pragmatiques, mais tout aussi porteuses de fierté, sont utilisées par des managers commerciaux :

- « Être la référence de la satisfaction client : proche, à l'écoute et respectueux des attentes de nos clients. »
- « Devenir leader de notre marché. »
- « La conquête doit être l'atout majeur de notre développement, car tous les clients ont besoin de nous. »
- « Faire de l'innovation l'ADN de notre entreprise, tant sur nos produits que dans notre expertise commerciale. »
- « Mettre la relation humaine au cœur de notre réussite : des clients heureux sont nos meilleurs messagers. »
- « Doubler nos résultats en 5 ans pour devenir une entreprise de réputation nationale. »

Comment construire une vision pour son équipe commerciale ?

Construire une vision, c'est déjà engendrer des changements, et donc naturellement des résistances. Pour autant, il faut avoir le courage de s'y engager, c'est-à-dire faire preuve de leadership. Chacun d'entre nous a constaté que certains managers étaient plus leaders que d'autres. Les principales erreurs à éviter dans la construction et la communication de la vision sont :

- remettre en cause les personnes en portant des jugements de valeur : « peu d'efforts, pas assez d'actions, pas assez proactifs... » ;
- si le manager a pris récemment sa fonction, s'en prendre au prédécesseur ou au mode de fonctionnement actuel ;
- utiliser des formes restrictives, voire négatives comme « ne plus voir ce type de clients » ou « éviter des délais de paiement sans acompte » ;
- confondre vision et plan d'actions, c'est-à-dire s'en tenir dans le discours à une simple tactique pour atteindre les objectifs ;
- donner le sentiment aux commerciaux que la vision stratégique est imposée par la direction sans que le manager adapte son discours aux spécificités de l'activité commerciale ;
- ne pas suffisamment mettre en avant les bénéfices de la vision pour les commerciaux, mais plutôt les contraintes ;
- mettre en avant les avantages pour les actionnaires au détriment des collaborateurs de l'entreprise ;
- ne pas prendre en compte les efforts demandés aux commerciaux ;
- le manager n'est pas lui-même convaincu de la vision communiquée par la direction générale.

Comment formaliser le discours relais de la vision d'entreprise adaptée à son équipe commerciale ?

Cela revient souvent à rendre concret, pour les commerciaux, les nouvelles orientations de l'entreprise et donc à clarifier les changements attendus. Pour réaliser cet exercice de style, un discours en 8 étapes est conseillé :

■ Valoriser ce qui a été réalisé jusqu'à présent :

- faire un bref historique de la situation en citant les faits marquants ;
- faire ressortir les progrès obtenus ;
- rappeler les difficultés franchies et les changements réussis ;
- capitaliser sur les points forts.

■ Mettre en évidence les limites ou les risques à rester dans le *statu quo* :

- les conséquences négatives à reproduire les mêmes actions aujourd'hui en termes de :
  - positionnement sur le marché : potentiel, concurrence, évolutions ;
  - coûts ;
  - évolutions de chiffre d'affaires et de marge ;
- les risques, si on ne changeait pas demain.

■ Présenter la vision et les changements associés :

- en relation avec les valeurs de l'entreprise ;
- les perspectives de marché.

■ Expliquer les raisons du changement en mettant en exergue les avantages pour les clients, l'entreprise et les collaborateurs :

- saisir des opportunités d'une offre plus large ;
- faire bénéficier les clients de services complémentaires ;
- fidéliser les clients ;
- devenir une entreprise de référence ;
- enrichir ses connaissances ;
- assurer la croissance et les emplois.

■ Reconnaître les obstacles :

- le temps ;
- concilier les nouveaux business et l'activité commerciale récurrente ;
- l'inertie ou les résistances possibles.

■ Définir les moyens pour aider les collaborateurs :

- la formation ;
- le coaching ;
- les outils de communication.

■ Clarifier les prochaines étapes à mener à court terme :

- rappel des objectifs principaux pour faire le lien avec la vision ;
- le planning des premières actions ;
- la formation ;

- les actions commerciales prévues ;
- les moyens mis à disposition.

■ Conclure par la vision :

- une entreprise forte et durable ;
- une entreprise orientée client et services ;
- Rassurer et afficher sa confiance.

Communiquer la vision du projet d'entreprise

La trame du discours relais de la stratégie étant posée, le respect des 8 étapes facilite la fluidité du discours. Cependant, il est aussi essentiel pour le manager commercial de respecter des règles de communication dans l'expression orale et non verbale :

- faire des phrases courtes ;
- utiliser des verbes d'action ;
- illustrer le discours par des exemples concrets, voire des anecdotes qui mettent en avant les messages à faire passer ;
- être positif ;
- utiliser des analogies dans les registres de l'équipe commerciale : sport, art, voyages, références à d'autres entreprises ;
- adapter sa gestuelle aux messages.

Ces notions donneront plus de force au discours relais de la stratégie par le manager commercial. Elles pourront aussi lui servir tant dans les réunions (notamment dans celle du lancement de l'année), que dans les entretiens individuels avec les commerciaux. Une bonne pratique est de s'entraîner à communiquer ce discours en s'exerçant avec des collègues eux-mêmes managers ou, encore mieux, en s'enregistrant en vidéo pour analyser sa prestation et identifier ses points de progrès. Le discours sur la vision stratégique dure cinq minutes au plus : son impact est ainsi plus percutant et sera surtout mieux retenu par les commerciaux. Il constituera le fil rouge de l'année et des changements associés.

Exemple

Un discours relais

Voici un exemple vécu d'un manager commercial tenant un discours relais de la vision stratégique destinée à son équipe commerciale. Si nous le reproduisons ici, c'est qu'il a remporté un vif succès auprès de ses commerciaux. L'objectif, pour le manager, est de faire de la conquête une priorité pour accélérer la croissance de l'entreprise.

« En guise d'introduction à cette première réunion annuelle, je souhaite :
- faire un point sur ce qui nous a construits ;
- vous apporter ma vision concernant l'axe stratégique prioritaire de la conquête ;
- vous informer des premières actions que nous allons engager ensemble.

Vous avez réussi à organiser des actions de fidélisation et de développement de clients. Vous avez ainsi assuré une progression constante de notre chiffre d'affaires depuis 10 ans. Pour cela, vous avez su cibler votre clientèle et adapter vos démarches commerciales en utilisant à la fois les nouveaux outils de segmentation et de contacts comme internet, le téléphone et la présence en clientèle. Cela n'a pas toujours été facile, car de nouvelles habitudes ont dû être prises, et pourtant, nous y sommes parvenus en deux ans. Le chiffre d'affaires a progressé de 20 %, malgré une concurrence acharnée.

Ensuite, les régions ont été recomposées et chacun a plus ou moins perdu ses repères sans jamais renoncer à atteindre des objectifs ambitieux. En résumé, chacun de vous a pu donner le meilleur de lui-même en :
- élargissant ses ventes sur de nouveaux produits ;
- résistant avec la constance nécessaire pour contrer la concurrence ;
- optimisant ses actions sur des secteurs géographiques redessinés.

Pour autant, le marché nous indique que les parts sont saturées. La concurrence est aujourd'hui exacerbée par les modes de distribution et les mouvements de fusions-acquisitions des entreprises de notre secteur d'activité. Malgré nos efforts, si je suis certain que nous continuerons à fidéliser et développer nos clients comme nous savons le faire, cela risque d'être insuffisant pour assurer notre croissance.

C'est pour ces raisons que notre année doit faire de la conquête un axe prioritaire. Tous les prospects ou nouveaux clients potentiels méritent de nous voir. Vous avez d'ailleurs pu le constater dans nos démarches commerciales en prospection ou en fidélisation : les clients veulent rencontrer les commerciaux.

Quels sont les avantages pour les clients ?
- Bénéficier d'un savoir-faire de commerciaux aguerris à l'expertise et à l'écoute de leurs demandes ;
- disposer d'une gamme de produits réputée pour sa fiabilité et pour la qualité du SAV ;

– rationaliser leurs achats en sélectionnant les fournisseurs pour gagner du temps et de l'argent
Quels sont les avantages pour nous, commerciaux ?
– Gagner de nouveaux clients à fort potentiel ;
– assurer nos revenus à moyen et long termes ;
– connaître de nouveaux interlocuteurs ;
– s'enrichir de nouvelles expériences tant humaines que sur les solutions techniques ;
– développer nos compétences en prospection, qui sont l'apanage des meilleurs.
Pour l'entreprise, c'est aussi garantir sa pérennité, investir en R & D, recruter de nouveaux collaborateurs et proposer une mobilité d'emplois toujours plus intéressante pour tous. Bien sûr, nos actions de conquête vont percuter celles que vous menez déjà auprès de vos clients. Le temps est une denrée rare. Certains d'entre vous peuvent douter de leur capacité à prospecter et être légitimement inquiets. Pour lever ces obstacles, je vois trois moyens :
– organiser dès notre prochaine réunion un plan d'actions individuel qui alternera travail individuel et d'équipe intégrant à la fois notre activité de fidélisation et les actions de prospection ;
– planifier une formation à la prospection pour aider chacun à être encore plus à l'aise ;
– j'assurerai un coaching pour chacun d'entre vous.
Dans 15 jours, nous formaliserons ensemble les plans d'actions équipe et individuels. Pour le mois prochain, je planifie une formation de deux jours avec un support e-learning en amont et en aval, que nous aurons aussi l'occasion d'exploiter au cours de nos réunions et de nos entretiens individuels. Je commence les actions d'accompagnement en prospection dès la semaine prochaine avec trois d'entre vous.
Pour conclure, "conquérir, c'est vivre heureux", tant pour nos futurs clients que pour nous ! Je suis certain que l'on réussira et je vous donne rendez-vous sur le terrain ! »

Construire une vision n'est pas suffisant. Elle peut même apparaître superficielle si elle ne s'appuie pas ensuite sur une démonstration au quotidien de valeurs fortes et partagées. Il est donc important, pour le manager, de travailler avec son équipe sur l'état d'esprit pour bien vivre ensemble et sur le partage de valeurs.

Avis d'expert

Laurent Malochet, directeur du marché Particuliers Île-de-France, EDF Commerce

La vision et les valeurs

Ce que je crois, et répète toujours à mes managers : « Il faut donner du sens et de la visibilité aux équipes sur nos attendus en ancrant notre action commerciale court terme (1 an) dans une histoire durable, relais d'une ambition à plus long terme (3 ans) partagée et connue de tous. »
Les objectifs de vente ou de satisfaction client doivent alors nourrir cette ambition et nous devons nous attacher à assurer une parfaite cohérence entre cette dernière et l'ensemble des composantes de la relation managériale : niveaux de vente demandés, qualité des prestations exigées, nature des cibles adressées, priorisation des offres proposées et moyens déployés.
Au-delà d'une ambition court et moyen termes, il me paraît nécessaire d'inscrire l'action commerciale dans le respect de valeurs partagées en interne. Érigées en véritables étendards, elles doivent à tout moment rappeler à chacun le sens de sa contribution attendue. Elles constituent par ailleurs de véritables garde-fous, pour éviter les éventuelles dérives de la recherche de résultats court terme à tous crins, toute décision, des commerciaux comme de la ligne managériale, devant être prise au profit de ces dernières. Proximité, solidarité, innovation et performance sont les quatre piliers de notre développement commercial.

Partager et faire vivre les valeurs

Pourquoi les équipes ont-elles autant besoin de valeurs ?

Les changements sont plus nombreux et accélérés dans un contexte mondialisé et incertain. Ils se traduisent par des restructurations d'entreprises, des changements d'équipes de direction, l'intégration de nouveaux outils : c'est-à-dire par une perte de repères pour les équipes et les hommes, qui risquent de moins s'identifier aux projets d'entreprise. Souvent, dans les entreprises, le sentiment d'appartenance du personnel s'est progressivement dégradé jusqu'à constater une perte de sens dans l'engagement de chacun.

Il est donc nécessaire de retrouver ce qui peut unir l'ensemble des acteurs de l'entreprise. Les valeurs, si elles sont réellement partagées et vivantes, peuvent contribuer à souder ou à ressouder les énergies.

Il arrive que le manager puisse librement travailler ce sujet avec ses commerciaux. Trois conditions doivent alors être réunies pour que les valeurs choisies soient efficaces :

- elles correspondent à l'histoire qui a fait le succès de l'entreprise, c'est-à-dire à l'aspect culturel de l'entreprise : direction, managers, salariés et clients ;
- chacun doit s'y retrouver, ces valeurs doivent aussi correspondre aux valeurs individuelles : c'est l'aspect identitaire ;
- elles ne doivent pas seulement être affichées, mais aussi servir de base aux actions. Par exemple, certaines entreprises évaluent chaque collaborateur sur les actions engagées dans le respect des valeurs.

S'agissant des équipes commerciales, elles adhèrent facilement aux valeurs si elles correspondent à leurs pratiques. En l'absence de valeurs d'entreprise, le manager commercial peut associer son équipe à la recherche de valeurs spécifiques en regard des trois conditions de réussite citées précédemment. À titre d'exemples, l'équipe commerciale peut être amenée à identifier 4 ou 5 valeurs parmi les plus courantes :

- l'esprit d'équipe,
- le sens de l'action,
- la recherche de performances,
- la prise d'initiative,
- l'engagement,
- la confiance,
- l'éthique,
- le respect de l'environnement,
- la responsabilité,
- la simplicité.

Ensuite, il est important de décrire comment ces valeurs peuvent se traduire en actions concrètes. Le tableau 1.1 peut aider à la formalisation de la réflexion de l'équipe commerciale. Imaginons que l'équipe se reconnaisse dans les cinq valeurs suivantes :

Tableau 1.1 – Analyse des valeurs

Valeurs	Actions adaptées
Esprit d'équipe	Assurer les remontées d'informations Contribuer aux échanges d'idées en réunion Aider un collègue
Sens de l'action	Organiser son action Optimiser le temps afin de privilégier les contacts avec les clients Agir, sans relance du management, avec le droit à l'erreur

»

»

Valeurs	Actions adaptées
Performance	Progresser Développer son chiffre d'affaires Optimiser les niveaux de marge
Initiative	Organiser une réunion clients Formaliser un outil de vente : argumentaire Intervenir dans une réunion d'autres services de l'entreprise
Responsabilité	Respecter les conditions tarifaires, les délais de paiement et de livraison Être positif avec les clients internes et externes Défendre l'entreprise

Une fois ces valeurs affichées, le manager a donc la responsabilité de les faire vivre et respecter au quotidien.

Résoudre des problèmes et prendre des décisions

Parfois seul face à des décisions à prendre lorsqu'il faut arbitrer, le manager commercial doit posséder cette aptitude à résoudre des situations difficiles. Une décision comporte toujours un risque (humain, financier...). Il s'agit ici de faire preuve de courage managérial, car les conséquences d'une décision ne sont pas toujours positives pour les acteurs concernés. Une des compétences du leadership d'un manager commercial est sa capacité à prendre des décisions sans en référer systématiquement à sa direction générale, ni la remettre à plus tard. Avant d'apporter une méthodologie de prise de décision, identifions les six erreurs les plus fréquentes des managers.

1. Le « **binaire** » : une prise de décision est aussi un renoncement dans le choix à opérer. Posée en ces termes, la prise de décision est déjà tronquée puisqu'elle réside dans le « ou », c'est-à-dire dans la simple alternative. Imaginons un manager commercial se posant la question de savoir s'il doit ou non accepter une baisse tarifaire que lui soumet un de ses commerciaux. Question assez récurrente, mais en soit mal posée : il convient alors d'élargir le champ des solutions par une question ouverte du type « Que pouvons-nous faire ? ».

- Demander une contrepartie tout en concédant moins que prévu.
- Accepter la concession demandée en contrepartie d'un volume ou d'un acompte plus avantageux.

- Vérifier si le client bluffe ou non.
- Accorder une concession ponctuelle limitée dans le temps.
- Refuser la demande de baisse tarifaire.

À l'étude de ces différents points, les solutions s'avèrent plus larges qu'en répondant à la simple alternative proposée par le commercial.

2. « **L'autruche** » : une autre erreur classique consiste à formuler des réponses hâtives aux problèmes (« Il n'y a qu'à faire une réunion », « Faut arrêter de se poser des questions et se bouger »), occultant souvent le bon diagnostic, qui n'a pas été suffisamment approfondi par le questionnement. Le raisonnement induit une seule solution.

3. « **Professeur Tournesol** » : il s'agit ici de porter un mauvais diagnostic. Lors de nos rencontres avec des managers des ventes, nombreux sont ceux qui nous confient un manque d'activité et de rendez-vous. Beaucoup moins détaillent exactement les lacunes quant aux compétences de leurs commerciaux ! Est-ce une erreur de diagnostic ?

4. « **Superman** » : vouloir tout résoudre, ce qui peut complexifier le problème avant même d'avoir commencé à le réduire et soulever une cascade de chantiers (le système de reporting, l'organisation du temps, la vente de certains produits...) jusqu'à ce que la situation devienne irréaliste.

5. Le « **technocrate** » : le problème est mal posé, le manager commercial raisonne sans notion d'objectif à atteindre. Par exemple : « Il nous manque 200 k€ sur l'étape intermédiaire », plutôt que : « Il nous faut 10 propositions ».

6. « **Yaka Faucon** » : la mise en œuvre est sous-estimée, en omettant ce que la solution sous-tend comme implication. Par exemple : « On va changer de CRM », « 30 ventes effectuées d'ici 2 mois et 20 rendez-vous prospects d'ici 2 semaines ».

Afin de ne pas céder à ces travers, voici une méthode de résolution de problème et de prise de décision en cinq étapes :

1. Poser le problème

- Il convient tout d'abord exprimer le problème comme on le ressent. Exemple : les progrès obtenus lors des actions de prospection téléphonique s'effritent dans la durée.
- Préciser les faits en posant une question plus ouverte : « Que s'est-il passé exactement depuis un mois ? »

- Identifier les causes : par exemple, le suivi n'est pas dans la culture de management, la planification non plus.
- Mesurer les conséquences en termes humains, financiers, de ressources, de motivation.

2. Définir l'objectif

- Que voulez-vous constater : « Obtenir des progrès durables suite aux séances de phoning en binômes. »
- Identifier les indicateurs de performance ou d'activité : nombre d'appels et de rendez-vous, chiffre d'affaires complémentaire.

3. Rechercher toutes les solutions possibles

- Lister les solutions envisageables, même celles qui apparemment sont inattendues, ne pas censurer les idées de solutions.
- Envisager les conséquences positives et négatives de chacune des solutions, afin d'éviter les mauvaises surprises. Anticiper est bien sûr un des atouts du leader.

Par exemple, si le manager commercial décide de recruter un animateur commercial qui aurait pour mission de coacher les commerciaux sur leurs compétences commerciales en phoning, quelles en seraient les conséquences positives et négatives possibles ?

Le tableau 1.2 reprend cette démarche d'aide à la prise de décision :

Tableau 1.2 – Solutions envisagées et conséquences possibles

Solutions envisagées	Conséquences Positives	Conséquences négatives
Recrutement d'un animateur commercial	Gain de temps pour le manager commercial qui peut en consacrer davantage à ses autres missions	Coût supplémentaire en salaire + charge Risque de créer une distance avec l'équipe
Déléguer une partie du coaching à 2 ou 3 commerciaux seniors de l'équipe	Faire monter en compétence des managers potentiels Motiver l'équipe	Risque pour les commerciaux seniors de ne pas réaliser leurs propres objectifs commerciaux
Faire appel à un coach extérieur le temps d'une mission	Ne mobilise pas de ressources internes	Le coût

»

»

Solutions envisagées	Conséquences Positives	Conséquences négatives
Le manager s'investit plus dans le coaching en déléguant des missions d'analyse au service marketing	Progrès des commerciaux Travailler en synergie avec le service marketing	Perdre la main sur l'analyse, une mission intéressante en moins

4. Choisir les solutions les plus réalistes

Le choix peut se porter sur plusieurs solutions à mettre en œuvre. Dans la situation précédente, le manager commercial pourrait décider de prendre un coach le temps d'une mission, confier à deux commerciaux seniors le coaching d'un commercial junior chacun, sans modifier la structure et le fonctionnement actuel de l'équipe. C'est bien grâce à l'étude des solutions possibles et des conséquences envisagées que le meilleur choix s'imposera.

5. Définir la mise en œuvre des solutions choisies

Définir le plan d'actions sous la forme suivante :

Actions	Responsable	Dates	Résultats attendus	Moyens	Points de contrôle

Assurer le suivi de la mise en œuvre des solutions dans la durée grâce aux points d'étapes. Le suivi à réaliser paraît évident, mais il reste bien souvent une des principales sources d'échec de management de projet. Il est impératif de ne rien lâcher dans la durée pour être certain du succès.

Personne ne manque d'excellentes idées, mais c'est plus souvent le manque d'action qui est à l'origine de l'échec. Quand la décision a été mûrement réfléchie, la vitesse s'avère être un excellent vecteur de la mise en œuvre.

Accélérer les changements

Il n'y a pas de changements réussis sans premiers résultats rapides. De nombreuses études démontrent que seuls 30 % des projets aboutissent à leurs termes. Les principales raisons tiennent aux manques d'investissement du manager et d'implication des acteurs concernés par le changement. Les habitudes sont tenaces et le changement proposé n'est pas forcément vécu comme une priorité. La résolution de problème et le discours relais de la stratégie peuvent y contribuer, mais ils ne sont pas suffisants. Dans les dix conditions de réussite du changement qui suivent, on retrouve ces aspects et surtout l'urgence à réaliser le changement et à l'accompagner dans la durée. Les exemples relèvent le plus souvent de changement de pratiques commerciales : nouveaux comptes rendus à formaliser, utilisation d'un nouveau CRM, enrichissement d'une nouvelle base de données, nouvelles conditions tarifaires à faire respecter, etc.

Avis d'expert

Xavier Metz, directeur associé de Solucom

Piloter le changement

Le sujet n'est pas de faire adhérer mais de conduire le changement, il faut piloter le changement plutôt que l'accompagner. Il ne s'agit pas seulement d'élaborer un plan de communication, mais de :

- faire partager la nécessité du changement. Pourquoi est-il nécessaire de changer ? On ne change pas parce qu'on a des faiblesses, mais parce qu'on veut mieux répondre aux clients et aux exigences d'un marché qui change de plus en plus vite, parce que l'on veut saisir des opportunités. Il vaut mieux une accroche externe et par le haut, que de longs et souvent inefficaces diagnostics, qui ne font parfois que pointer des erreurs passées.
- Proposer une vision claire, forte et simple de la cible et de ses bénéfices. Il faut affirmer ce que l'on croit et lutter contre les résistances du type : « C'est impossible. »
- Montrer justement que c'est possible en se référant à des succès, en s'appuyant sur des réussites passées de collaborateurs expérimentés, ou sur les fameux *quick wins*.
- Porter une attention permanente au partage, en associant les acteurs non pas à la finalité du projet de façon démagogique (c'est bien aux dirigeants de décider), mais à la co-construction de sa mise en œuvre.
- Accorder au rythme du changement une attention forte :
  - aller vite dans la conception de la cible et soigner les temps d'appropriation de façon à éviter les remises en cause tardives ;

»

»

– montrer une trajectoire de mise en œuvre avec des paliers de transformation, qui permettent de voir les bénéfices à chaque étape.

Les managers ont naturellement un rôle clé dans la conduite du changement. Ce sont les acteurs prépondérants pour faire partager la nécessité de changer, communiquer la vision autour du projet et piloter la mise en œuvre. Ils doivent avoir en tête les différentes étapes de l'appropriation du changement pour communiquer avec leurs collaborateurs :

- faire connaître et faire comprendre les raisons du changement ;
- développer une attitude favorable au projet ;
- convaincre des bénéfices : « C'est bien pour moi » ;
- s'engager dans l'action.

La première étape peut être franchie par une communication collective. Les autres nécessitent des échanges en *one to one*.

Les managers doivent également être en capacité de bien identifier les freins et leviers au changement, dans leurs dimensions rationnelles et émotionnelles. La transformation est forcément collective et individuelle. Pour se transformer, il faut accepter l'instabilité et le « lâcher prise » avec ses anciennes certitudes, la complexité du monde qui nous entoure, sa propre complexité d'être humain, et être dans une posture de construction. À la remarque « Je vous trouve bien optimiste », Shimon Peres avait répondu : « Optimiste, peut-être, mais avec le pessimisme, je ne sais pas quoi faire. »

Je préfère d'ailleurs parler de transformation plutôt que de changement, car il me semble que transformation évoque plus le mouvement et la pensée d'Edgar Morin : « Ce qui ne se régénère pas dégénère. »

Les managers doivent être capables d'aider leurs collaborateurs à mieux comprendre la transformation et à mieux se connaître eux-mêmes dans la transformation, dans une posture, finalement, de coach. Ils doivent faire du changement une aventure humaine positive et motivante au niveau de leur équipe, en relais de la direction qui impulse et soutient la dynamique de changement. C'est ainsi qu'ils les aideront à se mettre en mouvement.

Les dix conditions de réussite du changement

Définir la vision du changement : une description crédible et motivante des bénéfices pour les commerciaux et les clients est un levier puissant pour mobiliser.

Créer un sentiment d'urgence : convaincre de la nécessité de changer par un événement déclencheur, par exemple : un manque de visibilité sur les actions, une perte de clients qui doivent entraîner une réaction, et donc amener à rompre le *statu quo*.

Communiquer la vision du changement : bien communiquer la vision nécessite d'utiliser des mécanismes qui permettent de la distinguer de l'activité quotidienne. Le changement doit devenir une des priorités à respecter.

S'appuyer sur des alliés : faire d'abord jouer le rôle de locomotive aux éléments moteurs. Ne pas chercher prématurément à convaincre les opposants.

Faire participer : définir des objectifs individuels et d'équipe pour impliquer les parties prenantes, décider des actions à mettre rapidement en place.

Gérer les aspects émotionnels : repérer et traiter les résistances.

Former et coacher régulièrement : aider les commerciaux à contribuer dans les meilleures conditions au changement, et faire ainsi vivre la vision au quotidien.

Obtenir des résultats à court terme et les rendre visibles : un changement réussi commence par l'obtention de résultats rapides ou est voué à l'échec.

Communiquer intensément : créer une communication foisonnante et organisée favorise la participation et l'implication de tous, et donc le changement. Le sujet du changement est prévu dans chaque réunion et en entretien individuel.

Ancrer les nouvelles pratiques dans la culture d'entreprise : inscrire le changement dans un processus normal d'évolution et de progrès.

Repérer et gérer les résistances

Mener une action de changement, c'est agir sur la situation présente pour la faire évoluer dans le sens désiré. Les résistances au changement sont une réponse habituelle et légitime à toute situation de rupture.

Les causes habituelles de résistance sont :

- la peur de l'inconnu ;
- la crainte des remises en cause ;
- la volonté de préserver les acquis ;
- la crainte de perdre une partie de son pouvoir ;
- la réticence à fournir les efforts d'adaptation nécessaires.

Le groupe résiste d'autant plus si le changement :

- réduit le pouvoir du groupe ;
- va à l'encontre des règles établies ;
- se base sur des faits contestables ;
- se base sur un modèle trop éloigné du contexte de l'entreprise.

L'attitude des opposants est l'expression d'intérêts divergents par rapport au projet, mais elle est également le reflet de l'attitude du manager envers eux. Le management est donc une composante essentielle dans la réussite des actions de changement. Face au changement, le manager doit rassurer sans renoncer, en accompagnant chacun des commerciaux et l'équipe. La gestion des acteurs est donc un levier important d'un changement réussi.

La gestion des acteurs

Repérer le positionnement des acteurs face à la nouvelle stratégie, au regard de deux critères :

- favorables ou non au projet ;
- degré de pouvoir au sein de l'entité.

Il s'agit du pouvoir au sens le plus large possible : autorité, influence, leadership et capacité à avoir une action directe ou indirecte en faveur ou en défaveur du développement du projet.

En fonction du positionnement des commerciaux dans la matrice d'influence ci-dessous, le manager peut bâtir une stratégie adaptée et savoir comment gérer son équipe. Les différentes stratégies individuelles possibles sont illustrées dans le tableau 1.3 :

Tableau 1.3 – La gestion stratégique des acteurs

Pour les commerciaux favorables au projet mais sans réel pouvoir sur leurs collègues	Pour les commerciaux favorables au projet et possédant un pouvoir d'influence auprès de leurs collègues
Exploiter la stratégie d'intégration avec les avocats du projet :	**Exploiter la stratégie de coopération avec les éléments moteurs ou pionniers :**
• écouter les points de vue ; • renforcer leur confiance en les informant de l'avancement du projet ; • considérer ses interlocuteurs comme des acteurs privilégiés ; • les impliquer dans la communication : faire participer aux conditions de réussite du changement.	• écouter les points de vue ; • identifier les objectifs de ses interlocuteurs ; • les aider à atteindre ses objectifs ; • les impliquer dans la communication et dans la réalisation : faire participer sur les conditions de réussite et les engager sur des résultats.
Pour les commerciaux défavorables au projet et sans réel pouvoir sur leurs collègues	**Pour les commerciaux défavorables au projet et possédant un pouvoir d'influence sur leurs collègues**
exploiter la stratégie de confrontation avec les éléments isolés :	**exploiter la stratégie de neutralisation avec les éléments retranchés :**
• écouter les points de vue ; • dramatiser les conséquences négatives des solutions proposées par l'opposant ; • étudier des zones d'accord possibles ; • exposer et imposer son point de vue ; • si nécessaire, poser un ultimatum.	• écouter les points de vue ; • solliciter des solutions ; • étudier des zones d'accord possibles ; • faire réagir les avocats et les moteurs ; • s'appuyer sur la hiérarchie si nécessaire ; • obtenir un *statu quo* ou exclure momentanément du processus.

Tout individu appréhende le changement, car il entrevoit d'abord les inconvénients plutôt que les bénéfices de la nouvelle situation. Le manager commercial, face aux acteurs clés, doit donc anticiper les réactions négatives de ses interlocuteurs pour les convaincre des bénéfices qu'ils pourront retirer personnellement de la mise en œuvre du changement. Pour cela, il peut dresser un tableau des bénéfices et des pertes pour chaque commercial. Une question essentielle à se poser : que peut gagner et perdre chaque membre de l'équipe ?

Tableau 1.4 – Exemples de bénéfices et de pertes pour chaque commercial

En termes matériels :	En termes psychologiques :
rémunération budget outils de travail temps avantages matériels	sécurité vie de groupe reconnaissance, statut pouvoir, autonomie confort et qualité de vie efficacité

Tableau 1.5 – Exemple de grille à remplir pour chaque commercial

Commerciaux	Bénéfices matériels et psychologiques	Pertes matérielles et psychologiques
Julie		
Martin		
...		

Après avoir identifié les inconvénients et les bénéfices pour chaque acteur, le manager pourra adapter sa stratégie relationnelle. Il appuiera fortement son discours sur les avantages du changement, sans pour autant nier ou diluer les inconvénients.

Quelles sont les bonnes attitudes à adopter par le manager face aux résistances au changement ?

À titre d'exemple, imaginons un manager commercial inquiet des mauvais résultats en prospection de son équipe. En effet, en début d'année, l'entreprise a décidé de porter ses efforts sur l'acquisition de nouveaux clients tout en continuant à développer le portefeuille clients. Le projet a été communiqué aux commerciaux qui *a priori* en ont compris le sens. En revanche, la prospection ne représentait que 20 % de leurs résultats, alors qu'aujourd'hui ce chiffre doit atteindre 50 % du chiffre d'affaires annuel. Le manager n'avait pas remarqué de changement de comportement et d'organisation de ses commerciaux pour faire plus de prospection. Les niveaux d'activité de séances de phoning qui avaient été discutés et acceptés par l'équipe n'ont pas été respectés.

Pour faciliter le travail des commerciaux, une nouvelle segmentation a été mise au point en privilégiant les clients principaux et en gérant à distance les clients moins importants. Le sujet de la prospection avait ensuite été relayé par le manager au cours d'une réunion le mois précédent. Mais les résultats n'ayant pas évolué pour autant, le manager commercial prend rapidement l'initiative de réagir avant que le décrochage devienne insurmontable. Il décide de procéder en 8 étapes :

■ Sensibiliser l'équipe

Il s'agit de s'y atteler le plus tôt possible pour éviter les doutes et les rumeurs sur la nécessité de prospecter, car l'équipe obtient de bons résultats en développement de clients et semble s'en contenter. Le manager rappelle ces bons résultats et les enjeux tout aussi stratégiques de la prospection. Il communique les écarts de résultats en prospection dans l'équipe et face aux autres régions de l'entreprise, en mettant en avant l'urgence à réagir et les bénéfices en termes de primes et de croissance de portefeuille. Il revient sur le plan d'actions d'équipe qui avait été mis au point lors de la réunion précédente.

■ Encourager l'expression des résistances et manifester de l'empathie

Le but est d'éviter la surenchère ou les blocages. Le manager fait exprimer les freins des commerciaux. Il les note au fur et à mesure pour prendre en compte ces résistances qui, dans cet exemple, ont pour cause :

- le manque de temps lié au fort développement des clients actuels et à la gestion afférente : propositions à rédiger, visites supplémentaires, comptes rendus ;
- la peur de l'échec en prospection, notamment du phoning et du manque d'expérience sur la demande de recommandations aux clients actuels.

■ Comprendre les réactions négatives

Pour analyser les raisons des résistances ou du blocage, le manager reformule le sentiment de frustration des commerciaux par rapport au temps pour assurer à la fois la prospection et le développement des clients. Il montre sa compréhension par rapport aux craintes sur la prospection téléphonique et la demande de recommandation. Il rassure ainsi les commerciaux et, par son ouverture, facilite la recherche de solutions.

■ Entendre les émotions des commerciaux

Il s'agit de démontrer que le projet n'est pas contre eux, mais vise à améliorer une situation en s'appuyant sur les faits :

- le manager revient sur les écarts, la priorité stratégique de la prospection et ses bénéfices ;
- il prend en compte la question de l'organisation du temps et les craintes exprimées. Il fait émerger les solutions les plus réalistes possibles en intégrant la nouvelle segmentation et la vente à distance. Il propose un arbitrage avec chacun au cours de l'entretien individuel hebdomadaire, pour bloquer dans l'agenda plus de séances de phoning.

■ Consacrer du temps en entretien individuel

Pour dédramatiser le changement, le manager :

- reprend les idées exprimées en réunion et les principaux messages liés à la nouvelle stratégie ;
- rappelle la situation de chaque commercial en sollicitant chacun sur l'analyse des résultats et les difficultés à prospecter. Il écoute en validant sa compréhension sur le sujet.

■ Associer les commerciaux à la mise en œuvre du changement

Pour les responsabiliser, le manager enchaîne sur les actions à mettre en place pour s'aligner sur les objectifs de prospection.

■ Construire un dispositif souple d'actions à court terme

Afin de faciliter l'appropriation de l'équipe commerciale, le manager et chaque commercial définissent un plan d'actions centré sur l'organisation du temps commercial et la prise de rendez-vous : plage phoning, argumentaire de prise de rendez-vous et travail en binômes. Un suivi est prévu dès la semaine suivante.

■ Communiquer sur les bénéfices du changement en minimisant les pertes

Le manager communique régulièrement sur la prospection : dès les premiers succès, il organise un échange sur les bonnes pratiques, les résultats de l'équipe et de chacun. Il revient sur les bénéfices du changement : primes, nouvelles façons de vendre, acquisition de compétences, chiffre d'affaires en croissance et solidité des portefeuilles clients liée à la prospection.

En conclusion, le manager évitera de passer trop de temps avec les opposants au risque de valoriser leur position. Il doit au contraire consacrer davantage de temps avec les commerciaux moteurs et les avocats du projet. Ce sont effectivement ces individus qui en seront les supporters et les premiers réalisateurs. De plus, certains commerciaux adoptant initialement une position neutre auront tendance à s'engager dans une dynamique positive dès les premiers résultats atteints. Ils seront alors plus convaincus des bénéfices du changement. Une majorité du groupe étant acquise à la cause du projet grâce à ces premiers résultats, la pression deviendra plus forte pour les opposants. Le temps jouera alors en faveur de la mise en œuvre du changement.

Tout au long de ce processus de changement, les commerciaux vivent des émotions qui vont impacter leur envie d'agir. De la démotivation à la motivation de ses commerciaux, il existe un chemin sur lequel le manager peut avoir une influence majeure.

L'essentiel

- **Structurer son discours relais de la stratégie d'entreprise** en s'appuyant sur les 8 étapes pour transmettre sa vision à l'équipe.
- **Relier les valeurs de ses commerciaux à celles de l'entreprise.** Traduire ces valeurs en actions au quotidien pour assurer la cohérence de la démarche.
- **Éviter les erreurs classiques dans la prise de décision** en s'appuyant sur la méthode de résolution de problèmes.
- **Vérifier les conditions de réussite du changement** et gérer les résistances de chaque commercial : favorable ou non au changement et influent ou non auprès de ses collègues.
- **Adopter les attitudes efficaces** face aux résistances.

Chapitre 2

Motiver et insuffler de l'énergie à l'équipe commerciale

Executive summary

- **La motivation est comme la météo** : variable et forgée par les humeurs du commercial. Pour autant, le manager a les moyens de maintenir le temps au « beau fixe » !
- **Agir sur les leviers de motivation des commerciaux** est une alchimie fine qui dépend aussi des attitudes du manager et de son niveau d'écoute.
- **Le chemin des commerciaux pour atteindre les objectifs** est sinueux. C'est pour cette raison que le manager doit en maîtriser les sentiers au quotidien : remotiver, féliciter, savoir dire non, résoudre des conflits et casser la routine.
- **Le stress fait partie intégrante de la vie d'une équipe commerciale**, la proximité du manager en est l'amortisseur.

Les ressorts de la motivation

La motivation est fondamentale, ne serait-ce que pour survivre. Dans toutes les situations de la vie, elle est indispensable pour agir. C'est évidemment un élément essentiel que le manager commercial doit avoir en tête avec chacun de ses commerciaux, plus encore que les résultats. Sans motivation des commerciaux et malgré leurs compétences, les résultats ne seront pas à la hauteur. Quels que soient l'âge ou la génération concernée, la motivation est l'élément déterminant de nos performances dans toutes nos activités. C'est donc un moteur indispensable, mais qui connaît quelques ratés dans la vie de chacun. La motivation n'est pas constante ni permanente, et les échecs ponctuels peuvent entamer notre énergie jusqu'au renoncement.

Cela est vrai pour chaque collaborateur, mais pour des commerciaux, l'impact à la hausse ou à la baisse sur les résultats peut être assez mécanique. En effet, la motivation est le « carburant » du commercial, qui lui permet de générer des contacts, puis des affaires. Moins de motivation se traduit rapidement par une moindre activité sur le terrain et, à court terme, par une baisse de résultats. Pour le manager commercial, la « jauge » de motivation et d'activité est à surveiller comme un indicateur clé de la performance.

À un premier niveau, les valeurs personnelles constituent le socle commun de l'action : si elles sont en conformité avec celles de l'entreprise, elles donnent l'énergie nécessaire pour agir. À un deuxième niveau, la vision du manager commercial apporte les raisons de participer à une aventure à court ou moyen terme : elle apporte du sens et, si elle s'ajoute à l'énergie des valeurs, la performance en sera supérieure. À un troisième niveau, la motivation va se jouer au quotidien sur des événements apparemment anodins, mais qui ont en fait une forte incidence sur les résultats.

Exemple

Regagner sa motivation

Imaginons un commercial très enthousiaste promu commercial grand compte. Malgré ses compétences commerciales reconnues, il échoue la première année. Au-delà de l'activité qu'il a su déployer, il a mal vécu certains événements qui l'amènent aujourd'hui à se poser la question de changer d'entreprise. Que s'est-il passé ?

Écoutons Théo : « Quand j'ai débuté dans mes nouvelles fonctions, j'avais la "pêche", mais lors de mon premier entretien avec mon nouveau manager, celui-ci a remis en cause mon organisation en me disant qu'il fallait que j'exploite mieux les outils CRM sans me donner plus d'explication, sinon en me proposant de rencontrer un commercial grand compte senior. Comprenant que mon manager n'avait pas de temps à m'accorder, j'ai donc rencontré mon collègue senior qui m'a accueilli assez froidement, en m'expliquant que le métier de la vente aux grands comptes n'avait rien à voir avec celui de commercial "de base". Sans être vraiment décontenancé, je me suis dit que les choses étaient normales après un mois d'expérience. Avec le temps, je n'ai jamais réussi à sortir de cette image de débutant ex-commercial "de base". Mon manager était toujours aussi peu disponible, l'ambiance de l'équipe commerciale était très moyenne, chacun faisant son job sans vraiment s'intéresser à ses collègues, les réunions consistaient à faire le tour des comptes de chacun sans véritables échanges. Je me suis d'abord remis en question, car mes résultats n'étaient pas à la hauteur des objectifs fixés à mi-année. J'ai commencé à douter de moi, à visiter les clients mais avec moins d'élan. Au fond, je me suis aperçu que je manquais de repères : je n'avais pas l'occasion d'être valorisé, ni d'échanger avec mes nouveaux collègues qui étaient tout aussi peu disponibles que notre manager. J'ai donc cherché un nouveau job que j'ai trouvé en deux mois, mais pour lequel je me suis assuré de la qualité du management en termes de disponibilité, d'écoute et d'esprit d'équipe. Je me suis remotivé comme jamais, et j'ai obtenu de bons résultats rapidement car je me sentais bien dans ma peau. »
Théo ajoute, et c'est tout à son honneur : « Je ne remets pas en cause les hommes et le manager dans ma première expérience de vendeur grand compte, mais j'ai compris que j'avais besoin de ressentir un esprit d'équipe, d'écoute de la part de mon manager et de mes collègues pour donner le meilleur de moi-même. »

Dans le cas de Théo, les valeurs et la vision de projet ne sont pas forcément remises en cause, mais c'est plutôt l'absence de management qui crée la démotivation. En fait, c'est aussi au manager commercial de créer les conditions pour instaurer un esprit d'équipe, d'entraide, pour écouter chacun, reconnaître les efforts et les petites victoires obtenues, même si les objectifs ne sont pas toujours atteints.

Des faits plus anodins peuvent démotiver les commerciaux, dont voici un florilège :

- une remarque désobligeante du manager en réunion ;
- un commercial ironisant sur les faibles résultats d'un collègue sans que le manager intervienne ;
- un manque d'écoute : le manager sait tout et demande d'appliquer ;
- un sentiment d'isolement ;
- des rumeurs ;

- la politique prend le pas sur les résultats ;
- peu de reconnaissance ;
- pas de suivi ;
- un manque d'action ;
- quand les résultats ne sont pas à la hauteur, les reproches sont fréquents, mais les félicitations sont plus rares quand ils sont atteints ;
- des réunions trop longues et peu participatives ;
- peu d'associations aux décisions et à leur mise en œuvre ;
- des outils imposés sans avoir été impliqués en amont.

La liste pourrait facilement s'allonger, d'autant qu'Herzberg, célèbre théoricien de la motivation, avait identifié plus de 1 000 causes de démotivation en 1959 !

Les motivations intrinsèque et extrinsèque

Concentrons-nous plutôt sur les meilleures pratiques de management pour motiver les commerciaux. Avant d'aborder plus concrètement le sujet de la motivation, un point mérite l'attention. Certains managers, à l'appui de la théorie de l'autodétermination, prétendent que la motivation dépend principalement de la personne concernée : la motivation est alors dite intrinsèque.

La notion de polarité « intrinsèque et extrinsèque » de la motivation a été développée par Deci et Ryan à partir de 1980. Elle induit deux pôles complémentaires qui interagissent : la motivation intrinsèque, lorsque l'individu mène une activité pour son propre intérêt, comme manger, peindre, jouer... sans attendre quoi que ce soit des autres (ni échange, ni reconnaissance, ni partage). La motivation extrinsèque dépend des conséquences de l'activité : par exemple, un commercial travaille pour de l'argent, obtenir un statut social, être reconnu, être promu, progresser... L'environnement prend alors tout son sens.

Selon cette théorie, à partir du moment où un manager ne retient qu'un des éléments de polarité, notamment celui de la motivation intrinsèque en faisant abstraction de la motivation extrinsèque, il peut considérer que son action personnelle pour motiver ses commerciaux est quasi inutile. Le manager commercial se contentera alors de donner les directives à suivre et de contrôler les écarts de résultats par rapport aux objectifs.

Pourtant, depuis notre naissance, nous sommes tous habitués et conditionnés par l'intervention de nos parents pour nous approprier les règles de conduite à tenir, que ce soit en termes d'hygiène, de santé, d'apprentissage, de règles du jeu. Pourquoi les enfants sont-ils, pour la plupart, motivés à se conformer aux normes proposées par leurs parents ? Pour être aimés en retour, s'adapter au monde qui les entoure, apprendre à faire des choix et, au final, devenir plus autonomes. Les motivations intrinsèque et extrinsèque sont indissociables.

On sait par contre, depuis les premières expériences dans les usines Ford, que l'environnement est fondamental pour le niveau d'efficacité du travailleur, et donc pour le commercial. Une des expériences réalisées dans une usine Ford a consisté à faire varier l'intensité de la lumière dans un des ateliers et de comparer les effets sur les ouvriers, par rapport à ceux travaillant sous une lumière d'intensité constante. Le résultat révéla que les ouvriers soumis à une variation de lumière avaient une productivité plus élevée que les autres. C'est la main de l'homme qui a décidé de faire varier cet environnement et d'en mesurer les conséquences.

L'environnement se compose essentiellement de relations humaines. C'est le regard des autres qui va développer ou non la motivation :

- le manager ;
- l'équipe ;
- les services supports ;
- la direction ;
- la place dans l'entreprise.

De même, l'état de tension interne crée la motivation. La motivation est liée à l'effort : sans pression exercée par soi-même ou l'environnement, l'individu n'a aucune raison d'agir. La sensation de faim entraîne l'activité de chasse ; à un autre niveau, le besoin de reconnaissance peut pousser chacun de nous à se distinguer des autres : battre un record, dépasser un objectif, développer une nouvelle expertise... À l'inverse, si une personne n'a pas d'envie ou de désir, elle risque de perdre des facultés intellectuelles et/ou physiques, voire déprimer.

Exemples

Imaginons que nous décidions de passer des vacances à ne rien faire afin de compenser les efforts fournis au travail. Cette utile période de repos risque, avec le temps, de devenir peu satisfaisante. Rapidement, la nécessité d'agir va reprendre le dessus : lire, nager, jouer avec les enfants, faire du sport, réfléchir à un projet, se faire plaisir.

Autre exemple, si on vous posait la question suivante : « En quoi êtes-vous fier de vous-même ? », que répondriez-vous ? Pour l'avoir posé à plusieurs centaines de stagiaires en formation, les réponses sont souvent impressionnantes. Elles retracent toutes un caractère exceptionnel, que ce soit dans le cadre de la vie professionnelle ou privée. Chacun exprime une grande satisfaction et du plaisir à raconter son « exploit ». Sur le fond, le manager commercial doit faire en sorte que chacun des commerciaux soit fier de lui, au moins sur un indicateur de performance qualitatif ou quantitatif dans l'année.

La théorie de Maslow (1943) nous permet de mieux comprendre la question de la motivation, grâce aux cinq niveaux de satisfaction des besoins des individus représentés par une pyramide :

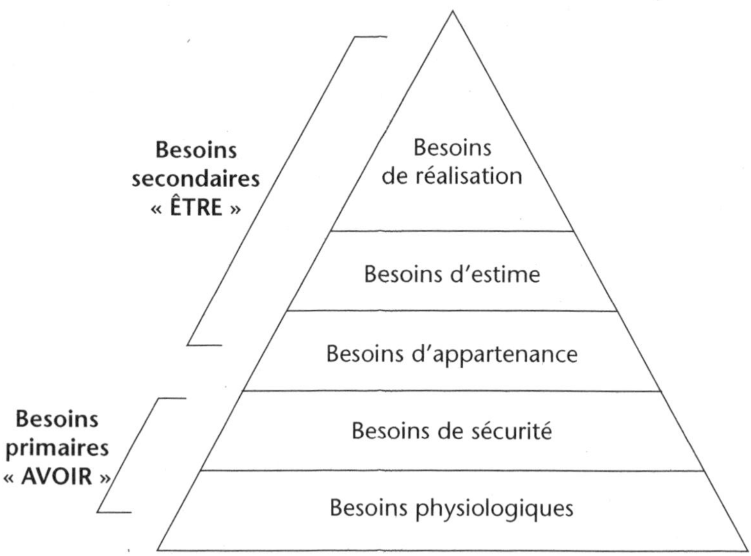

Figure 2.1 – La pyramide des besoins selon Maslow

Le tableau 2.1 a pour but de transposer ces différents besoins au domaine professionnel commercial :

Tableau 2.1 – Transposition des besoins selon Maslow dans le domaine commercial

Niveaux de besoins selon Maslow	Niveaux de besoins des commerciaux
Réalisation	Accomplissement
Estime de soi	Reconnaissance
Appartenance	Échanges, communication
Sécurité	Cadre de travail : vision, règles du jeu
Besoins physiologiques	Qualité de vie professionnelle

Cette hiérarchie proposée par Maslow induit qu'un besoin ne peut être satisfait que si le besoin inférieur est assouvi. Par exemple, un commercial ne peut être intéressé par un besoin de reconnaissance qu'à la condition que son besoin de sécurité soit préalablement satisfait. Si un manager propose à un de ses commerciaux de lui déléguer un client important, mais que ce commercial estime que ses conditions de travail ne sont pas à la hauteur (salaire fixe ou équipements portables vieillissants), ce dernier peut penser que cette proposition ne changera en rien sa situation et qu'il lui est demandé toujours davantage sans contrepartie.

Dans la réalité, les deux besoins sont distincts. Supposons que le commercial ne soit pas satisfait de son niveau de salaire ; il peut tout de même être motivé par la mission confiée, mais avec le risque de ne pas parvenir à son meilleur niveau de performance. Si la hiérarchie des besoins n'est pas réellement opérationnelle, en revanche, la distinction des niveaux de besoins est un excellent repère pour le manager. L'écoute des commerciaux est donc essentielle pour identifier et comprendre les ressorts de la motivation. Cela oblige à passer du temps avec chacun d'eux et les entretiens individuels y participent pour faire le point. Pour reprendre l'exemple ci-dessus, si le manager sait expliquer l'intérêt de la mission confiée pour le commercial et prend sincèrement en compte sa demande sans pour autant la satisfaire dans l'immédiat, il augmentera le niveau de motivation du commercial, et donc au final sa performance.

Identifier les actions pour motiver les commerciaux

La question centrale pour le manager commercial est de proposer à ses commerciaux toutes les actions possibles correspondant à chaque niveau de besoin pour stimuler leur motivation. Chacun veillera ainsi à se constituer une check-list à disposition de moyens réalistes dans son entreprise.

Développer la qualité de vie professionnelle

Il s'agit des conditions matérielles liées à l'exercice du métier de commercial : le montant du salaire fixe, les espaces de travail, le bureau, le matériel mis à disposition comme les ordinateurs et téléphones portables, la voiture de fonction, les frais de déplacement. Aujourd'hui, certaines grandes entreprises offrent à leurs salariés des possibilités de bénéficier de services de proximité, tels que garderie d'enfants, courses, lavage auto, pressing, coach bien-être, salles de gymnastique...

L'action du manager commercial est de veiller au confort de ses commerciaux et d'identifier les décalages avec la moyenne du secteur d'activité dans la profession. Une certaine liberté peut être donnée à la décoration des espaces, tant que l'image de l'entreprise ne perturbe pas les valeurs des clients. Les commerciaux s'approprient par ce biais un espace plus intime. Dans d'autres entreprises, les espaces conviviaux sont mis à l'ordre du jour : une salle avec une machine à café ou un distributeur de sodas participe à créer une ambiance plus détendue et offre la liberté d'échanges improvisés. Ces actions fluidifient les liens entre les personnes et contribuent à une meilleure compréhension entre elles et les différents services de l'entreprise. Elles sont particulièrement appréciées par les plus jeunes.

L'objectif est surtout de vérifier que les conditions matérielles de travail sont réunies pour que les commerciaux effectuent leur mission dans la bonne humeur.

Fixer un cadre de travail rassurant

Le manager commercial doit agir à trois niveaux pour offrir un cadre de travail rassurant :

- connecter les valeurs de l'entreprise à celles de l'équipe et de chacun des commerciaux ;
- communiquer sa vision du projet de l'entreprise et du métier de commercial ;
- préciser les règles du jeu : les différents types d'entretiens individuels et leurs objectifs, les réunions et conventions, les moyens et outils à utiliser pour atteindre les objectifs, les formations à prévoir, les accompagnements en clientèle, les horaires. Faire connaître et améliorer les synergies avec les services support, marketing, technique, logistique et financier.

Créer des moments d'échanges et renforcer le sentiment d'appartenance

Il est important d'organiser des réunions d'échanges autour des produits, des bonnes pratiques de vente et des solutions à trouver pour améliorer les résultats, de faire en sorte que chacun s'exprime, soit écouté et contribue aux résultats de l'équipe.

De même, initier des moments informels (pots, déjeuners, séminaires, moments festifs) est propice à des échanges conviviaux et à l'instauration de relations plus détendues entre les commerciaux et leur manager.

Exemple

Une journée pour casser la routine

Un commercial, pilote de petits avions biplaces, a proposé d'organiser la réunion annuelle d'équipe sur un aérodrome en offrant aux autres commerciaux de faire un tour d'avion de vingt minutes, avec l'opportunité de piloter en double commande. Le commercial a précisé que les locaux de l'aérodrome se prêtaient à la fois au déroulement de la réunion et du déjeuner.

Le coût s'est avéré en fait beaucoup moins élevé que le budget prévu pour ce type de réunion, qui intégrait, selon les habitudes de l'entreprise, un restaurant l'après-midi, une sortie le soir comprenant un spectacle, suivi d'un dîner dans un bon restaurant. Cette journée a été une totale réussite : les commerciaux étaient ravis et n'ont pas manqué de communiquer le détail de cette réunion aux autres équipes en précisant les activités aériennes, la part de chacun prise à faire les courses au supermarché voisin, la vaisselle qui s'est ensuivie et l'ambiance qui a marqué toute l'équipe.

La conclusion du manager se résume au devoir de casser la routine en faisant mieux avec moins de moyens. Les commerciaux ont été les principaux artisans de l'événement, tant au cours de la réunion que pour les activités culinaires et de pilotage, même si certains n'ont pas été tentés de monter dans l'avion. Le manager a considéré avoir gagné un an grâce à cette journée : une équipe devenue plus soudée, une qualité de confiance et de relation entre eux et lui-même inégalée jusque-là.

Créer un challenge d'équipe autour d'une campagne commerciale, définir les plans d'actions commerciaux équipe et individuel sont également des occasions de démontrer que la force d'une équipe est de répondre aux besoins de chacun en partageant ses propres expériences.

Stimuler la motivation par la reconnaissance

La reconnaissance est au cœur de la motivation : elle est même vitale, car notre équilibre dépend du regard des autres et de soi-même. Nous sommes interdépendants, et probablement plus encore lorsqu'il s'agit du métier de commercial qui a des retours de clients, de partenaires externes, de son propre manager, des collègues en interne et de sa direction.

Or, tout se sait, et de plus en plus rapidement avec le développement des outils de l'information, des réseaux sociaux privés et professionnels. Quelles perceptions les autres ont-ils de nous ? Une partie de la réalité de soi, certaines idées, des préférences, une façon d'être qui sont le résultat d'un jeu social plus ou moins valorisant pour la personne concernée. Deux facettes émergent : le moi intime et l'identité sociale, c'est-à-dire ses propres aspirations et le regard des autres. Les deux doivent être le plus possible en cohérence avec des valeurs partagées. Certaines situations illustrent des incompatibilités : par exemple, au moment d'un changement de direction ou de son propre manager. Les regards ne sont plus les mêmes et certains ne s'y reconnaissent plus. Pour rappel, le principal motif de départ des salariés est lié à la qualité du management de proximité. La raison en est souvent le manque de reconnaissance. Pour un commercial, il est difficile d'exercer un métier où l'on vit en permanence avec la possibilité d'échecs, c'est pourquoi la reconnaissance joue un rôle fondamental dans la confiance en soi.

De fait, certains commerciaux ont plus ou moins besoin de reconnaissance. Celui-ci dépend de leur éducation, de leur propre histoire et c'est au manager d'identifier le dosage en écoutant chacun sans devenir intrusif. En revanche, ces leviers de la reconnaissance sont puissants, car ils jouent d'abord sur la confiance en soi et l'envie d'agir, et peuvent développer cette faculté à sublimer son énergie.

Comment apporter cette reconnaissance au quotidien ? Trois comportements essentiels sont à approfondir : l'empathie, le questionnement et la capacité à exprimer des signes de reconnaissance.

L'empathie ou la capacité de se mettre à la place de l'autre : cette qualité d'écoute sans jugement ou interprétation évite de minimiser ou dramatiser les propos du commercial, de prendre des décisions trop rapides, d'apporter des conseils prématurés ou d'utiliser un questionnement trop orienté.

Voici quelques exemples tirés des attitudes de Porter et de « brèves » de management transposés aux **cinq pièges de l'écoute** :

- **Le manager juge** le commercial en réagissant en fonction de ses idées personnelles : il valide ou rejette les propos du commercial. Il approuve ou, au contraire, condamne. Cette attitude tend à imposer son point de vue à autrui : « Arrête de t'éparpiller dans la prospection, c'est peine perdue, il n'y a que la recommandation qui marche ! »
- **Le manager en soutien rapide** du commercial a tendance à dédramatiser le problème, en le minimisant. Il rassure ou encourage. Avec l'inconvénient de ne pas reconnaître l'importance du problème pour le commercial : « On va préparer ensemble cette négociation et tu vas à nouveau fidéliser ce client. En plus, ce client t'apprécie, non ? »
- **Le manager conseil et décideur** réagit à la première solution qui lui vient à l'esprit. Il décide avant d'être allé au fond de la question. Le risque d'erreur est donc important. Cette attitude tend à instaurer une dépendance, et au final le manager décide à la place du commercial : « À ta place, j'organiserais mon agenda de façon à prioriser les rendez-vous. Pour le reste, nous faisons un point ensemble en fin de semaine : n'oublie pas de reprendre l'agenda cible et de simplement t'y conformer comme nous l'avions déjà vu ensemble. »
- **Le manager interprète** les propos du commercial. Il transforme le problème en supposant des explications que l'intéressé ne donne pas ou ne voit pas, essayant de lui faire dire ce qu'il ne dit pas : « En fait, tu n'apportes pas les arguments pour légitimer un prix supérieur à celui du concurrent, car tu ne crois plus aux produits de la maison ! »
- **Le manager mène l'enquête.** Il ne se satisfait pas des propos du commercial et veut en savoir plus. Par des questions, il oriente l'intéressé dans le sens souhaité par le manager : « Que t'a dit le client quand tu lui as posé la question de la concurrence sur cet appel d'offres ? Comment as-tu réagi ? Qu'as-tu répondu exactement ? Que pouvais-tu dire d'autre ? »

Le questionnement du manager coach est un questionnement d'accompagnement et de facilitation qui privilégie la compréhension du commercial avant de trouver ensemble une solution. Bien sûr, la qualité de l'écoute doit évidemment être au rendez-vous en pratiquant l'empathie.

Exemples

Des questions à poser à un commercial

- « Comment s'est passé le rendez-vous avec le client ? »
- « Comment te sens-tu ? »

- « Qu'as-tu réussi ? »
- « En quoi est-ce important pour toi ? »
- « Qu'entend-il par-là, quand le client te dit que le SAV est moyen ? »
- « Qu'en penses-tu ? »
- « Pourquoi le client a-t-il réagi de cette façon ? »
- « Comment vois-tu les choses maintenant ? »
- « Que faudrait-il faire pour l'emporter selon toi ? »
- « Comment procéder la prochaine fois ? »

Personne ne mérite l'indifférence, sinon à provoquer des réactions hostiles de ceux que l'on ignore. Imaginons un enfant en réussite ou en échec scolaire, dont les parents ne manifesteraient aucun signe de reconnaissance positif ou négatif, que risquerait-il de se produire ?

Une triste histoire nous a été racontée par un manager : un roi avait donné pour consigne de nourrir, de vêtir des nouveau-nés et de répondre à tous leurs autres besoins physiologiques, mais sans leur parler ni leur adresser le moindre signe d'affection. Ces nouveau-nés sont tous morts dans l'année. En conclusion, chers managers : tout, sauf l'indifférence !

Les signes de reconnaissance sont de deux natures : inconditionnelle et conditionnelle.

- Ils sont inconditionnels quand ils s'adressent à la personne.

Exemples

Des signes de reconnaissance inconditionnels

« Tu as été génial », « Tu as vraiment un talent exceptionnel dans la relation avec les clients », « Tu es vraiment un élément moteur dans l'équipe », « Tu as toujours la pêche ».

Naturellement, ces signes inconditionnels sont exceptionnels : l'intention n'est pas de flatter l'ego, mais d'exprimer un sentiment basé sur une expérience significative sur la durée. Cela n'exempte pas les commerciaux de remarques futures possibles liées à une démotivation passagère. Mais la confiance en soi est une denrée suffisamment consistante pour ne pas être avare dans l'expression de ces signes.

- Les signes de reconnaissance conditionnels concernent les actions réalisées par la personne.

Exemples

Des signes de reconnaissance conditionnels

« L'affaire que tu as remportée est importante pour l'entreprise, la préparation a été impeccable. »
« L'équipe peut applaudir, car ce qu'a fait Julien est un record dans l'histoire, il a réussi à développer dix nouveaux prospects. »
« Pour un nouveau commercial, les résultats de marge sont encourageants, il a dépassé de 10 % ses objectifs. »

- D'autres voies sont aussi à exploiter pour valoriser les personnes.

Exemples

- Féliciter un commercial en réunion, mettre en avant l'importance de la réussite.
- Féliciter par écrit.
- Déléguer une mission.
- Attribuer une prime exceptionnelle.
- Faire annoter ou témoigner par la direction l'intérêt de cette réussite.
- Former.

Dans tous les cas de figure, ne pas être avare des signes de reconnaissance positifs est un bon conseil. Si vous devez communiquer des signes de reconnaissance négatifs, le mieux est d'en donner le moins possible, sans déformer la réalité. Le but est de créer un état d'esprit positif qui suggère à chacun de donner le meilleur de lui-même.

Avis d'expert

Questions à Philippe Mallard, directeur commercial et marketing chez Casal Sport

Comment motivez-vous vos commerciaux et votre équipe ?

Je m'appuie sur trois leviers.

- **L'organisation managériale** :

Il est important de structurer les temps managériaux avec les commerciaux tout au long de l'année et de définir, pour chacun, des objectifs personnalisés »

» et précis. Il est indispensable de communiquer très régulièrement avec ses commerciaux :

– pour bien comprendre leurs difficultés (réelles ou "fausses barbes") afin d'y répondre et les aider à trouver des solutions pour ne pas les laisser seuls à cogiter ou à "broyer du noir", de les rassurer et d'immédiatement les rebooster (un mot, une action, une réalité) ;
– pour disposer de remontées du terrain afin de mieux appréhender le marché et d'agir en conséquence ;
– pour insuffler un esprit d'équipe et de solidarité, car ils sont seuls dans leur voiture face aux problèmes, aux échecs et à leurs réussites ("tous ensemble"). Le besoin d'échanger est réel.

Pour autant, ils ont besoin d'autonomie dans leurs actions et leurs décisions. Je structure donc les rencontres selon les rythmes suivants :

– annuel : on réalise le bilan de l'activité de l'année qui vient de se terminer + plan d'actions commerciales (PAC) macro + plan de progrès et négociation des objectifs de l'année à venir N +1 ;
– mi-année : point sur l'activité et sur l'évolution des compétences ;
– mensuel : bilan de l'activité du mois précédent M -1 + PAC micro M + 1 avec 2 points de compétences à travailler ;
– hebdomadaire : bilan de l'activité de la semaine précédente S -1 + PAC opérationnel de la semaine S ;
– suivi téléphonique dans la semaine du PAC.

• **Le développement des compétences se joue sur deux leviers** :

Les formations métier : techniques de ventes et expertise produits.

Les visites en clientèle avec le manager commercial de proximité :

– « Tu fais, on débriefe. » (Entretien factuel avec le commercial, accompagné d'un outil de suivi.)
– « Je montre, tu fais. » (Démonstration d'un entretien de vente par le manager devant un jeune commercial, par exemple, qui est ensuite invité à mener lui-même un entretien.)
– Training, mené par le manager commercial.

• **La stimulation des forces mentales (énergie, motivation, confiance, concentration) intervient** :

– lors des temps managériaux ;
– lors des échanges informels : appels directs du directeur commercial aux commerciaux pour les encourager ou les féliciter ;
– lors de séminaires commerciaux (deux fois par an).

Quelles sont « toutes » les actions qu'un manager commercial peut mettre en place pour motiver les commerciaux ?

• Proposer un projet d'entreprise : une ambition, une vision de développement, des valeurs.
• S'assurer des compétences de chaque commercial et de leurs évolutions.
• S'assurer de leurs forces mentales et de leur forme physique. »

» • Valoriser les réussites, les performances et/ou les compétences.
• Encourager, positiver (tout en étant réaliste) : c'est encore plus vrai aujourd'hui quand les affaires sont difficiles.
• Stimuler les performances : challenge, podium de performance de la force de vente chaque mois.
• Vérifier que la rémunération est cohérente par rapport aux résultats de chacun (clarté sur des grilles de salaires évolutives).
• Structurer des échanges fréquents avec des temps managériaux : être à l'écoute, montrer l'exemple.
• Expliquer clairement les règles du jeu et agir en conséquence, avec transparence, rigueur, professionnalisme, sérieux.
• Donner aux commerciaux de l'autonomie dans leurs actions dans le cadre de la politique commerciale.
• Proposer des plans de carrières potentiels (plus difficile dans les PME) : clarifier l'organisation managériale pour que chacun puisse se projeter.
Le tout, en cohérence avec les objectifs de la direction.

Répondre aux besoins d'accomplissement personnel

Le manager commercial relaie ici les aspirations qui ont été identifiées lors de l'entretien annuel d'évaluation. L'enjeu est de fidéliser les bons éléments et, dans la mesure du possible, de faire progresser l'ensemble de l'équipe. Quelques exemples d'actions à entreprendre :

- atteindre des objectifs exceptionnels ;
- former en développant de nouvelles compétences ;
- développer les talents de chacun pour atteindre le niveau expert ;
- confier une mission de management à un ou deux jeunes collègues ;
- coacher davantage le meilleur et/ou lui proposer un coach externe ;
- déléguer ;
- promouvoir.

Fiche pratique

Un questionnaire sur la motivation

Une étude de Gallup International a été réalisée sur la motivation auprès de milliers de collaborateurs dans plusieurs pays. Ce questionnaire permet de faire le point sur le niveau de motivation des collaborateurs. Plus le nombre de réponses positives est élevé, plus le degré de motivation est *a priori* important :

- Est-ce que je sais ce qu'on attend de moi au travail ?
- Est-ce que je dispose des équipements nécessaires pour effectuer mon travail correctement ?
- Au travail, ai-je chaque jour la possibilité de réaliser ce que je fais le mieux ?
- Durant les sept derniers jours, ai-je reçu des marques de reconnaissance ou des félicitations ?
- Quelqu'un, à mon travail, soutient-il mes progrès ?
- Mes supérieurs ou d'autres acteurs se soucient-ils de moi en tant que personne ?
- Mon opinion est-elle prise en considération ?
- Mes missions me donnent-elles le sentiment que mon travail est important ?
- Mes collègues ont-ils la volonté de faire du bon travail ?
- Ai-je un véritable ami à mon travail ?
- Au cours des six derniers mois, m'a-t-on parlé de mes progrès ?
- Au cours de l'année qui vient de s'écouler, ai-je appris et progressé ?

Ce questionnaire a l'avantage de la simplicité. Le manager peut l'utiliser individuellement ou en réunion d'équipe, il reprend des éléments communs aux cinq niveaux de motivation de la théorie de Maslow.

En regard des leviers puissants de la motivation, le manager a tout intérêt à réaliser le bilan de ses actions de motivation. L'outil présenté ci-dessous a pour objectif d'évaluer les actions de motivation mises en œuvre par le manager commercial au cours du dernier trimestre. Le but est de compléter le tableau en imaginant la suite sur le prochain trimestre.

Tableau 2.2 – Outil d'évaluation des actions de motivation

Actions et décisions du manager pour motiver les commerciaux	Actions du dernier trimestre	Actions à prévoir pour le prochain trimestre
Améliorer les conditions de travail		
Réduire l'incertitude, réduire le stress inutile		

»

»

Développer l'esprit d'équipe, la collaboration, les échanges d'expérience, les enrichissements mutuels		
Reconnaître les efforts et/ou les résultats individuels et/ou collectifs		
Tirer vers le haut les commerciaux, les faire sortir de leur zone de confort, les faire progresser		

Avis d'expert

Marc Touchain, directeur général de la concession Xerox de Versailles

La motivation des commerciaux

Après quelques années en tant que manager commercial, manager de managers chez Xerox France, puis en tant que dirigeant de ma propre entreprise, j'ai acquis une certitude : motiver les commerciaux est une activité primordiale, essentielle, et plus subtile qu'on peut l'imaginer au moment de la prise de fonction de management.

Mes différents managers m'ont permis d'établir le constat suivant : la toute première leçon à retenir est d'avoir une connaissance fine de ses collaborateurs. Il s'agit plus particulièrement d'identifier les attitudes et les comportements des commerciaux pour agir sur les bons leviers de motivation.

La rémunération, comme signe de reconnaissance, est un point fondamental :

- La rémunération fixe reconnaît des niveaux d'études et d'expérience.
- La rémunération variable récompense les résultats des animations, des challenges individuels et d'équipes.
- Une journée de congés est plus appréciée par certains qu'une prime.
- La rémunération par la promotion contribue à la réalisation de soi.

Accompagner en clientèle et coacher les vendeurs dans les périodes de résultats en baisse permet de les remettre en confiance : le débriefing porte alors uniquement sur les éléments positifs, renforcés par des signes de reconnaissance. On peut aussi confier des missions aux collaborateurs. Par exemple :

- faire intervenir en réunion plénière pour valoriser ses meilleures pratiques devant l'équipe ;
- coacher un jeune collègue contribue à renforcer l'estime de soi et la confiance en soi tout en améliorant le professionnalisme.

Attribuer aux commerciaux un segment de marché attractif est également important.

En conclusion, le manager doit maîtriser les trois dimensions du management commercial pour agir sur la motivation des vendeurs : porteur de sens, coach et pilote de l'activité.

Casser la routine

Un facteur de motivation à prendre également en compte est la faculté du manager commercial à casser la routine :

En organisant des réunions plus participatives :

- trouver des solutions à un problème ;
- construire ensemble un plan d'actions ;
- formaliser un questionnement suscitant l'intérêt des clients sur une offre ;
- bâtir un argumentaire ;
- traiter les objections par des jeux de rôles courts ;
- confier à un des commerciaux l'animation d'une partie de la réunion.

En créant des challenges sur :

- la prospection ;
- les niveaux de marges ;
- le chiffre d'affaires ;
- la qualité des propositions ;
- la satisfaction client ;
- le nombre de rendez-vous client.

En surprenant l'équipe lors de la réunion annuelle :

- activités sportives et ludiques ;
- activités manuelles (ateliers de cuisine, de conception de vins ou de parfums, par exemple) ;
- activités corporelles et émotionnelles (chorale, danse) ;
- activités artistiques (par exemple, un dessin géant retraçant le passé et l'avenir de l'équipe) ;
- tournage de vidéos humoristiques sur un sujet donné (accueil client, revue de presse) ;
- activités intellectuelles grâce à l'intervention d'invités extérieurs.

Lors d'un entretien individuel :

- faire un point sur la qualité de la relation manager/commercial en cherchant à l'améliorer ;

– axer davantage les entretiens sur les aspects qualitatifs que sur les résultats. En effet, c'est la somme des compétences et de l'activité des commerciaux qui produit les résultats ;
– se faire débriefer lors d'un accompagnement en clientèle par le commercial lui-même. Cette façon de procéder a pour avantage d'identifier si celui-ci maîtrise bien les techniques de vente.

En regard de toutes ces idées que peut mettre œuvre le manager commercial pour créer et entretenir la motivation, Herzberg a introduit en 1959 deux notions intéressantes sur la motivation, qui résument bien les propos précédents. Elles constituent un excellent repère pour le manager commercial :

- le travail en lui-même est facteur de motivation (notamment chez les commerciaux) ;
- l'environnement du travail est facteur de démotivation. Il s'agit ici des conditions de travail qui relèvent, au sens de Maslow, de la qualité de vie professionnelle et du cadre du travail proposé aux employés.

Le salaire illustre parfaitement cette dichotomie. Le fait de doubler le salaire d'un commercial ne le rendra pas deux fois plus compétent, ses résultats n'auront pas crû de 100 %. Si un commercial s'estime lésé par son niveau de rémunération, il risque de se démotiver. En revanche, un commercial compétent et motivé est certain d'augmenter ses revenus.

Les erreurs à éviter par le manager

Les facteurs de démotivation les plus courants ou les principales erreurs à éviter par le manager commercial sont les pensées abusives ou des jugements de valeur qui enferment le commercial dans une caricature. À ce sujet, il a été démontré que, confrontées à des opinions ou des jugements négatifs, les personnes avaient tendance à s'y conformer.

Exemples de relation possible entre parents et enfant : « Il n'a pas la bosse des maths », ou bien d'un manager avec un de ses commerciaux : « Il n'est vraiment pas organisé. » Ces deux phrases condamnent à coup sûr les victimes non seulement sur ces prédictions, mais altèrent aussi leur niveau de confiance. Le risque est de perdre des éléments à potentiel qui ont forcément d'autres talents. Des études récentes[1] prouvent que chacun de nous en possède trois ou quatre.

1 Dont celle de Marcus Buckingham et de Donald Clifton dans l'ouvrage *Découvrez vos points forts*, Pearson, 2008.

Quelques autres exemples d'erreurs principales à éviter, sont inspirés de l'ouvrage *Comment démotiver à coup sûr* co-écrit par Nicolas Caron et Frédéric Vendeuvre, associés fondateurs du cabinet de conseil Halifax :

- L'indifférence, évoquée plus haut, ou le manque de valorisation des commerciaux. Le manager pense qu'il est normal d'atteindre ses objectifs puisque les commerciaux sont payés pour cela. Imaginez un coach sportif ne pas donner de signes de reconnaissance positifs après une victoire de son équipe, même si la victoire était logique car l'équipe adverse était réputée plus faible ?
- Le manque de disponibilité récurrent du manager est une autre marque d'indifférence. Le management étant la mission principale, la proximité est de fait une figure imposée.
- S'en prendre aux valeurs personnelles du commercial. Exemple d'un commercial aux résultats moyens s'adressant à son manager : « La réunion était vraiment super, on a pu échanger... » Le manager, un peu agacé par la situation, répond : « La solidarité, c'est une chose, mais c'est surtout tes performances individuelles qui comptent. »
- Donner plus de signes de reconnaissance négatifs aux commerciaux que de signes positifs, tout en restant factuel : « Le niveau de marge n'est pas atteint, je vous rappelle que les frais de port ne sont pas gratuits », « Je constate que l'argumentaire n'est pas maîtrisé : je parle notamment des aspects fiscaux », etc. Certes, le manager peut avoir raison sur le fond, mais à trop se centrer sur les aspects négatifs, la démotivation peut gagner l'ensemble de l'équipe.
- L'ironie ou les plaisanteries sur les points faibles des commerciaux : « Les marges et toi, vous n'êtes pas encore amis ! », ou encore « On n'a plus qu'à tout offrir au client : venez chez nous, tout est gratuit ! ». Le rire jaune du commercial incite alors le manager à se reprendre : « Non, je rigole ! On peut plaisanter, non ? »

Les trois attitudes clés du manager commercial

Les attitudes du manager commercial sont essentielles pour créer l'environnement favorable à l'épanouissement des commerciaux. Elles doivent traduire des valeurs, mais aussi les trois dimensions de la fonction :

- **Être à la fois solidaire de l'équipe mais aussi de la direction.** C'est un dilemme qui peut se poser au manager. Le manager doit défendre les décisions de la direction auprès de ses commerciaux, même si certaines ne remportent pas *a priori* leur adhésion, comme un nouveau compte rendu de clientèle à formaliser ou la mise en place d'un compte rendu d'activité plus dense. Cette qualité est d'autant plus primordiale que les changements sont nombreux, il en va de l'état d'esprit de l'équipe, à savoir convaincre les commerciaux des figures imposées. Il peut être tentant, pour le manager, de donner en partie raison à ses commerciaux en gagnant ainsi leur sympathie, mais à moyen terme, la situation deviendra difficile vis-à-vis de sa direction. À l'inverse, si l'équipe obtient de mauvais résultats, le manager commercial doit ici défendre les qualités de l'équipe et les efforts de chacun pour donner le meilleur en s'impliquant lui-même dans le diagnostic et la mise en œuvre d'un plan d'actions correctrices.
- **Quels que soient les résultats quantitatifs et qualitatifs de l'équipe, le manager est responsable** et ne peut s'exonérer de sa responsabilité en se justifiant par le faible niveau de certains commerciaux. Cette attitude exige de savoir faire des arbitrages et de prendre des décisions en assumant personnellement les risques. Les occasions ne manquent pas, comme : l'embauche de commerciaux, des promotions à proposer, des augmentations ou non de salaires, des conflits avec certains, des négociations avec des clients importants, des actions commerciales à mettre en œuvre... À chaque fois, le manager sera évalué par ses commerciaux et sa direction. Nul n'est parfait, chacun a le droit à l'erreur et le tout est d'en tirer des leçons.
- **L'exemplarité du manager est aussi un facteur clé de motivation des commerciaux.** Il doit bien sûr appliquer à lui-même ce qu'il demande à ses commerciaux : l'engagement dans l'action, l'utilisation des outils et des techniques commerciales préconisées, le soutien aux commerciaux en difficulté, sans oublier la présence aux côtés des meilleurs, l'écoute et les échanges à privilégier dans les relations avec les autres. L'exemplarité ne veut pas dire la perfection et, en cela, l'humilité est une de ses caractéristiques. Elle n'implique pas non plus de faire à la place de ses commerciaux, mais d'agir en manager : donner du sens, afficher ses valeurs, motiver, coacher et piloter l'activité.

Comment remotiver un commercial ?

Malgré tous les efforts du manager commercial pour appliquer de bonnes pratiques, la motivation d'une équipe commerciale n'est pas constante et connaît des hauts et des bas. Au-delà de l'application des conseils précédents pour motiver, il s'agit cette fois de proposer un guide d'entretien type, afin de faire en sorte que le commercial puisse retrouver l'allant nécessaire pour agir positivement et éviter de prendre la pente de la démotivation.

Tous les signes de démotivation d'un commercial doivent alerter le manager. Il faut intervenir le plus rapidement possible pour discuter, échanger sur la question qui affecte le commercial et apporter l'aide adaptée à la situation.

Au-delà des motifs de démotivation que nous avons abordés, l'important est d'en repérer les signes principaux. Cela représente déjà une marque d'intérêt pour l'autre. En fait, le manager doit identifier tous les changements de comportements du commercial. Quelques motifs classiques ayant en général pour conséquence une baisse d'activité :
- échec sur une affaire importante ;
- outils de remontées d'informations trop contraignants ;
- résultats en baisse ;
- objectifs non atteints ;
- promesse d'entreprise non tenue.

D'autres signes d'alertes :
- indifférence ;
- mutisme ;
- expressions du visage traduisant une introspection inhabituelle ;
- dynamisme altéré ;
- discussion à voix basse avec certains commerciaux ;
- attitude physique affaissée ;
- voix peu audible ;
- agacements en réunion ou en entretien ;
- réflexions négatives et peu constructives dans la recherche de solutions ;
- esprit de contradiction plus systématique ;
- énervements répétés proches de situations conflictuelles ;
- jugements de valeur, négatifs sur la politique de l'entreprise.

Comment remédier à ces signes et motifs de démotivation. La solution la plus évidente et efficace est d'organiser un entretien individuel. En préalable, il est bon de rappeler que la motivation ne se décrète pas, à moins d'être un adepte de l'injonction paradoxale du type : « Il faut être motivé ! », « Soyez adulte », « Vous devez être proactif », autant d'expressions qui ont pour conséquence l'inverse de l'intention recherchée.

Fiche pratique

L'entretien type de remotivation

Il comprend six étapes :

• **L'exposé des faits ou du sentiment.** Le manager énonce les faits « Tu as plusieurs fois manifesté de l'agacement au cours de notre réunion portant sur le nouveau challenge » et/ou peut exprimer une impression comme : « Je ne te sens pas comme d'habitude. »

• **La recherche des causes par le questionnement** : « Que se passe-t-il ? » est une question ouverte la plus large possible, qui donne une grande liberté de réponse. Enchaîner ensuite par d'autres questions factuelles telles que « C'est-à-dire ? », « Que ressens-tu ? », « Que retiens-tu de cette situation ? », etc.

• **Une écoute active.** Faire preuve d'empathie en évitant les cinq pièges de l'écoute.

– la reformulation des faits et des impressions exprimés par le commercial ;

– la validation de la compréhension du manager par le commercial : « C'est bien cela, ai-je bien compris ? »

• **L'échange de solutions** :

– en fonction du motif de démotivation, resituer le contexte en rappelant la stratégie, les règles du jeu. Solliciter ensuite les idées du commercial, puis enrichir si nécessaire avec ses propres idées.

• **La prise de décision** :

– choisir ensemble la ou les meilleures solutions possibles ;

– savoir dire non aux solutions inacceptables (le commercial veut par exemple une affectation immédiate de deux nouveaux grands comptes à son portefeuille clients en expliquant que le responsable de compte actuel ne produit rien), en précisant pourquoi et quelles sont les conséquences de ce genre de décision hâtive ;

– s'assurer que la question est traitée et du choix de la bonne solution.

• **Le suivi** :

– définir la mise en œuvre de la solution ;

– fixer des points d'étape ;

– prendre rendez-vous pour le premier point d'étape.

Faisons un exercice ensemble. Par exemple, Théo, un commercial performant pour lequel avait été envisagée un an plus tôt une promotion en fonction de l'atteinte de ses objectifs. Un an plus tard, ses objectifs ont été atteints, mais le poste a été confié à une autre personne recrutée récemment. Les motifs de ce recrutement externe ont été donnés : diversifier les profils, enrichir les expériences, continuer sur le fort rythme de croissance de l'entreprise lié au profil de la recrue. Depuis cette annonce, le manager constate un niveau d'activité mensuel moindre du commercial, des résultats en baisse et des signes d'indifférence à la vie de l'équipe. Son niveau d'engagement s'est dégradé. Le manager décide alors de rencontrer Théo dans son bureau. Dans l'exercice qui va suivre, on vous propose en tant que manager commercial trois choix possibles face à chacune des situations présentées tout au long du déroulement de l'entretien. Un seul choix est possible, c'est-à-dire le bon, Théo y répondra. À vous de découvrir les bonnes réponses.

D'emblée, le manager prend la parole, fait le constat et enchaîne par une question :

1. « Bien Théo, assieds-toi, j'ai peu de temps, mais je tenais absolument à te voir pour savoir ce qui t'arrive. Tu n'es plus aussi motivé qu'avant, tu as l'air peu concerné. C'est en raison du poste que tu n'as pas obtenu ? »
2. « Théo, je voulais te voir, qu'est ce qui se passe, je ne te reconnais plus ? »
3. « Je te remercie Théo pour ta disponibilité. Je souhaite te voir parce que j'ai constaté une baisse d'activité et de tes résultats et j'ai l'impression de te sentir moins concerné. Que se passe-t-il, Théo ? »

Théo valide la réponse 3 et répond : « On m'avait promis une promotion et c'est une personne de l'extérieur qui l'a obtenue. Je suis un peu frustré, c'est peu de le dire et, pour moi, c'est comme si je n'avais rien fait pour l'obtenir. »

Le manager commercial enchaîne par la reformulation qui s'impose :

1. « Alors, pour toi, il faudrait que toutes les exigences des commerciaux soient satisfaites à partir du moment où les objectifs sont atteints ? »
2. « Je comprends, tu as obtenu de bons résultats, et ce depuis plusieurs années, et nous avions envisagé de te promouvoir. En plus, tu te sens d'autant plus légitime que tu as été fidèle à l'entreprise depuis ton arrivée il y a 7 ans. Qu'une personne de l'extérieur ait obtenu le poste, ça te frustre, c'est bien cela ? »
3. « OK Théo, c'est la vie de l'entreprise, des gens arrivent, d'autres partent et d'autres restent, ce que j'espère bien de ta part. Il y aura d'autres occasions, crois-moi : c'est juste une question de temps. Moi-même, lorsque j'ai été à ton poste, j'ai dû patienter et je suis devenu manager. »

Théo valide la réponse 2 : « Oui, c'est bien cela. »

Le manager commercial poursuit l'entretien :

1. « Je peux déjà te rassurer quant à la reconnaissance de tes compétences commerciales tant par moi que par la direction, et sur ce point il n'y a aucun doute. Juste un mot pour revenir sur les raisons du choix du manager externe. Tu as compris les raisons : je pense à l'enrichissement d'expériences, la diversification des profils de l'entreprise et profiter d'une excellente et rare qualité de la candidature. Cependant, un poste de manager est toujours possible pour toi. Je ne peux pas fixer de date précise car cela dépend des mouvements de personnel. Mais je souhaite que l'on en parle ensemble et savoir comment tu pourrais te préparer à cette nouvelle fonction de manager. Qu'en penses-tu ? »
2. « Bien sûr Théo, tu as le choix de rester parmi nous ou aller voir à l'extérieur. Mais je ferai tout mon possible pour te garder car on s'entend bien, tu es bien perçu par les équipes commerciales et dirigeantes et tu ne sais pas ce que tu trouveras à l'extérieur. L'herbe est toujours plus verte ailleurs, mais pense un peu à ceux qui nous ont quittés durant toutes ces années : beaucoup le regrettent, et tu le sais. Je vais réfléchir aux possibilités de promotion rapidement et je t'en reparle ensuite, ça te va ? »
3. « Théo, ainsi va la vie, et je peux te dire que je le regrette pour toi, surtout au vu de ta fidélité à l'entreprise et de ton engagement pour elle. C'est peut-être aussi le moment privilégié pour te poser des questions par rapport au poste de manager, car un excellent commercial ne fait pas forcément un bon manager. Aurais-tu, par exemple, la patience de t'occuper de Julien qui, depuis deux ans, ne fait que râler et dont on ne sait plus quoi faire, ou de Charlotte, qui demande sans arrêt des augmentations en nous comparant systématiquement à nos concurrents ? Peut-être que oui, mais si j'ai un conseil à te donner, c'est de réfléchir : il existe aussi d'autres postes, comme commercial grand compte ou responsable marketing opérationnel. Parles-en avec la DRH et je suis certain que tu trouveras des réponses, qu'en penses-tu ? »

Théo valide la réponse 1 et poursuit l'entretien en répondant : « Oui, j'ai pensé m'inscrire à une formation à la prise de poste de manager commercial et à t'aider dans le coaching des deux plus jeunes recrues de l'équipe. Nous pourrions peut-être voir comment organiser cela ? »

Le manager commercial répond :

1. « L'action de formation est une excellente idée, il reste juste à la coordonner avec ta nomination et trouver le bon timing. Quant au coa-

ching des deux juniors, cela me paraît judicieux et conditionné aussi aux exigences de résultats en fonction de ton temps disponible au coaching. Je valide cela avec la direction, mais dans un premier temps, je peux d'ores et déjà te confier l'animation de certaines parties de réunion et l'accompagnement du plus jeune de nos commerciaux sur les affaires à enjeu. Est-ce que cela te convient ? »

2. « Je note tes idées, mais je ne peux rien te promettre si tu ne te remets pas en ligne avec tes objectifs. De plus, il faut s'assurer que tu as bien pris en compte les missions de management et les comportements que cela exige. Je propose donc que tu en parles aussi avec les RH : je les préviens à l'avance, et puis on fait un point ensemble. En revanche, ne t'attends pas à une réponse ferme de leur part, sinon à leur mettre la pression en évoquant une proposition de la concurrence. Qu'en penses-tu ? »
3. « Une chose après l'autre, Théo : d'abord, il faut te remettre en ligne avec les résultats, ensuite nous validons qu'un poste est toujours possible. Cela dépend des opportunités et de l'accord de la direction sur la fonction de management qui te serait confiée. Donc, pour l'instant, priorité aux résultats et nous envisageons la suite à donner à ce moment, ça te va ? »

Théo choisit la réponse 1 et définit avec le manager commercial les points d'étapes. Ils fixent ensemble la date de premier point d'étape. Dans cette réponse, le manager s'implique dans une recherche de solution qui ne remette pas en cause les résultats, tout en donnant à Théo la possibilité de se familiariser avec le métier de management individuel et collectif, sans pour autant faire une promesse intenable, puisqu'il validera le dispositif et la possibilité de promotion avec la direction.

Dans les réponses 2 et 3, le manager commercial revient immédiatement aux résultats. Il maintient Théo dans le doute tout en se défaussant sur les RH ou la direction. Dans la réponse 2, une remise en cause est faite sur les capacités de Théo à être manager et il lui est proposé de mettre la pression aux RH en évoquant une proposition de la concurrence. La réponse 3 insiste, en conclusion, sur la nécessité d'obtenir des résultats rapidement, qui démontre que le manager est surtout centré sur lui-même.

Avis d'expert

Question à Philippe Mallard, directeur commercial et marketing chez Casal Sport

Quel a été votre plus grand succès pour remotiver un commercial : une histoire ou une anecdote marquante ?

Pour remotiver un commercial senior, je lui ai confié un nouveau projet en test pour savoir si nous pourrions le dupliquer sur tous les secteurs.
Une anecdote : un commercial senior, trois ans d'ancienneté, en bons rapports avec sa hiérarchie et l'entreprise, m'annonce son départ, car il a une opportunité d'évolution de carrière dans une autre société (mission managériale et salaire plus important). Au cours d'un long échange téléphonique, avant son départ, je lui fais part de ma déception, mais aussi de la confiance que j'avais en lui, de la reconnaissance de ses compétences, de ses qualités humaines, de ses performances... et lui signifie que je pouvais comprendre son choix même si je le regrettais, mais que je n'avais pas de poste à responsabilité à lui proposer. J'ai ajouté que ça me ferait plaisir d'avoir de ses nouvelles régulièrement. 72 heures plus tard, il m'a appelé : il démissionnait de son nouveau poste et recommençait chez nous dans la foulée et pour la même mission initiale de commercial. Nous travaillons toujours ensemble... et il performe !

Gérer des situations conflictuelles

Comme évoqué précédemment, les motifs de conflit ne manquent pas dans le contexte de changements rapides des entreprises. Si les managers, en lisant cet ouvrage, se sentent encore mieux armés pour agir sur la motivation des commerciaux et prévenir ainsi les conflits, c'est une excellente nouvelle. Cependant, la capacité à savoir gérer les situations de tension se révèle tout aussi capitale. C'est une des compétences relationnelles recherchée, car elle est en lien direct avec l'autorité et donc le leadership. C'est la capacité à savoir s'affirmer en rappelant les règles du jeu pour rassurer les commerciaux sur ce qui est permis et la ligne jaune à ne pas franchir. Le manager commercial est le « gardien du temple » : des règles, de la stratégie et des valeurs de l'entreprise.

Quels sont les comportements observables des managers face à ces situations ? Quels sont les enjeux personnels et professionnels du manager, lorsque :

- des règles du jeu ne sont pas respectées par certains commerciaux ?
- le manque d'action ou de loyauté vis-à-vis de l'entreprise est avéré ?

- un état d'esprit négatif domine ?
- des engagements non respectés se reproduisent ?

Quand il s'agit d'un premier écart d'un commercial, un simple recadrage peut suffire, mais quand la même erreur est répétée deux fois ou plus la situation devient alors plus tendue. Dans tous ces cas de figure, il est important d'intervenir. Avant de parler de méthode, l'exemple qui va suivre permettra de mieux comprendre les mécanismes d'adaptation du manager face à ces situations.

Imaginons, un commercial prénommé Maxime, possédant 5 ans d'ancienneté dans la même entreprise, âgée de 30 ans, diplômé d'une école de commerce, obtenant depuis son arrivée dans l'entreprise des résultats moyens en réalisant plus ou moins ses objectifs. Maxime est facilement critique sur la politique de l'entreprise. Il apporte parfois des idées mais en prenant souvent un air détaché, en ouvrant à la fois son ordinateur et son téléphone portable pour répondre aux questions ou discuter. Il a une assez haute opinion de lui-même, un fort ego, il pense qu'il pourrait mieux faire si on lui offrait les moyens nécessaires : salaire et promotion. Il considère ne pas avoir fait des études pour rester commercial. Lors de son recrutement, son manager et les RH avaient bien eu l'idée de le promouvoir rapidement en regard de son potentiel, mais cela était conditionné à l'atteinte de ses objectifs trois années de suite.

Le manager commercial organise la réunion mensuelle d'équipe durant laquelle Maxime se fait notamment remarquer :

- il arrive avec 10 minutes de retard en prétextant une affaire très urgente à régler ;
- il consulte son téléphone plusieurs fois de suite et allume son PC pour prendre des notes. Il répond à des mails ou envoie des sms à plusieurs reprises malgré les remarques discrètes du manager qui ne souhaite pas perturber la qualité des échanges ;
- il se manifeste en disant que les moyens n'étaient pas à la hauteur du challenge proposé sur la gamme de produits X, ce qui a généré un léger froid, sans pour autant altérer la qualité de la réunion. Le manager reprend rapidement le fil de la réunion ;
- enfin, Maxime traite discrètement ses notes de frais, ce que le manager remarque en fin de réunion.

Le manager commercial conclut la réunion positivement et rappelle les trois actions prioritaires pour relever le challenge. Il propose ensuite à l'équipe de déjeuner ensemble.

Les commerciaux quittent la salle, sauf Maxime qui rejoint le manager. Celui-ci range le matériel et ses affaires quand Maxime lui demande de signer ses prochains congés. À votre avis, quel est le meilleur comportement à adopter ?

- ***Premier comportement*** : le manager commercial signe les congés de Maxime. Il se dit intérieurement que Maxime ne changera pas : depuis cinq ans, il a ce type d'attitude et ses résultats restent corrects. Le manager lui rappelle juste que les notes de frais doivent se faire hors de la réunion. Maxime valide d'un hochement de tête tout en consultant son téléphone et sort de la salle.
- ***Deuxième comportement*** : le manager commercial s'emporte et dit à Maxime : « Ce n'est plus possible, tu es négatif Maxime, tu n'apportes rien dans ces réunions, sans parler de tes résultats ! Tu es replié sur toi-même, enfermé dans tes portables. Je t'envoie un avertissement et, entre nous, si tu ne changes pas d'attitude, ça peut devenir très grave ! » Maxime se défend en prétextant des résultats globalement en ligne ; il ajoute que les ordinateurs et téléphone portables sont des outils indispensables aujourd'hui et conclut en rassurant le manager sur la qualité de la réunion. Le manager commercial lui répond : « Sors d'ici tout de suite, la fourberie a des limites, des gars comme toi, j'en ai vu des dizaines. Quant à tes congés, ce n'est pas le moment, à moins qu'ils soient indéterminés ? » Maxime sort et prépare déjà sa défense.
- ***Troisième comportement*** : le manager commercial dit à Maxime : « On se connaît bien Maxime, cela fait cinq années qu'on partage l'aventure commerciale de l'entreprise, on a fait des fêtes ensemble et on a déjà de bons souvenirs en commun. On n'est pas amis mais presque, et c'est la raison pour laquelle j'aimerais te dire de façon tout à fait confidentielle ce que certains de tes collègues me disent à ton propos : ton attitude détachée, ton côté un peu négatif en réunion avec tes critiques répétées, tes quelques retards, ton manque d'esprit d'équipe les embarrassent. De plus, imagine que le directeur commercial ait connaissance de ces comportements, tu es mal parti. Bref, de toi à moi, je te demande amicalement de te reprendre et de changer d'attitude. C'est pour ton bien. Je peux compter sur toi, Maxime ? ». Maxime valide en ajoutant qu'il était débordé ces derniers temps et qu'en réunion, il cherchait simplement à dire tout haut ce que les autres pensaient sans oser le dire. Puis, ils sortent de la salle.

Aucun comportement n'est vraiment satisfaisant : l'analyse illustre les trois comportements refuges les plus fréquents. La fuite est traduite par le premier comportement possible adopté par le manager vis-à-vis du commercial Maxime. L'attaque est traduite par le deuxième comportement, et la manipulation par le troisième. Dans les colonnes suivantes sont résumées les traductions possibles de chaque comportement, les raisons internes qui poussent le manager à l'adopter et ses conséquences.

Tableau 2.3 – Analyse des comportements du manager commercial en situation de tension

Comportements refuge	Traductions possibles	Le débat et les raisons internes du manager commercial	Conséquences possibles
La fuite	1. Ne rien dire 2. Minimiser 3. Temporiser 4. Parler au nom de la direction	1. Ça ne servirait à rien on ne le changera pas 2. Ce n'est pas grave, on le connaît 3. Je verrai ça plus tard 4. Ce n'est pas à moi de gérer ce problème	Maxime continue. Propagation des attitudes de Maxime à l'équipe. Perte de légitimité du manager. Maxime prend le leadership.
L'attaque	1. Menacer 2. Sanctionner 3. Émettre des opinions ou des jugements de valeur, manier l'ironie 4. Élever la voix 5. Le manager sait tout	1. Faire peur 2. Rappeler qui est le chef 3. Voilà une bonne occasion de lui dire ce que je pense 4. Le plus fort, c'est moi 5. Le manager est infaillible	Maxime se tait. Le conflit s'aggrave. Rupture de la relation.
La manipulation	1. Omettre 2. Mentir 3. Jouer par la bande : collègues et direction	La diplomatie est la seule bonne tactique, jouer sur l'affectif en rappelant les règles du jeu en douceur	Méfiance. Perte de crédibilité. Rupture de la relation.

Grâce à ce tableau, nous mesurons les risques des trois comportements que peut adopter un manager en situation de tension avec un commercial. Les conséquences de ces comportements sont négatives. C'est la raison pour laquelle il est utile de maîtriser une méthode de gestion de conflit qui permette à la fois d'éviter ces risques et de s'affirmer sans fuir, attaquer ou manipuler.

Pour cela, il faut s'appuyer sur le triangle de la communication. Chacun de nous exprime des faits, des opinions et des sentiments :

- des faits : il a réalisé 90 % de ses objectifs, elle a réalisé 20 ventes en 2 mois...
- des opinions : il est mou, ce document est excellent...
- des sentiments : ça m'agace, je suis ravi...

Seuls les faits et les sentiments sont incontestables. En revanche, les opinions sont discutables et source potentielle de conflits. Chacun des protagonistes peut-être ou non d'accord. Le manager doit donc veiller à toujours valider et se focaliser sur les faits, exprimer ses sentiments, mais ne jamais déraper dans le registre des opinions.

En situation de tension, le premier réflexe est d'abord de décrire les faits. En reprenant l'exemple de Maxime, le manager commercial lui dira : « Maxime, tu es arrivé avec 10 minutes de retard à la réunion, tu as ensuite ouvert ton ordinateur et ton portable en tapant quelques SMS. Tu es ensuite intervenu pour dire que les moyens n'étaient pas à la hauteur du challenge et, en fin de réunion, tu as commencé à faire tes notes de frais. »

Le constat est suffisamment précis pour que Maxime admette les faits sans les contester. Le manager n'a pas fui, ne s'est pas emporté et n'a pas joué sur l'affectif pour s'exprimer et s'affirmer. Il adopte une neutralité bienveillante.

Le deuxième réflexe consiste à exprimer son sentiment. Deux raisons à cela, la première permet d'évacuer ce que l'on ressent et préserve la santé du manager, alors que l'expression d'une opinion dans ce contexte-là provoquerait les effets contraires. Pensez aux discussions familiales portant sur des sujets politiques ou religieux quand les opinions des uns et des autres sont divergentes ! La seconde raison est l'aspect incontestable du sentiment éprouvé tout en évitant les pièges de la fuite, de l'attaque ou de la manipulation, puisqu'il s'agit d'être sincère. C'est aussi une autre manière de s'affirmer. En poursuivant sur l'exemple de Maxime, le manager enchaînera : « Je suis vraiment mal à l'aise. »

Le troisième réflexe est plus culturel et consiste à apporter une solution à cette situation. En l'occurrence, dans l'exemple de Maxime, il s'agira principalement de rappeler des règles du jeu : « Maxime, je te demande d'arriver à l'heure en réunion, d'être positif en apportant des solutions qui prennent en compte les moyens dont on dispose, de fermer ton ordinateur et téléphone portable. Quant à tes notes de frais, ce n'est pas au moment de la réunion de les faire. »

Enfin, le quatrième réflexe a pour objectif de conclure positivement l'entretien. Le but est de s'être affirmé en faisant respecter les règles dans le cas de Maxime mais en donnant une conséquence positive à la solution trouvée. Maxime y trouvera aussi son intérêt. Le manager conclura en disant par exemple : « Si tu arrives à l'heure, Maxime, tu seras tout de suite dans le coup, le groupe pourra ainsi bénéficier de tes compétences pour optimiser les résultats du challenge. En fermant tes portables, tu pourras apprendre et échanger avec tes collègues, ton écoute sera plus active d'autant plus que tes notes de frais seront faites à un autre moment. On est d'accord, Maxime ? »

Le manager doit faire valider l'accord de Maxime par un oui massif en fin d'entretien. En résumé, **la méthode DESC** comprend quatre étapes :

- décrire les faits incontestables ;
- exprimer son sentiment ;
- soumettre ou suggérer une solution ;
- conclure positivement.

Deux autres techniques d'affirmation de soi peuvent être utiles. Au cours de l'entretien Maxime aurait pu trouver des prétextes ou de mauvaises excuses pour se justifier, tels que :

- « On nous demande toujours plus. »
- « On n'a pas eu d'augmentation de salaire cette année. »
- « Je suis débordé en ce moment. »
- « Les réunions ne m'apportent pas grand-chose, j'ai 5 ans d'expérience. »

Le risque pour le manager est d'être entraîné sur un autre sujet potentiellement sensible ou insoluble et qui n'a rien à voir avec le respect des règles du jeu. Il est donc fondamental d'avoir un objectif précis à la gestion de situation de tension. Il ne s'agit pas de remotiver Maxime mais de le recadrer fermement.

La première technique s'intitule « l'édredon ». Lorsque le commercial émet une opinion, la manager répond « C'est possible » ou « Vous êtes libre de le penser ».

Si le commercial émet un fait, en imaginant qu'effectivement il n'y ait pas eu d'augmentation de salaire cette année, le manager répond : « C'est exact. » Le but est d'éviter de parler d'un autre sujet et de ramener Maxime sur les règles du jeu sans le contredire et en conservant une attitude de neutralité bienveillante.

Dans les cas extrêmes de commerciaux bavards et percutants dans leur justification, il est très utile d'adopter la technique du « disque rayé ». Il s'agit de répéter plusieurs fois la même chose :

- « Maxime, je reprends les règles du jeu : arriver à l'heure, fermer les portables, écouter et apporter des solutions, faire ses notes de frais à un autre moment. On est d'accord ? »
- Et recommencer si nécessaire, autant de fois qu'il le faut. En général, la pression retombe et Maxime finit par être d'accord.

Enfin, si ces techniques ne sont pas suffisantes et que Maxime réitère ses comportements, il faut passer au stade de la sanction : un simple courrier suffira. Et envisager le pire si ces comportements perdurent. L'objectif est de proposer le meilleur aux commerciaux mais, dans les cas les plus graves, la mission du manager est aussi de préserver l'état d'esprit du groupe et ses performances.

En synthèse, le manager doit être ferme sur le fond et doux sur la forme !

De façon plus générale et à l'inverse de certaines croyances, les personnes les plus à l'aise dans leur vie personnelle et professionnelle ne sont pas les plus diplômées ou celles possédant un QI supérieur à la moyenne. Elles savent vivre en bonne intelligence relationnelle avec les autres et s'affirmer. « Ni hérisson, ni paillasson », elles obtiennent ce qui leur tient à cœur sans écraser leur entourage ou manipuler. Comment développer cette affirmation de soi ?

Comme l'a montré Henri Laborit, l'homme est fidèle à ses comportements instinctifs. Face aux situations de tension, l'homme adopte deux tactiques, soit la fuite : se soumettre, accepter l'inacceptable, se plaindre, se refermer sur soi-même..., soit l'attaque : exercer sa colère, exprimer son mépris, insulter, frapper... Or, les comportements de fuite, de passivité et de dévouement forcé ne vont pas sans de profonds malaises physiques, et psychologiques pouvant aller jusqu'à des états dépressifs. Quant aux comportements d'agression, ils fragilisent la relation aux autres en provoquant la méfiance, la peur, la fermeture et le rejet.

Dans nos modes de fonctionnement les plus primaires, là où l'intelligence et le raisonnement sont « hors circuit », nous ne sommes guère différents de l'animal. Nous ne sommes pas très éloignés non plus du petit enfant qui, pour obtenir ce qu'il veut, ne connaît, dans un premier temps, que les larmes ou la colère. Et que fera cet enfant si ses larmes et ses colères ne sont pas suffisamment prises en compte, s'il se sent par trop insatisfait dans ses besoins et ses désirs ? Il cherchera à obtenir ce qu'il veut de façon plus détournée, par la roublardise ou la séduction. Il apparaît alors une autre façon de vivre sa relation aux autres : la manipulation.

Qu'elle passe par les voies de la séduction ou par celles du mensonge sous toutes ses formes, la promesse que porte en elle la manipulation est de pouvoir s'approprier ce qu'on désire sans avoir à le demander ; sans avoir à prendre le risque d'un refus, de perdre son pouvoir et son contrôle sur les autres.

Poussé à son extrême, et dans son versant le plus pathologique, on rencontre ici la « perversion ». Quoique moins nuisible, la manipulation témoigne néanmoins d'un non-respect de l'autre. Qu'il s'agisse de gagner les faveurs de quelqu'un ou d'une assemblée, ou d'obtenir un service ou un avantage quelconque. Ce qui importe est de faire 'avaler la couleuvre ', en dépit des aspirations, des besoins ou des désirs de l'autre, en dépit de ce qu'il est.

Cette façon de faire présente incontestablement des avantages à court terme. C'est la raison pour laquelle elle est si courante. À long terme, par contre, le manipulateur risque fort d'obtenir les mêmes résultats que les personnes agressives, avec de surcroît, la tension extrême que suscitent la crainte des coups bas, des retours de bâton et le fait d'avoir à maintenir, coûte que coûte, une position de force et une image de lui-même qui n'est pas conforme à ce qu'il dit réellement. Au-delà de nos réactions instinctives et de nos conditionnements éducatifs, nous avons toutefois les moyens de nous comporter de façon plus bénéfique pour nous-mêmes et les autres.

Les bienfaits de l'affirmation de soi

Rester soi-même face aux circonstances et aux comportements quelquefois très irritants de son entourage, nécessite de faire appel à un certain nombre de facultés proprement humaines : la conscience, la réflexion et la capacité à contenir et à exprimer ce que l'on ressent, l'empathie.

L'affirmation de soi réclame également de pouvoir s'appuyer sur une solide confiance en soi, en les autres et en la vie. Avoir confiance en soi, ce n'est pas se prendre pour un surhomme. C'est au contraire, accepter ses faiblesses, sans remettre en cause notre valeur, notre capacité à être aimé, à réussir ce qu'on entreprend et à être heureux. Dès lors que l'on s'accorde de la confiance, on peut en donner, car notre relation aux autres est le miroir du rapport que nous entretenons avec nous-mêmes.

Un bon manager, par exemple, est celui qui a suffisamment confiance en lui pour se montrer tel qu'il est, y compris, si nécessaire, dans ses lacunes. C'est aussi celui qui saura témoigner par son attitude de la confiance qu'il a en ses équipes et la manifester individuellement et collectivement.

Les obstacles à l'affirmation de soi sont d'ordre psychologique :

- **vouloir être aimé**, c'est être centré sur la relation au détriment de l'objectif à atteindre. Ne pas oser dire non, s'excuser de rappeler des règles du jeu renvoient à l'attitude de fuite ;
- **vouloir convaincre**, c'est être centré sur l'objectif au détriment de la qualité de relation. Démontrer que l'autre a tort et imposer sa décision s'apparentent à une attitude d'attaque ;
- **vouloir à la fois être aimé et convaincre**, c'est alterner les deux variantes avec les effets négatifs cités précédemment, il s'agit ici de la manipulation ;
- **vouloir prendre le dessus sur l'autre** en perdant de vue l'objectif. C'est une attitude de roquet.

En résumé, la figure 2.2 reprend les cinq attitudes en situant la plus efficace, l'affirmation de soi. En ordonnée, le manager sera exigeant (dur) ou non (doux) sur l'objectif, et en abscisse, il sera respectueux du commercial (doux) ou agressif (dur) :

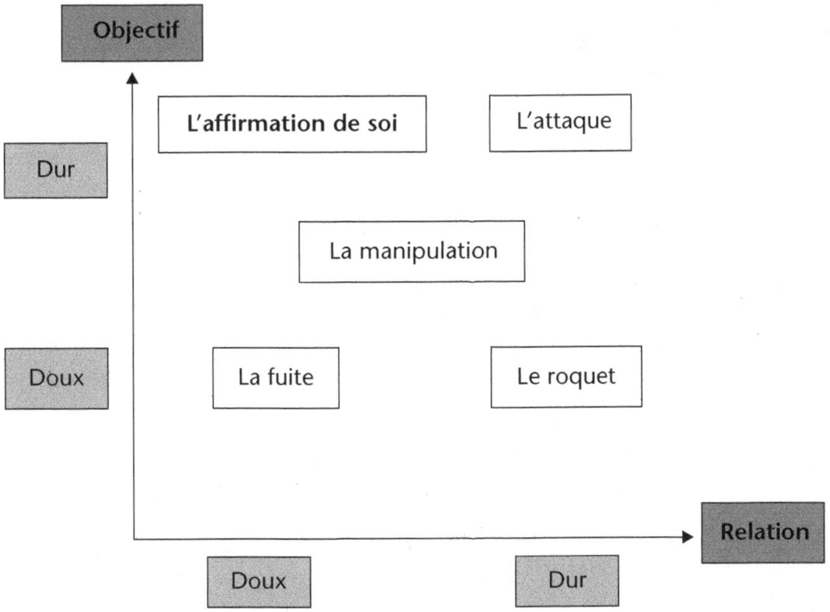

Figure 2.2 – Les cinq attitudes du manager

Dans les cas de figure où les commerciaux peuvent se retrouver hors-jeu à cause du non-respect de règles éthiques, le manager doit alors sanctionner la faute immédiatement. La méthode DESC reste pertinente, en fonction du degré de la faute commise, la solution n'est pas discutable. Cela peut aller de l'oubli de pièces justificatives à l'établissement d'un contrat jusqu'à tromper intentionnellement le client. Le manager adresse alors un avertissement au commercial ou lui signifie un licenciement pour faute grave. Les règles commerciales et éthiques ne peuvent souffrir aucun laxisme, il y va de la réputation de l'entreprise.

Féliciter pour diffuser de la bonne humeur

Le manager commercial a toutes les raisons de féliciter ses commerciaux. D'abord parce que chacun d'eux possède trois ou quatre talents pour lesquels ils ont sans doute été recrutés. Dans l'excellent ouvrage de Marcus Buckingham et Curt Coffman, *Manager contre vent et marées : développer les talents dans l'entreprise*, la notion de talent est définie comme une qualité naturelle pour laquelle on éprouve du plaisir à l'exploiter. Si vous êtes un sportif talentueux, vous prenez plaisir à le pratiquer. En revanche, ce talent ne se développera qu'en s'entraînant. Développer son talent rend heureux le bénéficiaire et, dans le cas d'un commercial, il apporte en plus de la valeur à l'entreprise et au client. La mission de coaching du manager devient primordiale pour faire progresser son équipe. Car, si des progrès sont constatés, ce qui ne fait aucun doute, c'est autant de signes de reconnaissance positifs à donner. Comme le disent plusieurs grands patrons d'entreprise, comme Richard Branson, des collaborateurs heureux font des clients satisfaits.

Féliciter, les managers y pensent tous, mais certains oublient de le faire. D'autres nous confient qu'à force de féliciter, les commerciaux auront des exigences de rémunération plus fortes ou encore nous disent « Ce n'est pas le monde des Bisounours ». Bref, il reste encore du chemin à faire pour changer les habitudes sur le sujet de la félicitation. Il faut en donner de manière régulière et les motifs sont nombreux et fréquents :

- des recommandations obtenues ;
- des nouveaux clients conquis ;
- des résultats au-dessus de la norme ;

- une proposition écrite exemplaire ;
- un contrat important gagné ;
- la bonne exploitation des outils commerciaux et d'information ;
- la construction d'argumentaire ;
- les apports de nouvelles idées ;
- l'esprit d'équipe ;
- la prise d'initiative ;
- la ténacité ;
- les efforts fournis ;
- l'engagement dans l'action ;
- la qualité du travail effectué...

Attention à la routine et à ses propres freins personnels, qui répriment l'expression des signes de reconnaissance positifs. Comment féliciter ? Quelques mots peuvent suffire. Ils permettent d'entretenir ou de développer un état d'esprit positif et de partager des bonnes pratiques liées aux réussites des uns et des autres :

- « Bravo. »
- « Je suis content. »
- « C'était important. »
- « J'aimerais que tu en parles toi-même en réunion. »
- « On fête ça, on ouvre les bouteilles... de soda, d'eau et de jus de fruits ! »
- En parler en réunion en citant le commercial...

Une question à se poser en tant que manager commercial : quand avez-vous donné un signe de reconnaissance positif pour la dernière fois et ce, pour chacun de vos commerciaux en dehors des entretiens individuels de suivi ou annuel ?

Prenons l'exemple suivant : en tant que manager commercial, vous avez initié récemment une action commerciale pour promouvoir une nouvelle offre sur une sélection de grands comptes. Julie travaille dans votre équipe depuis six mois et obtient des résultats satisfaisants. Vous lui avez demandé de formaliser la présentation de cette nouvelle offre, de construire un argumentaire de qualité sur PC et d'en tester l'approche auprès de vos clients.

Prenant cette mission très à cœur, le résultat final est excellent. Elle vient de signer une affaire chez un client important, notamment grâce à la qualité de sa présentation. Vous allez donc pouvoir étendre cette approche au reste de l'équipe plus vite que prévu et les enjeux sont importants. Vous êtes satisfait de sa prestation sur ce point, mais vous êtes aussi conscient de ses faiblesses sur une partie de votre offre globale.

De plus, votre patron vient encore de vous relancer parce que le reporting d'activité de Julie est encore en retard ! Vous décidez de marquer le coup et de féliciter Julie.

Quels sont les pièges de cet exemple ?

- Le premier, bien évidemment, serait de ne pas la féliciter en pensant que Julie ne fait que maîtriser son métier. Trop la féliciter risquerait de la focaliser sur cette offre au détriment des autres.
  - Conséquences : Julie se démotive, perd confiance en elle-même et se demande pourquoi le manager ne la félicite pas.
- Oublier de la féliciter juste par manque de temps en étant pris soi-même dans un flux d'activité. Julie n'est d'ailleurs pas la seule à réussir dans l'équipe et s'il fallait féliciter à chaque fois !
  - Conséquences : Julie vous sait très pris, elle vous rappellera son succès à l'occasion du prochain entretien de suivi, tout est encore possible à condition de trouver le temps.
- La féliciter trop tardivement, en privant Julie sans le vouloir de toute l'intensité d'un moment rare.
  - Conséquences : Julie est somme toute satisfaite des félicitations, ce succès est reconnu et lui fait chaud au cœur. Imaginons la même situation d'un parent vis-à-vis d'un de ses enfants qui aurait obtenu une note de 20 sur 20 en histoire. Le parent le savait mais, préoccupé par son travail et les déplacements, n'a pas relevé l'information. Dix jours plus tard, enfin apaisé, le parent questionne l'enfant sur sa note !
- La féliciter brièvement au cours d'un entretien individuel de suivi hebdomadaire ou mensuel dans lequel tous les sujets sont abordés.
  - Conséquences : Julie est contente, mais elle voit surtout le plan de progrès qui a été fixé au terme de cet entretien et c'est un peu moins excitant.
- La féliciter pendant deux à trois minutes et aborder ensuite les points à améliorer durant dix minutes : le reporting d'activité, les progrès à accomplir sur les autres offres.
  - Conséquences : Julie est ravie, très motivée, mais ce fut de courte durée. La routine a repris le dessus, elle change de couleur parce que le manager profite de l'occasion pour lui dire tout ce qui ne va pas. Elle ressort de l'entretien avec morosité.

En analyse transactionnelle, théorie fondée par Éric Berne, psychiatre américain dans les années 1950 à 1970, la relation parent/enfant illustre parfaitement ces pièges. Même si un manager n'est pas le parent de ses commerciaux, il faut savoir par moments occuper cette fonction, car l'enfant est toujours en nous, encore plus chez des commerciaux pour qui la confiance est un « carburant ».

Exemple : un enfant tout content d'avoir marqué cinq buts rentre chez lui et dit en criant « Papa, maman, j'ai marqué cinq buts ! », les parents lui répondent « OK, super, mais est-ce que tu as fini ton devoir de maths et rangé ta chambre ? »

L'entretien pour féliciter dans lequel le manager marque le coup comprend 5 étapes. Il doit provoquer l'entretien, en être à l'initiative et prendre le temps nécessaire :

- Féliciter : valoriser la réussite en disant pourquoi ce n'était pas facile, pourquoi c'était important...
- Faire raconter, poser des questions, faire préciser : offrir du temps et de l'intérêt.
- Faire découvrir les causes de la réussite : « D'après vous, qu'est-ce qui vous a permis de... ? » Il s'agit d'essayer de modéliser cette réussite et cette pratique, afin de pouvoir l'étendre à l'équipe.
- Montrer sa satisfaction et encourager.
- Conclure sans aborder d'autres sujets.

La première partie s'achève sur ce qui fait le « sel » du métier de manager commercial, car manager, c'est aimer ! En synthèse, c'est d'abord offrir le meilleur à chacun des commerciaux et à l'équipe :

- des valeurs partagées,
- une vision,
- des arbitrages justes grâce à la capacité à prendre des décisions,
- l'accompagnement du changement,
- la motivation,
- la félicitation.

La nature et l'objectif de l'entretien sont plus difficiles à traiter comme on l'a vu sur les thèmes de l'entretien de remotivation et de la gestion de situation de tension. Mais, si le manager maîtrise les comportements adaptés pour remotiver et la méthode DESC, le commercial est sur le fond toujours sollicité, reconnu et respecté.

Dans la même optique, les managers ont à assumer des entretiens difficiles qui sont en lien avec les arbitrages à faire. L'affirmation de soi et l'autorité dont le manager doit savoir faire preuve sont essentielles pour l'équilibre de l'équipe et de chacun, notamment lorsqu'il faut savoir aussi :

- dire non ;

– traiter un problème personnel d'un commercial ;
– résoudre un conflit entre deux collaborateurs.

Comment dire non à un commercial

Un commercial a divers motifs de faire une demande à son manager : un effort pour son client, une augmentation de salaire, une demande de congé en période de forte activité, un nouveau matériel portable, l'affectation d'un grand compte... Dans l'exercice, l'hypothèse retenue pour le manager est d'exprimer son refus au commercial. C'est rarement agréable, il serait plus facile d'accorder les demandes, mais les conséquences en seraient déplorables pour l'entreprise. Les surenchères deviendraient rapidement ingérables.

Prenons l'exemple d'un commercial qui demande à son manager un effort exceptionnel de 5 % sur une affaire, alors que la limite de concession prévue en amont de l'entretien avait été fixée à 3 %, avec comme seule contrepartie possible une augmentation de volume de 10 %.

Après l'entretien avec le client, le commercial, prénommé Tom, annonce à son manager que le client serait prêt à signer avec une remise de 5 % pour le volume supplémentaire convenu de 10 %.

Dans l'exercice qui suit, on vous propose, en tant que manager commercial, deux choix possibles face à chacune des situations présentées tout au long du déroulement de l'entretien. La bonne réponse sera commentée lors de chaque étape de l'entretien.

D'emblée, le manager répond à Tom :

1. « Tom, si tu es certain d'avoir bien argumenté et d'avoir obtenu la contrepartie convenue, il faut regarder cela de plus près. Pourquoi pas à l'extrême limite 4 % ? »
2. « Tom, il avait été convenu 3 % comme limite tarifaire conditionnée à la seule contrepartie possible. Je ne peux donc t'accorder la moindre concession supplémentaire, car c'est donner le signal à tous les clients que nous pouvons faire davantage. Comme tu le sais, cela entamerait gravement notre rentabilité. »

La bonne réponse est la 2. Le manager ne cède pas sur ce qui avait été convenu avec Tom en amont de l'entretien. Dans le cas inverse, le risque serait de remettre en cause chacune de ses décisions. De plus, cela rallongerait le processus de négociation avec les clients, ce qui engendrerait des coûts supplémentaires.

Tom défend sa position : « Oui, mais là, c'est différent : c'est un client à potentiel. Avec 5 % de remise, je prépare les ventes dès l'année prochaine. De plus, cette affaire me permet d'être en ligne avec les objectifs ! »

Le manager poursuit :

1. « Je comprends, tu dis que les 5 % de concession te permettraient à la fois de réaliser des ventes l'année prochaine et d'atteindre tes objectifs. Il y a donc deux choses distinctes à voir, cette affaire et la réalisation de tes objectifs. »
2. « Déjà, je suis sûr qu'avec 4 % tu aurais vendu, ce qui me donne à penser que je n'aurai pas dû accepter les 3 %, mais 2 %. Quant à tes objectifs, tu les feras, ce n'est pas un problème. »

La bonne réponse est la 1. Le manager écoute et reformule pour s'assurer de la bonne compréhension des enjeux pour Tom. La réponse 2 est une interprétation du manager et il évacue la question des objectifs qui, espérons-le, est importante pour Tom. Le manager enchaîne :

1. « Je te rappelle, Tom, que la marge est un objectif très important pour notre équipe. Tu le sais, les clients parlent entre eux à l'occasion des réunions que nous organisons, et le virus des prix peut très vite se propager. D'autre part, tes collègues pourraient, au même motif que le tien, réclamer des concessions supplémentaires qui aggraveraient la situation. Par contre, il faut sûrement préparer encore plus précisément ces négociations en envisageant davantage les réactions possibles du client et en organisant des trainings. Mais il est fondamental de s'en tenir aux limites fixées en négociation, parce que cela a une forte incidence sur notre rémunération. Pour se faire respecter face au client, il faut savoir dire non et nos limites de négociations sont aussi faites pour cela. Enfin, s'agissant de cette affaire, un espoir est peut-être encore permis : nous allons étudier ça ensemble sans dépasser les 3 % de remise. Quant à tes objectifs, je sais que tu as encore un large potentiel pour les réaliser. On étudiera ça ensemble lors de notre entretien la semaine prochaine. On est bien d'accord ? »
2. « Tom, on a travaillé ces points en formation : on s'est ensuite mis tous d'accord pour préparer précisément les négociations en intégrant tous les éléments. On s'est engagé à respecter ces principes pour des raisons de temps et de coûts. Tu reviens me voir en me demandant de t'accorder une concession supplémentaire, alors que tu connais l'importance des marges pour l'équipe et l'entreprise. Je t'en rappelle les avantages. Premièrement, le niveau de primes. Deuxièmement, les

négociations sont aussi, comme tu l'as compris, des opportunités de ventes supplémentaires grâce aux contreparties qui jouent donc aussi sur le développement du chiffre d'affaires. Troisièmement, savoir se faire respecter par les clients, c'est aussi savoir en refuser. Sur la question des objectifs, je suis confiant, car d'autres ventes sont en maturation. Nous verrons ça en entretien. Maintenant, pour revenir à cette affaire, nous allons préparer une argumentation. Tu es d'accord ? »

Les deux réponses sont bonnes. Mais une légère préférence pencherait pour la seconde, grâce à la plus grande exactitude des faits et à l'argumentation en trois points.

Le manager valide l'accord de Tom et ils se mettent au travail ensemble sur l'affaire en cours, en caressant l'espoir de la réussir. Ils feront le point lors de l'entretien individuel à venir.

Voici les cinq étapes à maîtriser pour savoir dire non :

- Oser dire non : aller droit au but en affichant votre refus sereinement, en donnant la raison principale.
- Laisser s'exprimer le collaborateur : écouter et reformuler pour montrer votre compréhension.
- Expliquer la décision par des faits et des chiffres :
  - rappeler la raison principale et les autres raisons de votre choix, notamment les conséquences négatives comportant des risques si acceptation de la demande ;
  - mettre en avant les bénéfices de la décision pour l'équipe et l'entreprise, voire pour le commercial.
- Valider l'accord du collaborateur.
- Bien vérifier dans le temps le respect de votre décision en fonction de la nature de la demande. Si nécessaire, confirmer les faits par mail.

Exercez-vous en choisissant un exemple dans votre contexte, en enchaînant les étapes.

Traiter un problème personnel

La question est délicate, car le manager comme le commercial ne sont pas à l'aise face à ce type de situation. La pudeur et les précautions à prendre sont importantes avant d'aborder un tel sujet.

Le manager commercial peut être informé d'un problème personnel en amont de l'entretien avec le commercial. S'il a été informé sans que le commercial le sache, alors le manager doit éviter de le dire au commercial. Ce dernier pourrait penser que son problème est vraiment très grave puisque que « tout le monde en parle ». Par pudeur, certains commerciaux ne l'évoqueront pas et, dans ce cas, le manager doit également respecter la confidentialité et ne pas en faire état. Les signes avant-coureurs se manifestent par des absences, un manque d'engagement, des résultats en chute, un changement de comportement, etc. qui, pour un manager, ne peuvent pas passer inaperçus, sauf si celui-ci est débordé.

L'autre point délicat à traiter est le degré de gravité du problème du commercial : maladie, séparation, mutation géographique du conjoint, nouveaux choix professionnels, phase d'étape de la vie personnelle dite « crise du milieu de vie ». Les compétences du manager ne peuvent plus répondre à la situation, sinon lui permettre d'écouter d'abord le commercial et de comprendre le contexte. Le cas échéant, il est utile d'offrir un soutien en collaboration avec les RH. Le piège principal serait de donner des conseils à l'intéressé en lui proposant de consulter un spécialiste. Le manager n'est ni médecin, ni psychologue. De plus, cette solution aura sans doute été envisagée ou effectuée par l'intéressé.

En revanche, il est important de savoir comment gérer professionnellement la situation et aider le commercial. Le second piège à éviter serait de proposer un congé ; cette solution présente le double inconvénient d'isoler le commercial en le mettant seul face à son problème à traiter et de rompre les relations professionnelles avec l'équipe. L'activité professionnelle peut lui être d'un grand secours pour continuer à exister professionnellement et éviter de penser au problème en permanence.

L'entretien, qu'il soit à l'initiative du commercial ou du manager, comprend des étapes clés :

- Provoquer l'entretien si le commercial ne l'a pas fait.
- Aborder le sujet avec bienveillance, exprimer votre sentiment ou votre impression : « Je ne te sens pas comme d'habitude, que se passe-t-il ? »
- Communiquer les faits si nécessaire, en évitant de faire toute une liste de points négatifs : « Tu es plus en retrait en réunion, tu fais moins de rendez-vous. »
- Écouter et reformuler le ressenti et les faits exprimés par le commercial.
- Si le commercial fait état d'un problème personnel : écouter et comprendre en reformulant le sentiment du commercial.
- Rassurer en proposant son aide dans le cadre professionnel, tout en prenant en compte la situation personnelle du vendeur : « Comment

pourrait-on faire ? » Si le vendeur n'a pas l'énergie de trouver des idées, faire des propositions et valider son accord.

- Se mettre d'accord sur un plan d'actions adapté.
- Effectuer un suivi rapproché pour l'assurer de son soutien et mesurer les progrès.

Les principales qualités nécessaires au traitement de ce type d'entretien sont l'écoute, la compréhension et la capacité à trouver une solution ajustée au problème du commercial.

Résoudre un conflit entre deux collaborateurs

Les sources d'antagonisme entre commerciaux ont pour objet principal les clients ; soit au niveau de la contribution de chacun à la réalisation d'un contrat soit à l'affectation du compte, voire au territoire. Il est alors recommandé de disposer de règles du jeu claires pour éviter ces frictions. Le plus souvent, les sources de conflits proviennent de la qualité des relations entre les commerciaux et le personnel support : assistance commerciale et/ou gestion commerciale. De plus en plus de commerciaux travaillent en binôme et, si les règles du jeu sont floues, les inimitiés peuvent rapidement prendre le dessus.

Exemple

Un conflit résolu par le manager

Un commercial se plaignait du temps de traitement de ses dossiers par son assistant. Quand il avait le gestionnaire au téléphone, celui-ci prétendait à tort ou à raison qu'il était lui-même débordé. Le conflit larvé a été exacerbé par la réaction d'un client qui avait exprimé sa lassitude sur la lenteur des délais, avant de traiter une affaire importante avec un concurrent.
Le manager est intervenu en rencontrant chacun des protagonistes. Le gestionnaire lui a fait part de son exaspération face aux comportements du commercial. Sans porter de jugement de valeur sur l'un ou l'autre, le manager s'est concentré sur la recherche des faits et a découvert des mails envoyés par le commercial au gestionnaire, dans lesquels une formulation récurrente apparaissait (« Merci pour ta réponse rapide... »), sans un mot chaleureux ou de contextualisation de l'affaire, sinon le strict nécessaire pour réaliser le devis. Le manager s'est informé de leur relation, notamment pour savoir si, dernièrement, ils s'étaient vus ou appelés pour se mettre d'accord sur la meilleure façon de communiquer

ensemble. Il a alors découvert beaucoup de rancœur chez le gestionnaire et ce qui manquait pour faire de ce binôme un tandem efficace : créer le lien et la motivation à travailler avec le commercial.

Ensuite, le manager s'est entretenu avec le commercial qui lui a confié le manque de compréhension du gestionnaire sur les enjeux clients. Il a ajouté ne pas avoir le temps de téléphoner ou de passer au siège pour expliquer au gestionnaire des choses *a priori* simples.

Fort de ces informations et des enjeux client, le manager a décidé de rencontrer les deux protagonistes. Il a organisé un entretien collectif en l'articulant de manière à :

- rappeler les enjeux clients et la raison d'être du binôme ;
- reformuler les informations fournies par le commercial et le gestionnaire, en se concentrant sur les faits et les sentiments ;
- solliciter à tour de rôles les commentaires de chacun ;
- écouter et valider leur compréhension ;
- remettre en avant les deux dimensions de l'efficacité du binôme : l'expertise technique et la qualité relationnelle ;
- centrer l'objectif de l'entretien sur la recherche de solutions concrètes sur les deux dimensions ;
- demander les idées de solution en veillant à ce que chacun puisse s'exprimer jusqu'au bout de ses idées ;
- enrichir si nécessaire ;
- faire la synthèse et sélectionner les solutions possibles à mettre en place ;
- définir un plan d'actions ;
- assurer les modalités de suivi rapprochées au démarrage.

Le gestionnaire et le commercial, ayant pu exprimer leur frustration et leur agacement, ont été en mesure de partager le constat grâce aux règles d'écoute et de respect instituées par le manager. Ils se sont ensuite impliqués naturellement dans la recherche de solutions sur les façons appropriées de communiquer et de traiter des affaires. Enfin, ils sont convenus d'un rythme de rencontre pour faire un point régulier. Le manager a proposé un déjeuner qui a permis de détendre plus sûrement l'atmosphère. En quelques jours, les premiers effets positifs étaient visibles : une plus grande efficacité dans le traitement des dossiers, tant en rapidité que sur la qualité, l'amélioration de la satisfaction client, et enfin une estime réciproque et enrichissante sur les plans professionnel et personnel.

Cet exemple démontre que la motivation est le cœur de la performance. Elle fonctionne de manière transversale. En cela, le manager doit être vigilant sur les niveaux de motivation réciproques à travailler les uns pour les autres. Les réunions d'équipe élargies à d'autres fonctions ou services participent à créer un meilleur climat. À partir du moment où les difficultés sont mises sur la table en toute franchise et que des solutions sont trouvées collectivement, tout le monde est gagnant.

Gérer son stress

Depuis notre première enfance, nous subissons et nous nous adaptons face au stress de la vie. En faisant un saut rapide dans le futur, le manager commercial, responsable et pilote d'un résultat chiffré collectif et aléatoire, peut lui-même être victime ou déclencheur de stress négatif.

Au sens premier du terme, le stress peut être positif ou négatif. Il gouverne nos humeurs et notre performance. En sport, la peur de perdre peut paralyser le geste ; à l'inverse, la confiance en soi va délier le geste.

Les réactions de stress sont normales et utiles. Dans de nombreuses circonstances, on parle donc de « bon stress ». On sait, par exemple, que le niveau de performance est meilleur lorsqu'il y a une certaine dose de stress, car celui-ci permettrait de stimuler la motivation, de mieux juger les paramètres de la situation et de se préparer en conséquence. Certains d'entre nous apprécient cette excitation du stress et la recherchent, comme dans la compétition.

Chez d'autres, les réactions de stress sont si intenses ou si durables, même dans des situations courantes, qu'elles nuisent à leur fonctionnement social et professionnel. Chez quelques-uns, le système nerveux tarde à enclencher l'indispensable réaction de détente, même après la disparition de l'agent déclencheur de stress.

Bref, il existe des « tolérants » au stress et des « intolérants ». Mais on pourrait aussi définir une troisième catégorie de personnes : les « accros » de l'adrénaline. Ce sont des travailleurs assidus, des *workaholics*, des gens à la vie sociale intense, dans l'action et la course permanentes, mais qui ne voudraient pas se passer du stress, car il leur permet de se sentir « vivants ». Le risque est qu'ils soient rattrapés, comme en fait foi la fréquence des maladies cardiovasculaires et des dépressions chez les cadres. À noter, toutefois, que le stress ne dépend pas de l'intensité de l'action, mais de celle de la tension, puisqu'il y a des gens très actifs qui sont aussi très détendus, alors que des gens peu actifs peuvent être très tendus.

Le stress se manifeste donc de différentes façons selon les personnalités. Les réponses varient également en fonction de la personne. On parle de niveau optimal de stress :

- C'est la dose de stress biologiquement nécessaire à chaque individu pour fonctionner harmonieusement avec sa personnalité et ses possibilités d'adaptation.

- Ce niveau est évidemment variable d'un individu à un autre, il faut donc connaître son niveau de stress, ses limites et ses capacités d'adaptation.

Pour y remédier, il faut plus concrètement identifier les principales causes de stress et connaître quelques notions sur ses symptômes pour trouver des pistes adaptées à la fois pour soi et pour ses commerciaux.

Les principales causes de stress :
- une situation d'incertitude ;
- un sentiment d'isolement ;
- des délais non respectés ;
- un budget non tenu ;
- un manque de reconnaissance de l'équipe ;
- des personnalités difficiles à manager ;
- des situations conflictuelles ;
- des réunions de crise avec le comité de pilotage ;
- une mauvaise coordination des actions menées ;
- une surcharge de travail ;
- un sentiment d'urgence ;
- la vie privée.

Pour Hans Selye, pionnier des études sur le sujet, le stress est une réponse de l'organisme à une demande qui lui est faite :
- Le SLA, syndrome local d'adaptation, correspond à la manifestation du stress dans une partie du corps.
- Le SGA, syndrome général d'adaptation, touche l'organisme tout entier. Cela se traduit par un ensemble de modifications biologiques responsables des différentes manifestations symptomatiques, comportementales, physiques et psychologiques.

Trois phases le caractérisent : la réaction d'alarme ; la phase de résistance, qui est une bonne adaptation ; la phase d'épuisement, qui peut aller jusqu'au *burn out*.

Trois voies sont proposées : découvrir son propre niveau de stress ; se respecter soi-même ; se faire respecter et estimer les autres.

Les trois composantes du stress sont les suivantes :
- Composante physiologique (l'adrénaline) : fréquence cardiaque, tension artérielle, tremblement, sueur...
- Composante psychologique (l'anxiété) : irritabilité, humeur triste, baisse de l'estime de soi...
- Composante comportementale (l'inhibition, la fuite ou l'agressivité) : passivité, colère, blocage...

Les signes du « stress » :
- fatigue et lassitude ;
- troubles somatiques persistants ;
- rapports sociaux plus difficiles ;
- le travail devient la préoccupation dominante ;
- échéances non respectées dans le travail ;
- un complexe de persécution se développe ;
- perte de confiance en soi...

Les autres indicateurs de stress :
- surcharger sa journée ;
- faire plusieurs choses à la fois ;
- gagner en toute chose ;
- avoir le besoin impérieux d'être reconnu ;
- se sentir coupable en phase de repos ;
- s'impatienter pour tout ;
- se lancer dans de multiples projets ;
- ressentir une impression d'urgence chronique ;
- travailler trop...

Des pistes d'action pour gérer son stress :
- en cas de crise, informer immédiatement les décideurs ;
- chercher des solutions et prendre des décisions ;
- se fixer des objectifs réalistes et planifier les actions ;
- prévoir des règles de fonctionnement et s'y tenir ;
- mieux gérer son temps ;
- accepter ses propres imperfections ;
- analyser les raisons d'un échec ;
- ne pas chercher à être aimé de tous ;
- s'affirmer dans une situation conflictuelle ;
- faire confiance ;
- décompresser : sport, hobby, relaxation ;
- vivre en harmonie avec ses propres valeurs.

Les entretiens individuels sont évidemment le moyen le plus sûr pour le manager de détecter les signaux et les causes de stress de ses commerciaux. Comme l'indiquent différentes études, chacun n'a pas la même capacité à absorber certains niveaux de stress. Le manager doit donc veiller au bien-être de ses commerciaux en personnalisant le niveau de tension. C'est en revanche devenu un aspect incontournable dans la fonction de manager, encore plus quand il s'agit des commerciaux soumis au stress permanent des résultats.

Des échecs successifs peuvent remettre en cause un commercial et entamer sa confiance. Une remarque mal interprétée, la perte d'un client important, une proposition refusée, un enchaînement d'échecs même mineurs peuvent engendrer une spirale négative sur laquelle le manager doit être vigilant. L'observation, l'écoute et la compréhension sont encore une fois les clés de la solution.

Le manager est aussi concerné, en collectionnant le stress de ses commerciaux et en se demandant lui-même comment s'en sortir. Les réactions au stress comme on l'a vu précédemment sont potentiellement déstabilisantes pour lui-même mais dans ce cas de figure aussi pour l'équipe. S'il n'est pas toujours facile pour un collaborateur d'alerter son manager, il est aussi nécessaire que le manager bénéficie d'un management éclairé de son supérieur hiérarchique. Ce dernier pourrait considérer à tort qu'un manager est corvéable à merci ou bien qu'il est le principal fautif de la situation de stress de l'équipe ! Les effets en seraient dévastateurs, car l'isolement du manager risquerait de provoquer une réaction en chaîne jusqu'à la perte de clients. La culture de certaines entreprises propage malheureusement ce type de comportements dont l'issue en est souvent la fuite.

Le bien-être au travail devient un facteur clé de croissance. Une étude menée par Alex Edmans de la Wharton School, démontre que la performance boursière sur 15 ans des entreprises où, selon *Fortune*, il fait bon travailler, dépasse de 2 à 3 % celles du marché. La satisfaction des salariés bénéficie à long terme aux actionnaires. André-Yves Portnoff ajoute, de son côté que les entreprises prospèrent durablement grâce à deux principes :

- elles gèrent le présent selon des stratégies de long terme car leur capital est patient ;
- elles respectent la dignité des hommes, des employés, des fournisseurs et des clients en mobilisant leurs énergies pour innover.

Costco fait partie de ces entreprises de plus en plus nombreuses à adhérer à ces deux principes ; créée en 1983, elle est devenue quatrième distributeur avec 150 000 salariés et gagne davantage que Wal-Mart tout en résistant mieux à la crise.

Des entreprises ont pris l'initiative de réaliser des enquêtes sociales ou de bâtir des baromètres pour évaluer des éléments préoccupants comme ; le niveau d'adhésion à l'employeur, le niveau de confiance face aux décisions de la direction, les conditions de travail... Les résultats débouchent sur des actions à mettre œuvre de façon participative pour améliorer la qualité de vie au travail.

Le stress et la souffrance au travail ont souvent pour origine les changements et les mutations de culture selon Jean Claude Delgènes, directeur général de Technologia, cabinet spécialiste de la prévention et des risques psychologiques en entreprise. L'adoption de nouvelles valeurs répondant à des impératifs de productivité peut être perturbante d'autant plus que les précédentes étaient perçues comme diamétralement opposées. C'est la raison pour laquelle le bien-être au travail doit être intégré comme un des leviers majeurs d'efficacité.

Les générations Y et Z plus avides de bien-être et d'équité représentent les bons leviers pour agir dans ce sens, d'autant qu'ils communiquent très facilement *via* les réseaux sociaux qui peuvent entamer rapidement la réputation d'une entreprise.

Dans les différents articles parus à ce sujet, le manager de proximité est placé au centre du dispositif car il est évidemment la courroie de transmission essentielle. S'agissant plus spécifiquement du manager commercial, ce qui précède à ce stade du livre et ce qui suit lui permettront de mieux contribuer au bien-être de l'équipe.

En conclusion, c'est la proximité du manager et la confiance établie avec ses commerciaux qui sont les garants du bon équilibre de chacun. Pour autant, le manager doit également être accompagné et faire l'objet des mêmes égards qu'il a lui-même envers ses commerciaux.

L'essentiel

- **La motivation** est l'élément déterminant de la performance.
- **Susciter la fierté des commerciaux** en proposant des challenges à la hauteur de leurs ambitions.
- **Motiver son équipe**, c'est aussi pour le manager savoir : écouter en évitant les pièges, rassurer, favoriser les échanges.
- **Insuffler l'énergie** impose de ne pas être avare de signes de reconnaissance positifs, de reconnaître les talents et les résultats de chacun, de développer de nouvelles compétences et de casser la routine.
- **Maîtriser les méthodes d'entretiens** pour maintenir ou développer au quotidien la motivation des commerciaux : remotiver, féliciter, affirmer son autorité en situation de tension, savoir dire non…
- **Établir la confiance et la proximité nécessaires** avec ses commerciaux pour les protéger des conséquences d'un stress négatif.

Partie II

Deuxième levier : faire progresser les commerciaux

Après avoir examiné la dimension de leader du manager commercial, cette partie est consacrée à la dimension de coaching, qui vise à faire progresser l'équipe commerciale. Dans un environnement complexe, ce levier est encore plus indispensable pour :

- développer les compétences de l'équipe ;
- faire en sorte que les commerciaux s'adaptent aux comportements de clients toujours plus informés et donc plus exigeants ;
- accompagner les changements.

La création du lien de sympathie est primordiale pour établir une relation de confiance entre le manager et chacun des commerciaux. C'est une des conditions de base d'un rapport de qualité afin qu'une communication efficace régisse les échanges entre le coach et le coaché. Quand il s'agit de commerciaux, cette relation est encore plus sensible puisqu'elle est à l'image de leurs efforts pour s'adapter au style de communication de leurs clients. C'est à ce titre que le manager commercial doit être exemplaire, c'est-à-dire faire ce qu'il demande à ses commerciaux de faire.

Une fois ce lien établi, le manager commercial adopte le mode de management approprié en fonction de la situation à traiter avec le commercial. Ici, le sujet dépasse le lien de sympathie pour ouvrir le champ des styles de management. Le manager doit-il être participatif, directif, explicatif ou délégatif pour faire progresser chacun de ses commerciaux ?

Enfin, le manager dispose de moyens pour faire concrètement progresser ses commerciaux : le training individuel et collectif, l'accompagnement terrain, les entretiens de suivi qui permettent à la fois d'identifier les points forts et les points de progrès et de tirer vers le haut les compétences de chacun.

Chapitre 3

Créer du lien avec chaque commercial

Executive summary

- **Une connaissance approfondie de soi** permet une compréhension plus affûtée d'autrui et de ce qui nous différencie.
- **Connaître les préférences cérébrales de chaque commercial, selon les 4 quadrants du modèle de Ned Herrmann.** Il permet au manager de mieux les comprendre et de renforcer la qualité des liens propices à la confiance, et d'adapter son mode de fonctionnement à chacun.
- **Tout leader doit s'adapter** en permanence aux individus de son équipe.
- **Il s'agit de remettre de l'humain** au centre de la relation.

L'importance du lien

Quelle que soit l'activité, professionnelle, privée ou sportive, dès qu'un groupe de personnes se fixe un objectif commun dans lequel un leader émerge, il devient alors essentiel pour lui de créer du lien avec chacun des membres pour donner envie d'agir dans le but fixé. Le lien est dit social, il réunit une communauté autour d'un sujet. La sympathie configure le stade supérieur dans lequel chacun peut se reconnaître et mieux se comprendre grâce à ses qualités d'écoute et de synchronisation.

Pour atteindre ce niveau relationnel, il est dans un premier temps important de mieux se connaître et de savoir repérer dans un second temps la façon de communiquer de chacun de ses commerciaux pour adapter la sienne.

Connaître les quatre modes de fonctionnement cérébral

À partir des travaux menés, d'une part, par Roger Wolcott Sperry sur le fonctionnement du cerveau et sa théorie de l'asymétrie cérébrale et, d'autre part, par Paul D. MacLean sur le cerveau triunique, Ned Herrmann (1922-1999) a développé « un modèle du fonctionnement de l'esprit ».

Roger Wolcott Sperry, neurophysiologiste américain (1913-1994) a reçu le prix Nobel de médecine en 1981 pour ses découvertes sur les connexions entre les hémisphères cérébraux et le rôle singulier de chaque hémisphère. Il démontre que l'hémisphère gauche est le domaine du langage, de la parole, de l'écriture ; il est le siège privilégié de la rationalité, le centre de la pensée analytique, logique et séquentielle. L'hémisphère droit est le centre de la pensée analogique, symbolique et globale, de l'intuition, de l'imagination ; il traite les informations simultanément et en fait la synthèse.

De son côté, pour le neurobiologiste Paul D. MacLean (1913-2007), le cerveau de l'homme présente une superposition verticale de trois couches correspondant chacune à un stade d'évolution différent. Le cerveau reptilien est le siège des pulsions vitales, des mécanismes instinctifs et des automatismes ; le cerveau limbique, domine l'affectivité et les émotions, la mémoire à long terme, la motivation ; le cerveau cortical est le centre des activités humaines supérieures qui intègre la conscience et le raisonnement, la pensée logique et abstraite, l'imagination, le langage. C'est ce cerveau qui permet à l'homme de réfléchir.

Ned Herrmann opère un croisement de ces deux modèles et la distinction entre les deux hémisphères s'enrichit de celle du cerveau reptilien/cerveau limbique/cerveau cortical découverte par MacLean. Se fondant sur les interconnexions entre ces différences cérébrales, Ned Herrmann distingue quatre quadrants de réactivité cérébrale : le quadrant cortical gauche, le quadrant limbique gauche, le quadrant cortical droit et le quadrant limbique droit.

Il réalise un questionnaire HDBI (*Herrmann Brain Dominance Instrument* : 120 items portant sur les goûts et activités préférés) qui permet de faire un rapprochement entre les comportements et le fonctionnement cérébral déterminant ainsi le « Profil des préférences cérébrales ». Chacun possède, en effet, sa propre approche pour appréhender la réalité, traiter des informations, analyser des faits, résoudre des problèmes, apprécier des situations, répondre aux sollicitations de son environnement. Tous les messages sont filtrés par nos préférences cérébrales, ainsi, celles-ci ont une incidence sur l'ensemble de nos comportements, notre manière de communiquer, d'apprendre ou de manager.

Le profil HBDI permet de déterminer les modes dominants de fonctionnement cérébral d'une personne. Il se présente en quatre quadrants construits sur la base d'un modèle métaphorique du cerveau :

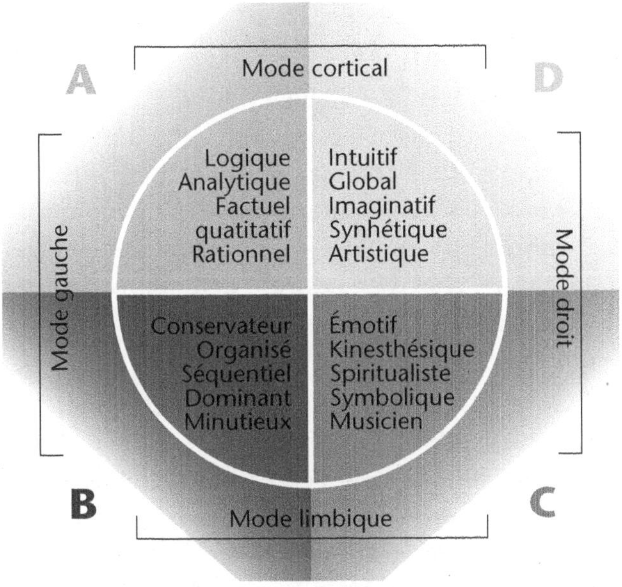

Figure 3.1 – Les quatre modes de fonctionnement cérébral

Source : Hermann Inernational 2012.

Légende :

- Cortical gauche (quadrant A) : pensée logique, analyse des faits.
- Limbique gauche (quadrant B) : approche structurée, ordonnée, organisée.
- Limbique droit (quadrant C) : réaction viscérale, réponse sensible, approche relationnelle.
- Cortical droit (quadrant D) : imagination, visualisation, conceptualisation.

L'ensemble de ces quatre quadrants forme ce que Ned Herrmann appelle un cerveau total.

Avec ce modèle, on dispose alors d'une image des modes de traitement préférentiels utilisés par une personne. Ainsi au travers de la connaissance des préférences mentales, chacun dispose d'une meilleure connaissance de son propre fonctionnement mais aussi d'une meilleure compréhension des fonctionnements différents des autres individus. Une des vertus reconnue à ce modèle original est d'éviter les jugements de valeurs rapides sur le « bon » ou le « mauvais » fonctionnement d'une personne. Bien évidemment, tout individu fait appel aux quatre quadrants de réactivité cérébrale mais les utilise avec des intensités variables selon sa personnalité, son histoire, son milieu, le stress auquel il est soumis.

En tant que manager, et face à un besoin d'amélioration de ses relations avec ses commerciaux, ses clients ou des acteurs internes, identifier des profils individuels ouvre très certainement des voies de progrès.

Tout leader doit s'adapter en permanence aux individus de son équipe. S'adapter ne signifie pas être d'accord avec l'autre, mais mieux le comprendre et utiliser les modes de communications les plus appropriés pour se faire entendre, donner une directive ou introduire un changement. Le manager en tant que « chef d'orchestre », doit donner la juste note et « embarquer » l'ensemble de son équipe dans la bonne direction autour d'un objectif commun.

On peut s'accorder sur le fait qu'une connaissance approfondie de soi autorise une compréhension plus affûtée d'autrui et de ce qui nous différencie. L'analyse des individus selon des critères bien établis aidera donc à trouver le bon chemin pour comprendre l'autre et ajuster ses modes de pensée et codes de communication.

Identifier son profil de manager commercial

Le manager cortical gauche

Il utilise un raisonnement logique. Il comprend facilement les concepts techniques et scientifiques et manipule les chiffres avec aisance. Il mène des raisonnements avec rigueur et précision et analyse les problèmes de manière séquentielle.

- **Ses atouts** : factuel, ce manager réalise des diagnostics de qualité. Son goût pour l'analyse l'amène à identifier précisément les actions à engager pour orienter l'activité des commerciaux et définir des actions de progrès. Sa capacité à repérer les détails qui font la différence, qu'il s'agisse de l'examen des écarts de chiffres entre objectifs et résultats ou de l'appréciation des compétences, fait de lui un pilote idéal. Il apporte également une expertise sur des dossiers complexes et permet ainsi à l'équipe de mieux comprendre les différents aspects d'une situation et trouver des solutions. Il s'exprime avec les mots justes et sait conserver le recul nécessaire dans des situations de tension.
- **Ses limites** : il exprime rarement ses sentiments et peut donc être perçu comme distant. En survalorisant la dimension rationnelle du management, il a tendance à ne pas suffisamment prendre en compte la dimension émotionnelle dans les prises de décisions. Sa prédilection pour les analyses conceptuelles au détriment des approches opérationnelles, lui fait croire que la logique peut tout résoudre. Qualifié expert, on lui reproche parfois de « tout savoir » et de se réfugier dans des injonctions de type « Y a qu'à, faut qu'on ! »

Le manager limbique gauche

Il planifie, organise, administre, se rassure en mettant de l'ordre dans ses idées et dans son environnement. Il contrôle ses émotions.

- **Ses atouts** : Structuré, planificateur, travailleur, ce profil de manager est reconnu pour son organisation sans faille. Il est aussi très respectueux des règlements et des lois. Il est attaché aux rituels définis par l'entreprise. En gestionnaire efficace de son temps et de celui de l'équipe, il met en œuvre un calendrier précis afin d'optimiser ses actions. « Homme de dossiers », il utilise pertinemment les outils de reporting, il est fiable et engagé dans son activité et son rôle.

- **Ses limites** : la prise de risques ne lui est pas naturelle. Sa tendance à vouloir tout contrôler rend difficile le recours à la délégation, limite les marges d'autonomie laissées à son équipe et au final peut nuire à l'instauration d'une relation de confiance. Son besoin de se rassurer avec des tableaux de bord et d'appliquer scrupuleusement les processus émousse l'envie d'agir de son équipe commerciale. Un changement de pratiques ou l'émergence d'idées trop originales peuvent l'inquiéter et amener l'équipe à lui reprocher une certaine rigidité dans son management.

Le manager limbique droit

Il se caractérise tout particulièrement par un besoin d'échange et de contact humain. Il se montre réceptif et sensible aux réactions et aux émotions d'autrui. Il aime partager des valeurs et fédérer ses commerciaux sur des actions communes.

- **Ses atouts** : intuitif, il attache une réelle importance aux rapports interpersonnels avec ses commerciaux, il sait les écouter, les comprendre et les conseiller au mieux de leurs intérêts. Il cherche à établir un climat de confiance. Disponible et attentif aux propos de chacun, il sait communiquer avec empathie, encourager et complimenter. Dans le même esprit, il insuffle de l'énergie et de l'enthousiasme. Il est reconnu par son équipe pour ses valeurs humaines. Il entretient un esprit d'équipe qui contribue à la performance.
- **Ses limites** : son amabilité et sa bienveillance font que certains commerciaux peuvent le manœuvrer en adoptant des attitudes dures et déstabilisantes. Il craint le conflit et peut être amené à accepter des concessions qu'il n'a pas su refuser. Cette vulnérabilité le conduit parfois à céder rapidement aux différentes demandes ayant pour conséquences éventuelles une surcharge de travail, une baisse de marge sur les affaires, un manque de respect des règles du jeu. Son empathie atteint ses limites quand il faut annoncer des mesures impopulaires. Sa moindre attirance pour l'organisation peut être préjudiciable au bon fonctionnement de l'équipe.

Le manager cortical droit

Il se caractérise par sa capacité d'imagination et son esprit de synthèse. Il résout les problèmes en faisant appel à son intuition, privilégie la vision globale et les analogies. Il a un goût prononcé pour l'invention, la prise d'initiatives.

- **Ses atouts** : très indépendant, il fait souvent preuve d'audace, d'idées nouvelles, non conventionnelles qui lui permettent de s'adapter aux imprévus. Grâce à sa créativité, il est capable de prendre des risques. Il se projette facilement dans le futur, visionnaire, il donne du sens à son action, aux objectifs individuels et collectifs, à ses commerciaux. Il sait partager ses ambitions avec enthousiaste, humour, faire rêver son équipe sur le chemin à prendre.

- **Ses limites** : il a parfois du mal à être compris de son équipe car sa forte créativité risque de désorienter les commerciaux. Sa vision globale l'empêche d'analyser précisément des situations qui exigent une approche détaillée comme le débriefing d'un entretien de vente ou la conduite d'une campagne commerciale spécifique. Certains commerciaux peuvent lui reprocher son manque de méthode et de pragmatisme ou de considération quand il s'agit du quotidien.

Le tableau 3.1 présente en synthèse les quatre modes de fonctionnement cérébral selon quatre critères : mots-clés, qualificatifs, phrases et expressions typiques et critiques et observations émises par les autres.

Tableau 3.1 – Critères des quatre modes de fonctionnement cérébral

Cortical gauche	Limbique gauche	Limbique droit	Cortical droit
	Mots-clés :		
• analytique • logique • mathématique • rationnel/le • critique • quantitatif/ve • concret/e	• aime les statistiques • conventionnel/le • contrôlé/e • linéaire • minutieux/se • verbal/e (technique) • éloquent/e • lecteur/trice (technique)	• émotif/ve • sensibilité musicale • symbolique • spirituel/le • intuitif/ve (sentiments) • verbal/e (aime parler) • lecteur/trice (loisir)	• spatial/e • simultané/e • synthétique • global/e • intuitif/ve (solutions) • artistique • créatif/ve • innovateur/trice
	Qualificatifs :		
• technique • aime résoudre les problèmes • théorique	• organisé/e • planificateur/trice • administratif/ve • concret/e	• pédagogue • rédacteur/trice (lettres, mémo) • expressif/ve • a besoin de contacts humains	• intégrateur/trice • conceptuel/le • créatif/ve • innovateur/trice

»

Cortical gauche	Limbique gauche	Limbique droit	Cortical droit
Phrases et expressions typiques :			
• J'attends des résultats concrets... • Une critique s'impose... • Il faut déterminer une stratégie... • Soyons sérieux... • Je suis comme St Thomas...	• Nul n'est censé ignorer la loi... • Par souci de sécurité... • Mettons les points sur les « i » • Procédons par ordre... • C'est dangereux...	• Ayons l'esprit d'équipe • Seule la valeur humaine compte • Il faut être bien dans sa peau... • Il faut se réaliser... • J'ai le sentiment que...	• Il n'y a qu'à... Il faut qu'on... • Imaginons que... • Tu vois ce que je veux dire...
Critiques et observations émises par les autres :			
• Insensible • Sans coeur • C'est une machine, un robot...	• Maniaque • Bureaucrate • Coupe les cheveux en quatre	• Il/elle s'écoute parler • Il/elle a le coeur sur la main • Paternaliste	• Il/elle n'a pas les pieds sur terre • Idéaliste

Source : Hermann International 2012.

Avis d'expert

Pierre Fequant, responsable gestion de patrimoine
Groupama Nord Est

Créer du lien avec ses commerciaux

En phase de recrutement, le modèle Herrmann me permet de mesurer les aptitudes commerciales et l'aisance relationnelle d'un candidat.

En entretien individuel, ce modèle des préférences cérébrales m'aide à cerner la personnalité du collaborateur, à m'y adapter, à tenir compte de son mode de réflexion, afin de mieux me faire comprendre.

En réunion, faire monter en compétence les collaborateurs et organiser des ateliers mixant les différents types de personnalités pour favoriser l'échange des bonnes pratiques et la complémentarité. De plus, se connaître permet aussi de mieux s'adapter aux autres. C'est important compte tenu de l'empathie que cherche à développer un commercial avec ses clients.

Ce modèle m'aide à manager. Car si je connais le profil de mes collaborateurs, je sais adapter mon discours pour qu'ils intègrent mieux mes messages. Certains apprécieront une expression très directe, d'autres à l'inverse auront besoin d'explications complémentaires pour accepter et digérer l'information. En fonction du mode de communication choisi, certains seront plus ou moins attentifs (conférence téléphonique, entretien en face à face, réunion....).

Par exemple, il m'arrive souvent de donner un message en réunion, donc collectif, puis de rappeler *a posteriori* un collaborateur qui a besoin d'être rassuré ou

» de bénéficier d'éclaircissements. De la même manière, il m'arrive régulièrement de « préparer » un collaborateur en amont quand je dois passer un message en réunion pour lequel les risques d'interprétation ou d'assimilation sont sensibles.
Si j'avais quelques conseils à donner aux managers, ce serait :

- Donner du sens à l'objectif en partant de la stratégie du groupe, de la situation macroéconomique, puis en « descendant » jusqu'à l'objectif individuel.
- Capitaliser sur les atouts de chaque collaborateur et les faire partager au groupe, ce qui a un effet positif sur le niveau de confiance de chacun, et est souvent un bon moyen de montrer à chacun qu'il contribue à la réussite collective.
- Savoir imposer son exigence managériale de manière équitable à tous ses collaborateurs : par exemple, avoir des niveaux d'échange et de proximité qui soient équivalents d'un collaborateur à l'autre, mais sans excès.
- Prendre systématiquement du recul, toujours analyser et encourager l'autoanalyse dans l'équipe.
- Savoir jouer un rôle de filtre entre les directives reçues et les messages à envoyer : transformer la pression commerciale en message positif avant diffusion à l'équipe.
- Miser sur la complémentarité et l'entraide entre collaborateurs, c'est-à-dire l'échange de bonnes pratiques, actionner la complémentarité des personnalités, comme faire tourner en binôme deux commerciaux à profils complémentaires et les faire débriefer pour qu'ils puissent comprendre les éléments positifs apportés par l'autre.

S'adapter au profil dominant des commerciaux

À ce stade de l'analyse, le manager commercial est capable de s'autopositionner et de repérer son ou ses mode(s) de fonctionnement dominant(s) avec ses forces et ses limites. Il est donc plus armé pour comprendre le fonctionnement de ses vendeurs et s'adapter à leur mode de communication. L'exercice consiste donc pour le manager à s'ajuster aux préférences de ses commerciaux. Pour ce faire, après une description des caractéristiques principales liées à chacun des quatre profils de vendeur, le manager trouvera des exemples d'actions appropriés. Le but est de solliciter les forces et les talents des vendeurs en renforçant ainsi le lien de confiance et de sympathie grâce à cette synchronisation et de lui proposer des axes de progrès prioritaires au service de ses performances.

Le vendeur cortical gauche

Il connaît généralement bien son marché, son entreprise, la concurrence, et met cette connaissance en perspective avec la conjoncture. Il analyse pertinemment les chiffres, les besoins du client et établit le lien entre l'offre et la demande, il maîtrise le retour sur investissement du plan grand compte. Il sait maîtriser ses émotions face à des clients difficiles. Il résout des problèmes grâce à sa rationalité et son pragmatisme.

Sa tendance à intellectualiser et conceptualiser peut lui faire « oublier » le contact humain. De nature solitaire, il n'a pas besoin des autres et ne partage pas spontanément les informations alors qu'il peut détenir des données sensibles dont le manager a besoin. Peu démonstratif, il n'exprime pas ses sentiments, maîtrise ses émotions et s'il n'est pas naturellement empathique il peut aussi manquer de tact envers ses clients.

■ Utiliser ses talents en proposant des actions adaptées

- Élaborer une méthode de réponse aux appels d'offres ;
- formaliser des outils d'aide à la vente ;
- mettre en place des modèles de proposition ;
- donner une structure d'entretien de vente à appliquer chez le client ;
- lui demander de s'impliquer en réunion devant ses collègues, d'intervenir sur des sujets qu'il maîtrise particulièrement.

■ Définir des axes de progrès prioritaires

- Donner une liste de comportements à privilégier face au client ;
- proposer des idées nouvelles à développer avec certains de ses clients ;
- lui apprendre à traduire le langage technique en langage client.

Le vendeur limbique gauche

Il sait très bien organiser ses actions avec ses clients. Le plan d'actions commerciales n'a aucun secret pour lui. Il applique de façon structurée les techniques de vente et argumente sa proposition de façon technique et précise. Ses méthodes de travail lui permettent d'assurer un bon niveau de performance. Perfectionniste aussi, il excelle dans les tâches qui exigent une approche minutieuse comme le reporting, les argumentaires, la connaissance produits. De façon générale, ce vendeur est très opérationnel, car il offre des solutions concrètes à ses clients. Très sensible au comment faire et à la bonne méthode à appliquer, il gère aussi très bien son temps.

Son organisation et ses méthodes trouvent leurs limites quand les demandes clients ne relèvent plus du quotidien, il manque alors d'intuition pour imaginer de nouvelles solutions. Sa propension à aborder méticuleusement les sujets ne laisse pas de place à une vision globale d'un marché ou d'un dossier client complexe. Inquiet de nature, il a besoin d'ordre dans lequel l'improvisation et l'imprévu ont peu de place. Il peut alors avoir du mal à s'adapter.

■ Utiliser ses talents en proposant des actions adaptées

- L'impliquer dans la mise en place du plan d'actions commerciales ;
- l'associer à la mise en place d'un outil de CRM efficace pour l'équipe ;
- apporter un soutien à certains de ses collègues dans la structuration de leur portefeuille ;
- organiser la journée VIP client ;
- créer des outils commerciaux comme la formalisation d'argumentaires ;
- participer à l'élaboration d'une méthode de vente.

■ Définir des axes de progrès prioritaires

- L'accompagner en clientèle sur des dossiers complexes ou qui demande de faire preuve d'innovation. Prévoir la préparation de cet accompagnement en imaginant à l'avance les solutions aux différentes situations possibles ;
- lister avec lui et/ou en équipe tous les imprévus et situations nouvelles en formalisant les réponses possibles ;
- développer les bons réflexes face aux imprévus en organisant des trainings.

Le vendeur limbique droit

Il est empathique, il gère parfaitement la relation avec son client. Son intuition lui permet de résoudre les difficultés en clientèle. Protecteur et pédagogue, il rassure ses clients. Grâce à ses qualités relationnelles, ses clients lui sont fidèles. Il sait aussi rapidement créer de bons contacts dès les premiers entretiens avec des prospects. Il est en général très apprécié de ses collègues et participe activement au bon état d'esprit de l'équipe.

Sa propension à privilégier la relation peut l'amener à accepter des concessions aux limites des dérogations prévues qui dégradent la rentabilité des affaires. Il doit donc être plus rigoureux sur le respect des conditions et savoir dire non quand il le faut. Son manque d'organisation pénalise également ses résultats quand ce vendeur a tendance à privilégier les contacts avec les clients qu'il préfère.

■ Utiliser ses talents en proposant des actions adaptées

- Solliciter ses talents de pédagogue pour expliquer des bonnes pratiques ;
- lui faire animer une séquence de réunion sur un sujet maîtrisé ;
- déléguer des activités de coaching en technique de vente ;
- intégrer les nouveaux dans l'équipe ;
- mettre en place un système de parrainage ou d'entre-aide dans l'équipe ;
- organiser une sortie de fin d'année.

■ Définir des axes de progrès prioritaires

- Définir un plan d'actions commerciales ;
- identifier les différentes typologies d'un circuit de décision complexe chez le client ;
- résister aux tensions et savoir dire non à certaines exigences des clients.

Le vendeur cortical droit

Ce vendeur sait improviser avec le client. Il se prépare peu car il connaît son dossier dans sa globalité et aime prendre des risques. Créatif dans la relation mais aussi en groupe, il passe parfois pour un original. Il est capable de coups de génies. Il synthétise l'information et comprend vite les besoins du client. Il est créatif et apporte des idées. Il possède une vision globale des organisations. Ouvert et curieux, il s'intéresse aux innovations.

Il est parfois mal compris par des clients plus pragmatiques. Sa hauteur de vue peut être interprétée comme de la suffisance par ses collègues et ses clients. Son manque d'approfondissement dans certains dossiers lui fait perdre le sens du détail qui fait la différence. Son manque de pragmatisme lui fait perdre des affaires.

■ Utiliser ses talents en proposant des actions adaptées

- L'associer à des actions en mode projet ;
- l'impliquer sur des projets innovants ;
- le solliciter sur des affaires complexes ;
- lui demander des synthèses sur les évolutions de marché ;
- le faire intervenir en réunion sur ses réussites relevant de demandes clients originales.

■ Définir des axes de progrès prioritaires

- Approfondir la formalisation du plan d'actions ;
- travailler avec l'outil du plan grand compte ;
- développer sa capacité d'adaptation avec ses clients « classiques » pour éviter d'en faire trop ou d'oublier certains détails cruciaux.

L'ensemble des actions sélectionnées constitue un précieux levier de motivation pour les vendeurs si le manager sait s'adapter à chacun des profils. En créant ou en renforçant la qualité du lien, le manager exploite un ressort puissant pour donner un sens plus intime à l'action des vendeurs en leur proposant des pistes de progrès adéquates.

En réunion, le manager possède alors tous les atouts pour exploiter le cerveau total, c'est-à-dire les quatre quadrants des préférences cérébrales représentés par chacun des commerciaux de l'équipe. La réunion est donc un moment privilégié pour bénéficier des idées de chacun et s'enrichir ; construire des outils, innover dans les actions à mener, engager chacun sur sa contribution au service des objectifs.

Avis d'expert

Stéphane Demilly, conférencier et député, auteur de *Manager avec l'approche Herrmann* (Éditions d'Organisation, 2009)

L'aventure du management

Le management est tout le contraire d'une idéologie et d'une science exacte, il faut s'en convaincre avant de se lancer dans la belle aventure du management ! Ce qui est vrai avec un collaborateur n'est pas vrai avec un de ses collègues, et ce qui est vrai avec un collaborateur le lundi ne sera peut-être plus vrai le jeudi. Le management est un art complexe qui nécessite des qualités d'ouverture, de discernement et d'empathie. Mais, c'est aussi là que se trouvent la richesse et l'intérêt du management : animer une collectivité de collaborateurs tous différents vers un objectif commun ! Il faut réussir à percer la nature des personnalités de l'équipe, transformer ces différences souvent antagonistes en une complémentarité synergique.

C'est un exercice subtil qui peut être facilité par l'approche de Ned Herrmann. Elle a le mérite d'être simple, pragmatique et facilement déclinable dans la mission quotidienne du manager. En effet, ce modèle éclaire et explique les dysfonctionnements relationnels au sein de l'entreprise, pointe avec pertinence les « erreurs de casting » lors de certains recrutements. Il donne des points de repère fiables pour la constitution des équipes. Transformer des ressources humaines individuelles en richesse humaine collective, c'est la mission du manager !

L'essentiel

- **L'analyse des individus selon des critères bien établis** aide à trouver le bon chemin pour comprendre l'autre et ajuster ses modes de pensée et codes de communication. Plus le manager se connaît, mieux il adapte sa communication.
- **Le profil HBDI** permet de déterminer les modes dominants du fonctionnement cérébral d'une personne selon les 4 quadrants du modèle de Ned Herrmann. Retenir ces 4 quadrants comme un simple outil d'aide à manager ses équipes de vendeurs.
- **Le modèle permet d'utiliser les talents de chaque commercial** grâce à des actions adaptées, mais aussi de repérer quelques axes de progrès prioritaires sur des points de fragilité essentiels à la performance.
- **Manager à « cerveau total » dans le cadre des réunions d'équipe,** c'est aussi manager avec humanité.

Chapitre 4

Adopter le mode de management efficace

Executive summary

▶▶ **Chacun est différent** et il n'est pas évident pour un manager de savoir comment s'y prendre. Il s'agit donc d'apprendre à adopter le style de management approprié à chaque commercial en fonction de la situation.

▶▶ **Le manager peut avoir une vision globale** des compétences de ses commerciaux, mais seule une connaissance suffisamment détaillée lui permettra de réaliser un diagnostic opérationnel.

▶▶ **Impliquer les commerciaux** sur une ou deux actions de progrès est à coup sûr stimuler la motivation et les résultats de chacun !

Adapter son management

Au cours de l'histoire du management, certains modes de management avaient le vent en poupe. Très directif dans une première étape taylorienne, voire tyrannique, le savoir était alors l'apanage d'une élite restreinte. Le salarié était considéré comme une force physique, une main au sens du sociologue Michel Crozier, au service de la production. Puis, les managers ont alterné ce mode avec celui de la persuasion des équipes pour les convaincre de l'efficacité des stratégies de la classe dirigeante. Il s'agissait ici de parler au cœur des employés, ou comme le disait Elton Mayo inspiré de l'école Human Relations, les ouvriers ont une grandeur affective. Dans les années 1970, face aux revendications des salariés et aux souhaits d'une élite plus large de participer aux décisions, le mode de management participatif émerge pour devenir la règle ; le savoir est davantage partagé, il faut aussi faire appel aux idées des employés pour avancer. Dans *Le phénomène bureaucratique*, Michel Crozier analyse d'abord l'individu comme une main, puis comme une main et un cœur, et enfin comme une main, un cœur et une tête. D'autres écoles managériales poursuivront ce processus d'évolution comme le management par objectif et la qualité totale. Ce mouvement s'enrichira de la négociation entre les partenaires pour tendre vers plus de responsabilisation et d'autonomie des individus dans l'entreprise.

Dans les faits, aucun de ces modes de management ne suffit en lui-même pour être efficace et, sans être contradictoires entre eux, ils supposent simplement d'être utilisés à bon escient.

Identifier les différents styles de management

Comme le souligne l'ouvrage de référence *Le leadership situationnel*, Paul Hersey donne un éclairage sur les quatre styles de management efficaces couramment utilisés :

- **Être directif**, c'est par exemple savoir :
  - donner les orientations de l'entreprise,
  - définir et faire respecter des règles du jeu précises,
  - contrôler les actions...
- **Être persuasif**, c'est par exemple savoir :
  - expliquer la stratégie de l'entreprise et les bénéfices pour les commerciaux,

– convaincre un commercial ou l'équipe de la nécessité d'utiliser des outils commerciaux,
– engager les commerciaux sur les actions choisies...

- **Être participatif**, c'est par exemple savoir :
  – solliciter les idées de l'équipe ou d'un commercial,
  – écouter et prendre en compte les avis dans les décisions,
  – construire un plan d'actions avec l'équipe commerciale...
- **Être délégatif**, c'est par exemple, savoir :
  – confier une mission en effectuant le suivi,
  – partager ses zones d'autonomie en donnant une marge de manœuvre aux commerciaux sur leur organisation ou sur les tarifs,
  – permettre la prise d'initiative dans un périmètre donné...

Si cette description des styles de management paraît évidente, elle n'est pas aussi simple à mettre en œuvre quand il s'agit de l'adapter aux différentes situations rencontrées. En effet, chaque manager possède un ou deux styles « naturels » de management qu'il a tendance à adopter dans la plupart des situations. Il est donc nécessaire de savoir apprécier les limites de chacun des styles de management :

- **Pour un manager au style de management dominant directif,** le risque est de s'appuyer sur ce mode de relation avec chaque membre de l'équipe quelle que soit la situation. Quand il s'agit par exemple de rappeler des règles du jeu, le mode de management directif est approprié. Mais, s'il s'agit de prendre en compte les avis des commerciaux pour trouver les bonnes solutions, ce mode de management n'est alors plus adapté. À moins d'estimer que les commerciaux n'ont pas d'idées, ou bien de ne pas avoir pris conscience de la nécessité d'adopter un autre style de management. Attention à la perte de légitimité par excès d'autorité.
- **Pour un manager au style de management dominant persuasif,** le risque est de vouloir tout expliquer ou réexpliquer en permanence. Ce qui peut avoir pour conséquences d'user les commerciaux, de les déconsidérer, alors même que ceux-ci sont compétents. Attention ici aux débats contradictoires sans réelle prise de décision et à l'infantilisation des commerciaux.
- **Pour un manager au style de management dominant participatif,** le risque est de remettre tout en cause, en prenant les avis de chacun et en négociant constamment alors que des arbitrages sont nécessaires et que des règles du jeu ne sont pas discutables. Attention à ne pas faire de chacun des commerciaux des cas particuliers, qui n'ont de règles

communes que leur désir personnel et ce, au détriment du leadership nécessaire au manager.

- **Pour un manager au style de management délégatif**, les risques sont de se discréditer ou de perdre le pouvoir, en confiant des tâches sans intérêt ou à l'inverse des missions à enjeux stratégiques sans avoir vérifié les réelles compétences des commerciaux.

Comment, dès lors, identifier précisément le bon mode de management ? Deux variables sont à prendre en compte pour adopter le style de management approprié à une situation : le niveau de compétence du commercial sur une tâche donnée et son niveau de motivation à réaliser cette même tâche.

Exemple

Quel style de management adopter ?

Baptiste possède cinq ans d'expérience. Le contexte est le suivant : ses résultats de vente sont très bons, en revanche, depuis que les clients les plus importants négocient plus durement les conditions, Baptiste n'atteint plus ses objectifs de marge. Le but de l'exercice est d'identifier le style de management à adopter pour chacune des quatre situations suivantes :

- **1.** Baptiste doit négocier un contrat important avec un objectif de marge de 10 %. Malgré les premiers conseils en négociation de son manager, il n'a pas réussi à progresser depuis un mois. Dernièrement, Baptiste lui a confié ne pas aimer négocier et, pour éviter des discussions sans fin avec les clients, il accordait rapidement des concessions pour gagner du temps.
- **2.** Baptiste est en revanche un excellent prospecteur, il obtient les meilleurs résultats de l'équipe. Il est organisé, il obtient par téléphone des rendez-vous qualifiés et possède un réel talent de vendeur face à des prospects et ce, à toutes les étapes de la vente. Cependant, depuis quelque temps son nombre de rendez-vous baisse et ses objectifs de prospection sont tout juste atteints. Baptiste a confié à son manager qu'il souhaitait déléguer la prise de rendez-vous par téléphone à un commercial junior, car il était las de ces séances de phoning.
- **3.** Baptiste est intéressé pour animer quelques réunions de clients et de prospects autour des nouvelles offres de sa société. Il a assisté à certaines réunions conduites par son manager, mais il a conscience des progrès à faire pour réussir l'animation de ces réunions.
- **4.** Baptiste doit développer de nouveaux clients sur un secteur plus large depuis qu'une partie de ses clients les moins importants ont été transférés à un jeune commercial. Depuis qu'il a bénéficié du bon mode de management,

il est motivé comme jamais pour prospecter par téléphone et il est toujours un excellent vendeur.

Les bonnes réponses sont données dans le tableau 4.1 :

Tableau 4.1 – Analyse de l'exemple

Situations	Niveaux de compétence et de motivation	Modes de management adapté
Situation 1	Non motivé et non compétent en négociation	Directif
Situation 2	Non motivé et compétent sur la prise de rendez-vous par téléphone	Participatif
Situation 3	Motivé et non compétent sur l'animation de réunion	Persuasif
Situation 4	Motivé et compétent sur la prospection	Délégatif

En synthèse, son management est à adapter en évaluant les niveaux de motivation et de compétence en fonction de la tâche à accomplir.

Les erreurs classiques à éviter pour adopter le mode de management efficace :

- Globaliser l'analyse des commerciaux en s'en tenant aux simples résultats. Le manager peut se dire que si un commercial obtient de bons résultats, ce n'est pas la peine de prendre le risque de l'importuner pour le faire progresser que ce soit sur un point fort ou de progrès. À quoi sert-il alors d'être bon si ce type de commercial n'est plus coaché ? À l'inverse, si un commercial est en retard sur ses résultats, le manager peut généraliser sur le manque d'agressivité du commercial et ne pas suffisamment rentrer dans le détail pour l'aider.
- Ne pas distinguer les compétences clés à acquérir par les commerciaux. Au cours de nos formations commerciales ou de suivi d'équipes commerciales, certains managers insistent sur des points secondaires ou alors sur des comportements à développer sans apporter des conseils techniques simples qui pourraient réellement aider, exemples : « Il faut conclure, il faut oser... » ou « Attention au client quand il croise les bras, c'est un signe de repli, il faut alors le rassurer. » Ces remarques ont du sens, mais elles n'offrent pas la possibilité de progresser si elles ne sont pas accompagnées de conseils précis : identifier les moments

pour conclure, connaître les techniques de conclusion et notamment les formulations, s'entraîner ou encore relancer le client par une question quand il croise ses bras. Ce type de remarque peut aussi devenir blessant pour le commercial concerné.

Faire le diagnostic des compétences de l'équipe commerciale

Pour faire le diagnostic des compétences de ses commerciaux, il faut avoir une vision précise des missions confiées et des tâches opérationnelles à mener par l'équipe. Pour un commercial, on retrouve, quel que soit le secteur d'activité, des missions communes qui elles-mêmes se décomposent en activité ou en tâches principales qui exigent des compétences précises, par exemple :

Mission 1 : connaître l'offre de produits

- Maîtriser la technicité et l'environnement est une tâche qui relève du savoir. Deux compétences clés : connaître les aspects techniques et les aspects réglementaires.

Mission 2 : gérer son activité commerciale

- Organiser son activité pour assurer une présence en clientèle et prospecter : cette tâche relève du savoir, du savoir-faire et du savoir être. Trois compétences clés : le plan d'actions, la tenue de l'agenda et le suivi.

Mission 3 : réaliser un chiffre d'affaires par type de produit

- Vendre les offres de l'entreprise. Cette tâche relève du savoir, du savoir-faire et du savoir être. Cinq compétences clés : préparer ses rendez-vous, se présenter, découvrir les besoins, argumenter et conclure.

Mission 4 : développer des affaires rentables

- Négocier. Cette tâche relève du savoir, du savoir-faire et du savoir être. Quatre compétences clés : préparer ses négociations, défendre ses positions, avancer avec des concessions mutuelles, préserver l'objectif de marge.

Les compétences clés sont au service des missions et des activités confiées aux commerciaux par la direction de l'entreprise. Elles sont de trois natures :

■ Les compétences techniques

- Maîtriser l'offre de produits et de prestations, l'environnement.

■ Les compétences relationnelles

- Savoir prendre des rendez-vous, vendre et négocier, elles recouvrent les compétences commerciales et à communiquer en interne.

■ Les compétences en organisation

- Définir un plan d'actions, organiser ses activités, gérer son temps.

Le tableau d'analyse du manager commercial suivant permet à la fois de construire de manière synthétique les niveaux de compétences de l'équipe et de chaque commercial. Dans l'exemple suivant, imaginons une équipe de trois commerciaux. Le manager attribue des points, de 1 à 4 en fonction du niveau de compétences de chacun de ses commerciaux :

- Un point = débutant.
- Deux points = peu compétent.
- Trois points = compétent.
- Quatre points = maîtrise.

En fonction du niveau de compétence, le manager peut dès lors définir ses priorités de coaching par rapport à chacun des commerciaux et de l'équipe. L'objectif est de faire progresser chacun et l'équipe en fonction des résultats et de son propre temps de management consacré au coaching.

Le manager organisera des actions collectives si une majorité de commerciaux est concernée par une action de progrès sinon le manager coachera chacun des commerciaux individuellement.

Tableau 4.2 – Évaluation des compétences et actions de coaching

Équipe	Julie	Théo	Max	Synthèse collective	Actions de coaching collectives prioritaires
Compétences techniques	**7/8**	**3/8**	**6/8**	**16/24**	
Connaissance des produits	3	2	4	9/12	
Connaissance de l'environnement	4	1	2	7/12	Organiser une réunion d'échanges et d'apports en faisant intervenir Julie
Compétences relationnelles de vente	**16/20**	**15/20**	**14/20**	**45/60**	
Préparation des entretiens de vente	4	2	3	9/12	
Présentation	3	4	1	8/12	
Découverte des besoins du client	4	2	3	9/12	
Argumentation	3	4	3	10/12	
Conclusion	2	3	4	9/12	
Compétences relationnelles en négociation	**11/16**	**11/16**	**11/16**	**33/48**	
Préparer ses négociations	4	1	3	8/12	
Défendre son offre initiale	3	4	3	10/12	
Avancer avec des concessions mutuelles	2	3	2	7/12	Organiser une séquence de trainings collectifs
Préserver l'objectif de marge en conclusion	2	3	3	8/12	

Équipe	Julie	Théo	Max	Synthèse collective	Actions de coaching collectives prioritaires
Compétences en organisation	**10/12**	**6/12**	**9/12**	**25/36**	
Réaliser un plan d'actions	3	2	4	9/12	
Assurer le suivi	4	2	3	9/12	
Gérer l'agenda	3	2	2	7/12	Organiser une séquence de travail collectif sur la tenue de l'agenda
Synthèses individuelles	**44/56**	**35/56**	**40/56**	**119/168**	
Actions de coaching individuelles prioritaires	Trainings sur la conclusion et la demande de contreparties	Briefing sur la préparation des entretiens de vente et de négociation	Training sur la présentation de l'offre et les points distinctifs		

Définir les plans de progrès individuels et collectifs adaptés

Le tableau d'analyse du manager commercial a donc une double utilité, c'est à la fois un outil de diagnostic des compétences et un outil permettant de définir les plans de progrès prioritaires individuels et collectifs. Ce tableau est dynamique, il est un miroir à un instant donné, il devient un levier exceptionnel de performance pour le manager. Dans l'idéal le manager commercial doit faire tendre l'équipe vers l'excellence, c'est-à-dire le nombre de points maximum. Les progrès ne connaissant pas de limites, les performances non plus, c'est la raison pour laquelle le coaching des commerciaux est devenu une mission primordiale.

Deux conditions sont à remplir pour construire et compléter ce tableau au cours du temps :

- **Identifier les compétences clés liées à votre activité**, mais aussi savoir évaluer le niveau de compétences d'un commercial sur une tâche donnée. Plusieurs moyens existent :
  - la comparaison de résultats entre commerciaux et des écarts avec les objectifs constituent une alerte à creuser au cours d'entretien individuel, voire en réunion ;

- l'accompagnement en clientèle du commercial pour diagnostiquer la qualité de la préparation et des techniques et comportements à chaque étape d'un entretien de vente ou de négociation ;
- lors de préparation d'entretiens ou de trainings individuels, voire collectifs.

- **Établir un plan de progrès en fin d'entretien individuel** ou de réunion en précisant les moyens et les objectifs qualitatifs ou quantitatifs à atteindre. Définir le plan de progrès en « PACTES » avec chaque commercial ou avec l'équipe :
  - **P** comme **progrès**. Il s'agit ici d'exprimer la spécificité du progrès à réaliser, un sujet précis et limité ;
  - **A** comme **actions**. Il faut identifier les actions à mettre en œuvre pour atteindre l'objectif en précisant les moyens et ressources ;
  - **C** comme **combien**. Les conséquences du progrès doivent se traduire dans les faits par un objectif chiffré ;
  - **T** comme **temps**. Cela nécessite de planifier les actions et les résultats attendus ;
  - **E** comme **effets positifs**. Le manager doit préciser les bénéfices pour le commercial, tant sur la satisfaction de mieux maîtriser la compétence que sur l'amélioration de ses résultats ;
  - **S** comme **suivi**. Le suivi est essentiel. Faire un diagnostic, construire avec le commercial ou l'équipe un plan de progrès demandent du temps. Le manque de suivi démontrerait alors l'inutilité du travail initial. Sans réel suivi, les progrès et les résultats risquent de décroître dans la durée.

Ces deux outils se complètent. Nous verrons plus loin comment mener les réunions et les entretiens individuels pour faire la jonction entre le tableau d'analyse du manager et le plan de progrès. Il est essentiel que les diagnostics des compétences et les plans de progrès collectifs et individuels soient partagés, voire négociés avec l'équipe et chacun des commerciaux pour y adhérer. Ces réunions ou entretiens individuels procéderont d'un constat, d'une construction commune et d'un plan de progrès pour stimuler la motivation.

Tableau 4.3 – Trois exemples de plans de progrès formalisés : deux plans de progrès individuels et un plan de progrès d'équipe

Progrès	Actions	Combien	Temps	Effets	Suivi
Théo Optimiser la gestion de son temps commercial	Formation en gestion du temps et construction de l'agenda type à réaliser avec le manager	12 rendez-vous par semaine au lieu de 10. Soit 20 % de ventes supplémentaires	Formation en semaine + 1 12 rendez-vous en S + 2 20 % de ventes supplémentaires en S + 4	Gains de temps personnels Atteinte et/ou dépassements des objectifs	Lors des entretiens individuels hebdomadaires
Julie Savoir traiter les deux objections sur les délais et le prix	Séance de trainings avec le manager sur des situations client	Développer les ventes de 10 %	Séance de trainings en S + 1 Maîtrise des objections en clientèle en S + 2 Augmentation des ventes en S + 3	Être plus à l'aise lors des entretiens clients Accélérer les conclusions Se mettre en ligne avec les objectifs	À chaque fin de journée, débriefing par téléphone en S +2 et lors des entretiens individuels hebdomadaires
Équipe Obtenir systématiquement des contreparties face à des demandes de concessions des clients	Formation et trainings collectifs en réunion d'une journée sur des situations clients à venir	Amélioration du nombre de ventes et de la moyenne de masse de marge 5 %	Réunion de formation et ce trainings en S + 2 Amélioration des marges en S + 4	Être plus offensif lors des négociations Assurer la croissance en développant les ventes associées et le niveau de marge moyen	Lors des entretiens individuels et des deux prochaines réunions d'équipe

L'essentiel

- **Adapter son style de management** en fonction des niveaux de compétence et de motivation du commercial sur une tâche donnée : directif, participatif, persuasif, délégatif.
- **Identifier les niveaux de compétences de ses commerciaux** et de l'équipe pour définir les actions de coaching prioritaires : le tableau d'analyse du manager.
- **Établir les plans de progrès prioritaires « PACTES »** : progrès, actions, combien, temps, effets, suivi.

Chapitre 5

Organiser des trainings

Executive summary

- **Ce chapitre détaille les compétences clés par famille** à maîtriser par les commerciaux pour faciliter leurs progressions technique, relationnelle et organisationnelle.
- **Comme un coach sportif**, il s'agit pour le manager d'observer ses commerciaux en entretien client pour identifier leurs points forts et ceux à améliorer. Comment l'organiser sans intervenir à la place du vendeur ?
- **À l'image d'un entraîneur, d'un metteur en scène ou d'un chef d'orchestre**, le manager réalise des entraînements courts pour faire progresser un commercial sur une compétence clé.
- **Il exploite les temps de réunion d'équipe** pour organiser des trainings collectifs et échanger les meilleures pratiques au profit de chacun.

Mettre le « comment » au service du « combien »

L'accompagnement des commerciaux en clientèle et l'entraînement constituent deux axes majeurs de performance. Ils exigent de la part du manager commercial de savoir gérer son temps en priorisant ces actions de coaching.

Pour se faciliter la tâche, il est nécessaire de pouvoir observer ses commerciaux en situation de prospection, de vente et de négociation pour aboutir à un diagnostic précis. Lors de formations commerciales, d'accompagnements de managers en réunion commerciale et d'entretiens avec leurs commerciaux, les managers restent parfois sur des approximations qui ne servent pas les objectifs de progrès visés. Comme on l'a vu, le manager exprime plus des intentions que des conseils : en étant trop général, il n'aide pas assez le commercial à progresser (exemple de réaction : « Il faut conclure, mieux écouter, préparer... », mais quoi et comment exactement ?).

C'est la raison pour laquelle des grilles de compétences qui ont souvent été utilisées en cours de formation doivent constituer les références communes à tous les vendeurs. Si elles n'existent pas, le manager peut, avec son équipe et à l'appui de ce livre, construire les grilles de performances spécifiques à leur activité et leur environnement. Elles représentent les clés de voûtes du progrès continu puisqu'elles permettent d'apporter des conseils simples et précis, facilement applicables par tous les commerciaux.

Construire et exploiter les grilles de performances

Le but est d'apporter quelques exemples de grilles de performances pour inspirer ou aider les managers commerciaux et les équipes commerciales à progresser, en reprenant les compétences à maîtriser et en les déclinant par sous-compétences et ce, à chaque étape du processus de vente.

Ainsi, savoir prendre des rendez-vous par téléphone est une compétence que l'on peut décomposer en sous-compétences[1] :

1 Source : d'après Frédéric Vendeuvre et Philippe Beaupré, *Gagner des nouveaux clients*, Dunod, 2008 (3e éd.).

– organiser son activité de prise de rendez-vous ;
– savoir se présenter avec assurance ;
– franchir les barrages téléphoniques avec aisance ;
– proposer un motif d'accroche de prise de rendez-vous ;
– savoir traiter les objections ;
– conclure positivement et définir la suite à donner.

Établies sous la forme suivante, les grilles de performance ainsi construites vont permettre de réaliser des diagnostics précisant les sous-compétences et d'établir des plans de progrès adaptés. Que ce soit lors d'accompagnement en clientèle, en trainings individuel ou collectif, **les grilles de performances permettront d'identifier les talents, les points d'améliorations et le ou les point(s) de progrès prioritaires pour chaque commercial.**

Tableau 5.1 – La prise de rendez-vous par téléphone : exemple de grille de performance

Critères de réussite	+ +	↗	Observations
Organiser sa prise de rendez-vous			
Qualifier les cibles à potentiel Préparer les séquences de phoning Se programmer positivement			
Savoir se présenter avec assurance			
Sourire et donner le prénom, nom et fonction dans l'entreprise Identifier l'interlocuteur			
Franchir les barrages téléphoniques avec aisance			
Utiliser l'une des 3 techniques de franchissement • Expertise que seul l'interlocuteur visé peut comprendre • Passer par un service peu sollicité • Suite à l'envoi d'un mail ou d'une plaquette de présentation			
Proposer un motif d'accroche de prise de rdv			
Faire connaître une offre adaptée Ou mettre en avant une innovation, une offre limitée dans le temps Ou comparer avec les fournisseurs actuels			

»

»

Critères de réussite	+ +	➚	Observations
Savoir traiter les objections			
Utiliser la technique de l'appui : « Justement, c'est la raison pour laquelle je souhaite vous rencontrer. »			
Conclure positivement et définir la suite à donner			
Proposer une alternative de dates Si accord, reformuler les coordonnées Si échec, proposer une relance Remercier			

Tableau 5.2 – L'entretien de vente : exemple de grille de performance, méthode LEAD® du cabinet Halifax

Critères de réussite	+ +	➚	Observations
Compétences transversales aux étapes de l'entretien			
Préparation de l'entretien de vente Communication positive et affirmée Création du lien de sympathie Discours adapté au niveau d'expertise du client Adaptation au style de communication du client			
Légitimer sa présence			
Rassurer sur le casting Initier le dialogue Se caler grâce à la synchronisation : mots, ton et gestes Se différencier			
Explorer les enjeux			
Poser des questions ouvertes Alterner les questions ouvertes, factuelles de validation, alternatives. Utiliser l'outil BRAIN pour vendre au grand compte Identifier les besoins et les motivations de chaque interlocuteur Écouter, prendre des notes Reformuler et valider			

»

»

Critères de réussite	+ +	➚	Observations
Accentuer l'intérêt			
Structurer ses arguments en A+P+B Valider ses arguments Traiter les objections avec la méthode CNZ			
Déclencher l'engagement			
Oser conclure Maîtriser les techniques de conclusion Définir la suite à donner			

Tableau 5.3 – L'entretien de négociation : exemple de grille de performance, méthode DEAL® du cabinet Halifax

Critères de réussite	+ +	➚	Observations
Préparer			
Lister les points susceptibles d'être négociés Définir ses marges de manœuvre : la matrice des objectifs Présenter une offre non comparable si possible Préparer ses arguments et les contreparties Annoncer le niveau d'exigence prévu			
Défendre sa position initiale			
Résister Défendre d'abord son offre par des arguments Jouer sur son terrain, celui du service et non celui des conditions			
Engager l'interlocuteur			
Utiliser la technique de pré-fermeture : « Mis à part ce point, sommes-nous d'accord sur le reste ? » « Donc, si nous trouvons un accord sur ce dernier point, êtes-vous prêt à vous engager dès maintenant ? »			

»

»

Critères de réussite	+ +	↗	Observations
Avancer avec les concessions mutuelles			
Élargir la négociation à d'autres points Obtenir des contreparties Respecter les trois temps de la demande de contrepartie : arguments, ouverture et contre-proposition			
Limiter les efforts			
Éviter de couper la poire en deux Donner de moins en moins Déplacer les demandes du client vers des concessions moins coûteuses, non irréversibles et non contagieuses : la matrice des concessions/contreparties			

Illustrées sous une autre forme, les grilles de performance ont pour objectif de mesurer les niveaux de compétence qui ne nécessitent pas une évaluation par une mise en situation sous forme de training ou d'accompagnement en clientèle. Il s'agit alors de faire un constat avec le commercial, en se basant sur l'analyse de pratiques pour ensuite définir les actions de progrès. Comme pour le tableau d'analyse du manager, le manager attribue de 1 à 4 points, en fonction des niveaux de maîtrise des connaissances et de pratique. Voici quelques exemples de grilles de performance :

Tableau 5.4 – La grille de performance sur la maîtrise technique

Maîtrise technique	Niveau de performance de 1 à 4 points	Actions de progrès
Connaissance des offres de l'entreprise		
Gamme de produits X Gamme de produits Y Gamme de produits Z		

»

»

Connaissance des bases tarifaires		
Connaissance sur l'environnement		
Réglementaire Fiscal Développement durable		
Connaissance des services supports		

Tableau 5.5 – La grille de performance sur la connaissance du marché

Connaissance marché	Niveau de performance de 1 à 4 points	Actions de progrès
Capacité à positionner clairement l'entreprise sur son marché		
Connaissance de la concurrence		
Connaissance des tendances du marché		
Connaissance des différents business modèles du marché		
Connaissance des avantages distinctifs de l'entreprise par rapport à la concurrence		

Tableau 5.6 – La grille de performance organisation

Organisation	Niveau de performance de 1 à 4 points	Actions de progrès
Gérer son temps efficacement		
Planifier ses actions commerciales		
Anticiper et planifier une affaire importante en mode projet		
Exploiter les outils CRM et/ou SFA		
Enrichir et tenir les dossiers clients facilitant l'action commerciale		

Tableau 5.7 – La grille de performance vendeur grand compte/KAM

Vendeur grand compte/KAM	Niveau de performance de 1 à 4 points	Actions de progrès
Identifier le périmètre d'un compte complexe : projet d'entreprise, stratégie, problématiques		
Collecter l'information utile		
Élargir le nombre d'interlocuteurs acquis au sein d'un compte		
Évaluer l'opportunité économique d'une affaire		
Identifier les décisionnaires et leur organisation		
Construire et optimiser une revue de compte : stratégie et plan d'actions		
Animer et motiver une équipe interne pour atteindre l'objectif commercial		

Tableau 5.8 – La grille de performance formalisation et présentation d'une offre

Formalisation d'une offre	Niveau de performance de 1 à 4 points	Actions de progrès
Rédiger une offre attractive dans le respect de la charte		
Mobiliser l'ensemble de l'équipe concernée pour la soutenance		
Collecter en interne et chez le client l'information utile		
Produire des supports de qualité		
Faire un training avant la soutenance		

En résumé, selon le principe des poupées russes, le tableau d'analyse du manager résume les familles compétences et les grilles de performances détaillent chacune des familles de compétences en sous-compétences. Les grilles de performance sont utilisées en débriefing d'actions de coaching citées plus haut ou dans le cadre d'une analyse de pratiques en entretien individuel. Elles nourrissent le tableau d'analyse du manager, qui lui permet d'avoir une vision synthétique pour définir les actions prioritaires de progrès à mener auprès de chaque commercial et de l'équipe.

Accompagner en clientèle les commerciaux

La prise de conscience en apprentissage est un élément indispensable à prendre en compte pour légitimer cette démarche d'accompagnement. L'apprentissage de nouvelles compétences est un processus en cinq étapes, décrites par Abraham Maslow :

1. **L'incompétence inconsciente** : la personne ne dispose pas des compétences et n'a pas conscience de ce manque. Exemple : le commercial n'a pas conscience qu'il ne pose pas de questions ouvertes aux clients lors de la phase de découverte de leurs besoins. À cette étape, l'insuffisance de savoir ou d'expérience ne permet pas de comprendre ou de mettre en œuvre un principe d'action ou d'utiliser une compétence.
2. **L'incompétence consciente** : la personne prend conscience de son manque de compétence. Exemple : le commercial réalise qu'il manque de préparation en négociation à l'occasion d'un échange de bonnes pratiques lors d'une réunion ou d'une formation ; il ne défend pas assez son offre et il ne sait pas demander une contrepartie ; quand il conclut, c'est souvent aux conditions limites fixées dans sa marge de manœuvre. À cette étape, le commercial possède assez de savoir et d'expérience pour réaliser qu'il n'appliquait pas les fondamentaux. En revanche, il peut rester sur ses croyances en ayant du mal à se remettre en cause : au manager d'être persuasif. Encore une fois, si les fondamentaux du métier commercial étaient partagés et les compétences travaillées en référence aux grilles de performance, ce type de situation n'existerait pas.
3. **La compétence consciente** : la personne s'engage dans le processus conscient d'acquisition de la compétence manquante. Exemple : le commercial applique la méthode de traitement d'objection et obtient des premiers résultats visibles. Le commercial a atteint le seuil de savoir suffisant pour comprendre et communiquer sur un principe d'action. Cependant, l'expérience reste insuffisante pour une appropriation qui atteint le niveau d'excellence.

4. **La compétence inconsciente** : la personne atteint un stade où la compétence est complètement installée. Exemple : le commercial écoute « naturellement » bien ; il se synchronise, il est bienveillant, il reformule et aide le client à préciser ses idées, il valorise les clients à bon escient, ce qui explique le lien de sympathie établi avec eux. Il a atteint un seuil d'expérience suffisant pour appliquer un principe d'action et exploiter une compétence. Cette personne n'a cependant pas le savoir suffisant pour comprendre la compétence et communiquer à son propos.
5. **La maîtrise** : ce niveau apparaît quand la personne a atteint un seuil de savoir et d'expérience suffisant, d'une part pour appliquer un principe d'action ou une compétence, et d'autre part pour comprendre le principe d'action et communiquer à son sujet. (Exemple d'un commercial que le manager fera intervenir en réunion pour transmettre à l'équipe les meilleures pratiques d'argumentation sur un produit.)

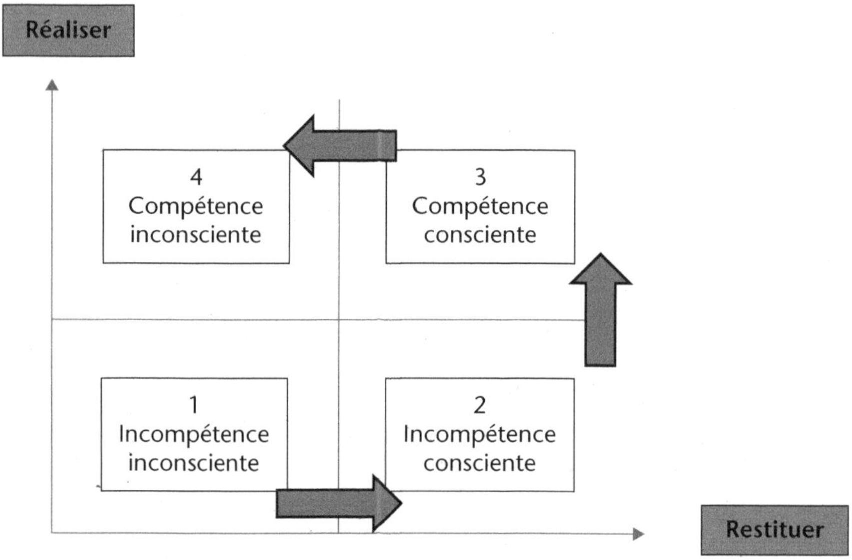

Figure 5.1 – Analyse croisée des niveaux de compétences et de conscience

La difficulté est sans doute de faire prendre conscience à un commercial de son manque de compétence. Celui-ci peut en effet être d'autant plus affecté par une remarque de son manager que son expérience est solide. Pour éviter ce travers et des discussions sans fin, le manager simplifiera sa mission de coaching en utilisant et en faisant vivre les grilles de performances.

Les objectifs poursuivis sont de développer les compétences des commerciaux, avec pour bénéfices :

- d'optimiser le levier essentiel de la motivation : la majorité des commerciaux cherche à progresser, à apprendre. C'est une des conditions de l'épanouissement et de l'accomplissement de soi ;
- d'améliorer l'efficacité de l'équipe : la somme de compétences individuelles fait la compétence de l'équipe, qui elle-même détermine l'atteinte des résultats ;
- de renforcer la valeur de l'entreprise : les compétences des commerciaux et leur développement sont les fondements du capital humain de l'entreprise.

L'accompagnement en clientèle est le moyen le plus sûr de connaître le niveau de compétence de ses commerciaux. À l'image d'un coach sportif, il faut observer le commercial dans l'action pour en tirer des faits incontestables. Imaginons l'inverse : il semblerait impensable pour un coach sportif, un chef d'orchestre ou un metteur en scène de ne pas observer les différents acteurs en situation réelle. Cependant, dans certains secteurs d'activité, ce rituel de management n'est pas encore passé dans les mœurs, ce qui augmente la difficulté à l'instituer comme règle du jeu, et ce pour trois raisons :

- la peur du commercial d'être évalué et celle du manager de ne pas être à la hauteur. Ce qui incite les deux parties à un consensus sur le « drapeau blanc » se résumant, pour le manager, à accompagner le commercial pour vendre et, pour le commercial, à justifier la présence du manager pour valoriser le client et optimiser sa vente ;
- une situation inquiétante où le client a tendance à s'adresser au manager, garant de la décision, et où le manager ne parvient pas à laisser la main au commercial ;
- l'investissement temps du manager dans l'accompagnement en clientèle peut durer, selon le processus de vente, de 30 minutes à 1 h 30. Là se pose la question de sa mission !

Trois solutions pour ne pas tomber dans ces pièges :

- **Expliquer** la nécessité de l'accompagnement pour observer le commercial en situation de vente à l'image de sportifs, musiciens, acteurs ou dirigeants qui bénéficient de coaches pour progresser. En faire une règle du jeu dont les bénéfices sont au profit du commercial, de l'équipe et bien sûr de l'entreprise.

Ajouter que :
- le but est de faire une analyse à l'appui de la grille de performance *ad hoc* et d'en faire un objectif de progrès, quel que soit le niveau de chacun ;
- les commerciaux doivent être accompagnés au même titre que les meilleurs dans leur domaine, pour diffuser les meilleures pratiques dans l'équipe.

• **Faciliter** la fluidité de l'entretien à trois et enlever la pression inutile pour chacun des protagonistes (commercial, manager et client). Comment faire ?
  - Définir les rôles de chacun lors de la visite : la principale difficulté réside dans le rôle du manager et le motif de sa présence.
  - Le manager peut prétexter de rencontrer actuellement certains clients pour avoir une idée plus concrète du marché et lui-même faire partager sa vison d'entreprise au client. Le commercial ne perd pas ainsi ses prérogatives quant à sa mission. Il faut aussi éviter que le manager devienne un élément décoratif de l'entretien en laissant le commercial faire la vente de A à Z sans qu'il intervienne. Dans ce cas, au moment de la préparation de l'entretien, le commercial et le manager se répartissent des questions et des arguments qui ne remettront pas en cause la qualité de l'entretien commercial mené par le vendeur. Par exemple, le manager approfondit la connaissance générale du client sur son environnement, la concurrence, et apporte des éléments sur sa connaissance globale du marché.
  - Il peut aussi prétexter de suivre ses commerciaux et enrichir sa connaissance du client en le rencontrant dans une démarche qualité propre à l'entreprise et en affichant clairement qu'il interviendra très peu.
  - Enfin, au moment de la répartition des rôles avec le commercial, le manager peut définir précisément qui interviendra en se basant sur les points de progrès connus du commercial. Aux moments clés, le manager n'intervient pas. Ainsi, le débriefing portera sur les éléments convenus à analyser ensemble.

• **Distinguer** trois types d'accompagnement :
  - **l'accompagnement de formation** : le manager montre à un nouveau commercial comment appliquer les techniques et méthodes de vente à chaque étape, avant de faire réaliser progressivement par le commercial l'entretien complet. L'objectif est de rendre progressivement le nouveau commercial autonome ou de faire progresser un commercial plus aguerri sur un point précis. Il est recommandé de choisir des clients sans enjeu, afin de ne pas stresser inutilement le vendeur ;

- **l'accompagnement de perfectionnement** : il s'agit ici de faire l'analyse d'un commercial sur un entretien de vente, ou sur une ou plusieurs étapes de la vente convenues en amont entre le manager et le commercial. La cible de clients sélectionnée ne doit pas comporter d'enjeux particuliers afin que l'objectif de progrès ne soit pas perturbé par une tension inutile ;
- **l'accompagnement d'appui** : le manager accompagne le commercial sur une affaire importante. Le but est ici d'allier les forces du manager et du commercial pour optimiser les résultats d'une vente.

Tableau 5.9 – Le rôle du manager commercial dans les trois types d'accompagnements en clientèle

	Accompagnement formation	Accompagnement perfectionnement	Accompagnement appui
Objectifs de l'accompagnement	1. Favoriser l'intégration d'un nouveau 2. Former un commercial sur un point précis	1. Évaluer le niveau d'un commercial sur une compétence clé 2. Évaluer un entretien complet, « voir le match »	1. Appuyer le vendeur dans sa vente 2. Remotiver un commercial
Avant l'accompagnement	• Le manager planifie une montée en puissance progressive • Il explique le déroulement attendu en allant dans le détail • Il construit avec le commercial un plan d'actions sur plusieurs entretiens	• Prévenir à l'avance le commercial et communiquer l'objectif de l'accompagnement • Rappeler les bénéfices de l'accompagnement • Définir précisément l'objectif et la ou les séquences observées • Donner les règles du jeu	• Répartir les rôles en fonction des talents de chacun • Définir avec le commercial la tactique qui sera adoptée
Pendant l'accompagnement	• Le manager réalise le premier entretien pour montrer au commercial • Le manager et le commercial réalisent chacun une partie de l'entretien • Le commercial mène en totalité l'entretien	• Le manager intervient selon le scénario établi en amont • Le manager ne change pas les règles du jeu	• Le manager intervient selon le scénario établi • Il peut venir en appui si difficulté

»

»

	Accompagnement formation	Accompagnement perfectionnement	Accompagnement appui
Après l'accompagnement	• Stimuler d'abord l'auto-évaluation du commercial • Ensuite, le manager fait un feed-back • Organiser un training sur deux points de progrès à mettre en œuvre au prochain entretien	• Stimuler d'abord l'auto-évaluation • Ensuite, faire un feed-back • Organiser un training sur un point de progrès prioritaire et définir la suite à donner • Assurer le suivi sur d'autres clients	• Échanger de manière très ouverte tant sur les réussites que sur les difficultés de l'entretien • Définir des points de progrès tant pour le commercial que pour soi-même • Assurer la mise en œuvre sur de prochains clients

Le débriefing de l'accompagnement

C'est le moment le plus attendu. Le débriefing sert d'abord à identifier les points forts et à faire ressortir les points de progrès. Cette tâche sera d'autant plus facile à réaliser si le manager et le commercial bénéficient d'un support objectif commun, comme la grille de performance.

La trame de l'entretien de débriefing

- Quoi qu'il arrive, être positif. En effet, le but est de réaliser une analyse commune et de montrer l'intérêt des échanges :
  - En cas d'échec, rassurer en reconnaissant que ce n'était pas facile. L'objectif premier n'est pas la vente s'il s'agit d'accompagnement formation ou perfectionnement, mais bien de faire progresser le commercial. S'agissant de l'accompagnement appui, rien ne sert d'aggraver la situation, mais plutôt de savoir ce qu'il faudrait améliorer si c'était à refaire et donc de capitaliser sur l'avenir.
  - En cas de réussite, féliciter en précisant que l'analyse va porter essentiellement sur les points de succès de l'entretien.
- Solliciter ensuite le vendeur sur le ressenti de son entretien. L'intérêt est de responsabiliser le commercial sur ses progrès et de le rendre autonome pour faire l'analyse de ses propres entretiens de vente sans la présence du manager : l'écouter et reformuler.
- Puis, demander au vendeur ce qu'il pense avoir réussi : lui faire préciser la mise en œuvre de la technique utilisée et enrichir si nécessaire.

- Enchaîner sur les aspects à améliorer : demander au vendeur s'il a identifié des points à améliorer, et approfondir en étant précis sur les techniques, en référence aux grilles de performance.
- Utiliser la grille de performance *ad hoc* :
  - Analyser ensemble en reprenant les objectifs fixés en amont de l'accompagnement. Le manager et le commercial échangent sur chacun des points de la grille de performance.
  - Identifier les points forts et ceux à améliorer.
- Réaliser un plan de progrès et définir les modalités de suivi :
  - se mettre d'accord sur un ou deux points de progrès prioritaires, en privilégiant ceux grâce auxquels les résultats seront rapidement atteints ;
  - organiser un training sur un ou deux points d'amélioration ;
  - selon le type d'accompagnement fixé, enchaîner sur un autre entretien en clientèle, identifier ensemble la mise en œuvre rapide du commercial sur des prochains rendez-vous clients en fixant un rendez-vous de suivi soit par téléphone, soit en face à face.

D'autres méthodes de débriefing adaptées au degré de maturité des commerciaux

- **Le *feed forward*** : ce *feed-back* est recommandé en accompagnement formation :
  - féliciter de façon ciblée sur un détail observé durant l'entretien ;
  - démontrer ce qui a été apprécié en reprenant ce que le commercial a fait et l'impact positif sur le client ;
  - souligner un point d'amélioration précis accessible pour le commercial ;
  - expliquer ce qui aurait pu être fait en se mettant dans le rôle du commercial en situation de vente ;
  - faire mettre immédiatement en application la technique visée par le commercial en rejouant la saynète avec le manager dans le rôle du client.
- **Le *feed-back* positif** : il est adapté aux commerciaux déjà matures dans leur auto-analyse :
  - faire parler le commercial sur sa perception vis-à-vis de sa prestation : faire d'abord exprimer les points positifs en précisant ce qui a été bien réalisé et en quoi il est le plus satisfait, puis solliciter son analyse sur les points d'amélioration, en lui demandant ce qui aurait pu être encore mieux fait ;

- souligner les aspects positifs en précisant un ou deux détails pour crédibiliser le propos ;
- apporter un ou deux conseils d'amélioration accessibles pour le commercial en fonction de ses aptitudes ;
- encourager à la mise en œuvre en réalisant un training court pour en faire la preuve. Être positif sur l'entretien, en proposant de faire le point au prochain entretien individuel.

- **Le *feed-back* détail** : il est adapté aux commerciaux trop confiants dans leur auto-analyse. Le commercial prétend se connaître parfaitement.
  - Solliciter le ressenti du commercial sur l'entretien ;
  - faire exprimer les points positifs par le commercial en les validant sans en rajouter ;
  - demander au commercial ce qu'il aurait pu mieux faire encore ;
  - inciter le commercial à demander conseil en formulant une phrase du type : « Il y a juste un ou deux petits détails... » ;
  - formuler le conseil en écoutant les réticences prévisibles du commercial sans contre-argumenter et conclure « C'est à toi de voir si tu veux essayer la prochaine fois ! ». Proposer de faire soi-même le commercial pour tester avec lui son impression quant à l'application du conseil.

Si la mise en application de l'accompagnement de perfectionnement en clientèle ne pose pas de difficultés pour de nouveaux commerciaux ou de jeunes commerciaux, cet acte de management peut susciter certaines résistances chez des commerciaux plus expérimentés. **Comment alors présenter l'accompagnement en clientèle à un commercial réticent ?**

- Les moments choisis pour annoncer l'accompagnement : l'entretien de suivi d'activité ou une action commerciale.
- Définir précisément le type de rendez-vous et de client afin de ne pas être manipulé sur des cas insolubles.
- Présenter l'objectif de l'entretien à deux et analyser les points forts et ceux à améliorer.
- Annoncer l'outil qui servira d'analyse.
- Préciser le rôle de chacun durant l'accompagnement en sachant expliquer la raison de la présence du manager au client sans mentir ou décrédibiliser le vendeur.
- Faire préparer par le commercial l'entretien avant l'accompagnement en lui rappelant les informations nécessaires à recueillir pour le mettre en situation de réussite.
- Mettre en avant les avantages de l'accompagnement : bénéficier d'un regard extérieur, progresser.

- Mettre en avant la logique du « comment » sur celle du « combien ».
- Rassurer sur la finalité de cette action :
  - reconnaître que ce n'est pas habituel ;
  - solliciter les idées du commercial pour être à l'aise ;
  - insister sur l'objectif de progrès exempt de tout jugement de valeur ;
  - utiliser des analogies sportives, éducatives, musicales... dans le registre personnel du commercial ;
  - si nécessaire, proposer d'inverser les rôles sur une première action d'accompagnement en entretien individuel.

L'entraînement individuel

Dans l'objectif de développement de compétences des commerciaux, le training individuel n'est pas suffisamment utilisé par les managers commerciaux. Il a pourtant de nombreux mérites, dont le premier est de personnaliser l'entraînement en adaptant son coaching à la situation du commercial en fonction de ses niveaux de compétences et de motivation. Il s'agit ici de compétences relationnelles, c'est-à-dire toutes les familles de compétences qui relèvent d'entretiens commerciaux avec des clients.

Les avantages du training sont nombreux :

- le gain de temps. Il est court et précis puisqu'il vise l'amélioration d'un point : réussir la découverte, savoir traiter une objection, développer le réflexe de contrepartie dans une négociation ;
- le commercial et le manager peuvent constater la maîtrise du bon geste en fin d'entraînement ;
- très motivant, le progrès est immédiatement visible et sans remise en cause devant le reste de l'équipe ;
- facile à acquérir, il incite à la mise en œuvre ;
- il a une incidence directe sur les résultats ;
- il développe une plus grande proximité et compréhension entre le manager et le commercial ;
- il doit servir à combler les points faibles, mais aussi à renforcer les points forts du commercial ;
- c'est le moyen connu le plus efficace pour faire progresser un commercial à l'image des meilleurs dans leur domaine de prédilection.

Le training individuel doit donc être systématisé. Il existe des moments naturels et privilégiés pour saisir l'opportunité de les organiser, notamment après les diagnostics des compétences réalisés :

- en fin d'entretiens de suivi individuels hebdomadaires ou mensuels ;
- à l'issue de débriefing d'accompagnement en clientèle ;
- dans la préparation d'entretien de vente ou de négociation.

Il est d'autant plus facile à mettre en place et à maîtriser qu'il est outillé des grilles de performance dans lesquelles les compétences à maîtriser sont formulées clairement.

Comment organiser un training individuel ?

Le training individuel est issu du diagnostic, sur lequel le manager et le commercial sont d'accord. Il s'agit donc ici de repréciser le ou les point(s) d'amélioration visé(s) :

- Annoncer l'objectif du jeu de rôles : échanger, progresser et fixer un objectif précis et mesurable à l'entraînement. Exemple : « À l'issue de l'entraînement, tu sauras traiter l'objection du prix. »
- Rappeler les conditions de réussite :
  - structure de l'entretien,
  - technique commerciale : écoute, questions, argumentation...
  - dans le meilleur des cas, se munir d'une grille de performance.
- Choisir un cas concret : pour cela, réunir les informations nécessaires.
- Effectuer le jeu de rôles tout en prenant des notes pour illustrer les points forts et ceux à améliorer.
- Analyser le jeu de rôles : solliciter d'abord l'analyse du vendeur, le rassurer, enrichir si nécessaire, identifier les points forts, puis ceux à améliorer. Enfin, répéter le geste jusqu'au niveau de maîtrise souhaité.
- Programmer la mise en œuvre de l'entraînement : situation, date.
- Fixer la date du suivi pour constater les résultats, puis féliciter et continuer sur la voie du progrès si nécessaire.

Avis d'expert

Questions à Vincent Tregaro, directeur régional Île-de-France chez Xylem

Quels conseils donneriez-vous aujourd'hui à un manager pour faire progresser un commercial ?

L'élément primordial pour accompagner correctement l'évolution d'un collaborateur commercial est de bien le connaître. La visite commune permet de cerner les points forts, les faiblesses et les opportunités de développement. Après cette étape, la méthode doit être adaptée à l'objectif de progrès. On »

» organise des formations théoriques sur les aspects produits, le marché cible, le positionnement, les arguments de vente et la concurrence. Pour les aspects plus comportementaux, il me semble évident que des trainings réalisés par des professionnels peuvent être très efficaces. Cependant, ils doivent impérativement être préparés dans l'environnement de la société et avec les managers commerciaux, afin de les adapter au plus près des besoins et de la réalité vécue tous les jours sur le terrain. Le fait de pouvoir s'identifier à une situation vécue ou à venir permet de l'intégrer plus facilement et rapidement. Ce genre de training doit également permettre une interaction totale entre le formateur et les commerciaux, sans jugement de valeur et surtout en intégrant les difficultés à résoudre. Le nombre de participants et le climat créé par le formateur sont des points clés de réussite.

Pour les jeunes vendeurs, un suivi hebdomadaire est indispensable. La peur d'un agenda vierge le lundi matin, bien connu de tout jeune vendeur, doit être minimisée par ce suivi. La mise en place d'un plan de visite établi ensemble rassurera le vendeur en le focalisant sur ses priorités. Un vendeur confiant est un vendeur plus efficace.

Comment faire progresser l'équipe en réunion ?

La réunion est un moment clé de la vie d'une équipe commerciale. Mais attention aux réunions descendantes. Une réunion doit avoir un objectif, être préparée correctement et surtout être interactive. Pour qu'elle le soit, les participants doivent se sentir libres de s'exprimer sans être jugés. Pour faciliter une ambiance conviviale et propice à l'échange, les sous-groupes et le brainstorming me semblent de bons outils. Même les plus réservés pourront intervenir. La conduite de certaines réunions est à confier à des commerciaux maîtres de leurs sujets. Le manager n'intervient qu'au moment du débriefing final, dans le but de faire progresser les meilleurs et de stimuler l'envie de leurs collègues.

Quelle a été pour vous la réunion la plus réussie et pourquoi ?

Une réunion est réussie dès lors que des décisions sont prises avec l'adhésion des participants et qu'ils ont pu apporter leur pierre à l'édifice. Dans le cadre d'un changement d'organisation que j'ai eu à mener dernièrement, une réunion a permis de définir une organisation finale telle que je l'envisageais, sans jamais l'avoir explicitée. En ouvrant simplement des discussions et en les recentrant de temps en temps sur les objectifs, le but a été atteint.

Trois exemples de trainings individuels

Dans chacun des exemples suivants, le processus du training est décrit de façon à faciliter la mise en œuvre de trainings par les managers commerciaux.

- la découverte des besoins, voir grille de performance vente LEAD® « Explorer les enjeux » ;
- le traitement des objections, voir grille de performance vente LEAD® « Accentuer l'intérêt » ;
- l'obtention de contreparties en négociation, voir grille de performance DEAL® « Avancer avec les concessions mutuelles ».

■ Exemple 1 : la découverte des besoins

Dans cet exemple, trois situations seront données afin de mettre en exergue l'importance des questions. Elles sont un point de progrès courant des commerciaux, car elles ne sont pas formalisées. L'intention est là, mais la mémoire des échanges oraux se perd dans les habitudes. Donc, pas de tergiversations, le manager doit fortement conseiller d'écrire les bonnes questions pour permettre des améliorations sur la découverte client.

À l'issue d'un diagnostic en cours d'entretien individuel mensuel, le manager commercial et un des commerciaux de l'équipe se sont mis d'accord pour réaliser un training sur la découverte des besoins et des motivations du client. Le manager précise au commercial le déroulement du training et le timing afin de le rassurer. S'agissant de la découverte, prévoir 30 minutes.

Le manager commercial lui rappelle les compétences clés à maîtriser : le commercial les connaît mais il avoue ne pas réussir à les appliquer en entretien de vente. Le contexte est celui de la vente de produits industriels en *business to business*.

Le premier point à étudier est de formuler les bonnes questions au client : celles qui suscitent son intérêt et, en premier lieu, les questions ouvertes. Le manager et le commercial recherchent toutes les formulations possibles en fonction de situations en prospection ou en développement clients :

- « Quelle est votre vision du marché ? »
- « Comment comptez-vous développer votre business ? »
- « Quels sont vos besoins pour l'année à venir ? »
- « Quelles sont les raisons de votre demande actuelle ? »
- « Quelles sont les conditions d'utilisation des produits et services choisis ? »
- « Quel est votre rôle et celui des autres interlocuteurs possibles dans la décision ? »
- « Comment se prend la décision ? »

- « Comment sélectionnez-vous vos fournisseurs ? »
- « Quels sont vos critères de choix ? »
- « Quels sont les avantages de ce type de produits ? »
- « Quelles sont les difficultés que vous rencontrez ? »
- « S'il y avait un point d'amélioration, quel serait-il ? »
- « Comment êtes-vous organisé aux niveaux des achats, du contrôle, de la qualité, des ventes... ? »
- « Quels sont les produits que vous utilisez ? »...

Dans un autre contexte de vente aux grands comptes, le manager commercial peut utiliser l'outil BRAIN, afin d'organiser une découverte encore plus structurée de l'environnement d'un prospect ou d'un client peu actif.

Tableau 5.10 – L'outil BRAIN

Objectifs des questions	Questions possibles à poser
But	Quels sont les enjeux ? Quelle est votre stratégie ? Quel est l'objectif du projet ?
Réalisations	Quel est le cahier des charges technique ? Quelles sont les contraintes à respecter ? Quels sont les *a priori* positifs et négatifs ?
Activités	Comment définir le business du client ? Quelles sont ses évolutions récentes ? Quel est l'environnement à prendre en compte ? (saisonnalité, réglementation, etc.) Qui sont les clients du client ? Qui sont les concurrents du client ? Comment le client gagne son argent ? Quelles sont ses frustrations ?
Individus	Quelles sont les motivations de mon interlocuteur principal ? Que veut-il ? Que ne veut-il pas ? Qui participe à la décision ? Quels sont les intérêts du groupe de décision ? Quelles sont les sensibilités à respecter ?
Nous et nos confrères concurrents	Quels sont les autres fournisseurs de l'entreprise ? Combien de concurrents sont consultés ? Pourquoi nous consulter ? Comment sommes-nous perçus à ce stade ? Qu'est-ce que le client connaît de nous ? Quelle image a-t-il de nous ?

Dans une autre situation de vente aux particuliers ou aux professionnels d'une solution retraite par un assureur ou un banquier, le manager fait le tour des questions possibles à poser pour susciter l'intérêt d'un prospect ou d'un client sur le sujet :

- « Comment imaginez-vous votre retraite ? »
- « Quel niveau de retraite espérez-vous avec les régimes dont vous bénéficiez ? »
- « Si vous étiez à la retraite demain, à quel niveau de budget situeriez-vous vos besoins ?
- « Comment faites-vous ou/et comptez-vous constituer une retraite ? »...

Le manager et le commercial se mettent d'accord pour travailler sur un prospect que le commercial rencontrera la semaine suivante en prenant en compte les informations disponibles.

Le manager lui rappelle le jeu de rôles à effectuer sur ce cas réel et lui laisse un temps de préparation court. Il précise l'exercice au commercial : poser les questions, écouter, relancer et reformuler l'ensemble des informations obtenues.

Le commercial prépare ses questions à la lumière du travail de formalisation effectué juste avant avec son manager. Puis le jeu de rôles commence, le manager jouant le rôle du prospect.

À ce stade du processus d'un training, trois remarques s'imposent :

- le commercial est en situation de réussite pour réaliser le training, donc son niveau de confiance est élevé ;
- le manager lui-même progresse et développe son propre niveau de maîtrise de la découverte ;
- le climat est positif, car le travail effectué est le produit d'échanges entre le commercial et son manager.

À la fin du jeu de rôles, le débriefing est réalisé à l'initiative du manager suivant la trame indiquée précédemment : « Qu'as-tu appris de cette découverte ? » Dans tous les cas de figure, le manager valorise le commercial et ajoute, si l'exercice n'a pas été réussi parfaitement : « Que te manque-t-il comme information pour préparer une découverte judicieuse ? » Suivant la réponse du commercial, le manager complète et précise la question à poser par le commercial. Il lui fait poser la question et répond.

À l'initiative du manager, le manager et le commercial se mettent d'accord pour faire le suivi à l'issue de l'entretien avec le prospect la semaine suivante.

Quels sont les enseignements à tirer de ce training ?

- Les trente minutes passées à l'entraînement favoriseront le succès du commercial dans sa découverte du prospect, puisque les conditions de réussite ont été réunies.
- La précision de l'objectif et la simplicité des techniques utilisées sont des accélérateurs de progrès.
- Lors du suivi, le manager et le commercial pourront mesurer l'efficacité de la découverte en fonction des informations obtenues.
- Le commercial sera plus autonome pour s'auto-analyser lors de prochains entretiens et trouver lui-même des solutions.
- C'est valorisant pour le commercial et le manager.

■ Exemple 2 : le traitement des objections

À l'issue d'un accompagnement en clientèle, le manager et le commercial sont d'accord sur le diagnostic d'un manque d'aisance du commercial pour traiter l'objection exprimée par un client : « C'est trop cher ! »

Le commercial a en effet tendance à contre-argumenter immédiatement en provoquant la méfiance du client. Le manager précise le déroulement du training et le timing et prévoir 15 minutes sur le thème des objections. Il rappelle la méthode de réponse aux objections exposées en formation commerciale. Il s'inspire de la grille de performance LEAD®, et plus particulièrement de la méthode CNZ de traitement des objections[1]. Un exemple concret sur le prix illustre cette méthode, où le manager tient au commercial les propos suivants :

- « Le client dit : "C'est trop cher !"
  - Étape 1 : comme tu le sais, creuser l'objection, c'est faire préciser l'objection du client. Donc, la question à poser est : "C'est-à-dire ?" ou "Par rapport à quoi ?"
- Imaginons le client répondre : "Les frais de port sont inacceptables, ils sont offerts par nos autres fournisseurs !"
  - Étape 2 : neutraliser l'objection, c'est reconnaître et atténuer l'objection du client avant d'argumenter, c'est à ce moment-là que la confiance se gagne auprès du client. Contre-argumenter immédiatement, c'est ne pas prendre en considération l'objection du client. En psychologie, cela s'appelle un déni. Poursuivons l'exemple :

1 Caron N. et Vendeuvre F., *Le grand livre de la vente*, Dunod, 2008 : Creuser l'objection, Neutraliser l'objection et Zoomer sur l'argumentation.

- "Oui effectivement, nos conditions peuvent être différentes sur certains points." Enchaîner ensuite sur l'étape 3, dont tu connais bien le principe.
- Étape 3 : zoomer sur l'argumentation, c'est apporter aux clients des arguments différenciateurs comme : "Nous avons choisi d'être transparents sur les conditions, vous savez comme moi que le coût des transports a augmenté. Cet ajustement représente très peu sur l'ensemble des conditions et vous bénéficiez toujours d'excellentes prestations au même tarif..." »

Le manager demande ensuite une validation sur la compréhension du commercial et lui propose de reprendre les étapes de la méthode en notant s'il le souhaite les points-clés.

Le manager propose au commercial de travailler sur un cas concret en situant le contexte client. Il laisse un peu de temps au commercial pour préparer le jeu de rôles selon la méthode CNZ et démarre l'entretien par l'objection « C'est trop cher ! ». Le commercial applique bien les trois étapes, cependant au moment de la neutralisation, le commercial dit : « Oui, c'est vrai, on est cher ! »

Le manager félicite le commercial sur le respect des trois étapes et ajoute que, à l'étape de neutralisation, il est important d'atténuer l'objection en disant : « Oui, nos conditions sont différentes... », et en évitant ainsi un mot noir comme « cher ».

Le manager fait répéter le geste de la neutralisation au commercial. Celui-ci réussit évidemment le geste. Ils enchaînent sur l'objection suivante.

■ Exemple 3 : l'obtention de contreparties au cours d'une négociation

À l'issue de la préparation d'un entretien en négociation avec un client important, le commercial se dit mal à l'aise pour obtenir des contreparties. Le manager lui demande de préciser comment il s'y prend. Le commercial dit proposer aux clients une des trois contreparties prévues lors de la préparation pour lui accorder une concession. Le manager valide la pratique en le valorisant et poursuit en lui demandant la phrase utilisée en entretien. Le commercial répond : « Je suis prêt à faire une remise si vous me confiez plus de volume. »

À l'appui de la grille de performance DEAL® à l'étape « Avancer par des concessions mutuelles », la manager rappelle la technique à utiliser pour optimiser l'obtention de contreparties, qui consiste à respecter trois temps : arguments, ouverture et contre-proposition.

Le manager illustre la technique par un exemple en jouant le rôle du commercial : « Comme nous l'avons vu ensemble, Monsieur le client, notre offre comprend des spécificités, comme le reporting de nos interventions qui est un point important de votre projet. De votre côté, seriez-vous prêt à nous confier 10 % de volume supplémentaire ? »

Le manager complète la démonstration en ajoutant que si la réponse du client est positive, c'est alors le moment de faire la contre-proposition en accordant une concession au client. L'erreur à éviter étant de faire l'inverse, qui ressemble plus à un chantage.

Le manager propose au commercial de répéter le geste de la contrepartie qui sera acquis en 3 minutes. Puis, ils se mettent d'accord pour faire le point après le rendez-vous client ainsi préparé.

À la lumière de ces trois exemples, il est facile de mesurer les résultats des trainings. Ils sont au service d'enjeux essentiels comme le chiffre d'affaires et la marge. L'heure passée par le manager sur ces trois trainings sera rentabilisée.

Cette pratique de management s'inscrit dans le développement de compétences continu des commerciaux. Elle leur permet de progresser, d'accroître leur niveau de confiance et le sentiment d'appartenance à l'entreprise.

L'entraînement collectif

Avant d'aborder le sujet de l'entraînement collectif, il est indispensable de traiter en amont celui des réunions. Pour l'équipe commerciale, ce sont des moments privilégiés pour construire et entretenir un esprit d'équipe. Le manager commercial a donc une grande responsabilité dans la réussite des réunions.

Lors de nos formations en management, le thème de la réunion est abordé et de nombreux managers témoignent spontanément des erreurs commises en réunion. Les leurs, mais aussi celles de leurs propres managers. En organisant un tour de table, le recueil est édifiant :

- trop de thèmes, d'informations et de chiffres ;
- monologue du manager ;
- monotonie des exposés ;

- timing non respecté ;
- peu d'écoute et pas assez d'échange ;
- pas de compte rendu et manque de supports formalisés ;
- peu de suivi sur les décisions.

Pour éviter ces erreurs, le manager commercial doit raisonner par objectif de réunion, et non par thème. Que doit constater le manager en fin de réunion ?

- Les commerciaux ont retenu les informations.
- Ils ont compris les messages.
- L'équipe a construit un plan d'actions.
- Les commerciaux savent traiter les objections.
- Ils savent préparer leurs entretiens de vente ou de négociation.

D'autre part, le manager doit se centrer sur les commerciaux et non sur lui-même : la facilité personnelle du manager à s'exprimer en public n'est certes pas neutre, mais il ne s'agit pas non plus d'une convention avec un public nombreux et pour partie inconnue. Le manager connaît chacun des commerciaux, il a développé des liens de proximité. Les commerciaux n'attendent pas un gourou, mais un manager qui leur offre la possibilité d'échanger et de construire ensemble. Le manager n'est pas là pour faire un numéro ou briller mais, à l'inverse, pour mettre en valeur tout le potentiel de l'équipe.

Enfin, faire en sorte que la réunion soit suivie d'effets :

- en réalisant ou en confiant le compte rendu à un des commerciaux ;
- en assurant le suivi lors de la prochaine réunion.

Exemple

L'apprentissage par l'erreur

À l'occasion d'une formation, un jeune manager d'une compagnie d'assurance fait part au groupe de sa première expérience d'animation en réunion d'équipe. À l'occasion du lancement d'un nouveau produit retraite, le manager est briefé et reçoit les supports d'animation du service marketing. Son propre manager, directeur régional, l'informe qu'il assistera à cette réunion.

La pression est énorme, ce qui encourage le manager à préparer soigneusement l'animation de cette réunion. Il s'entraîne à passer les supports et à les commenter le week-end précédent la réunion. Enfin rassuré, il passe une nuit tout de même agitée. Le lendemain, il présente et commente sa présentation pendant trois heures. Il s'assure, à chaque étape de la réunion, que les commerciaux ont bien compris les caractéristiques techniques du produit, les aspects juridiques et fiscaux, la cible visée, les arguments présentés et les formulaires à faire remplir par les clients. La réunion terminée, son directeur régional vient le féliciter pour sa prestation. Fier de sa performance, notre jeune manager déjeune dans la bonne humeur avec son équipe. Un mois plus tard, aucune vente n'est réalisée par son équipe. Il s'informe auprès de deux jeunes collègues, dont les résultats sont aussi maigres. Globalement, les résultats de toutes les équipes ne sont pas brillants.

Son directeur régional et les managers se réunissent pour rattraper le retard sur cette ligne de produit. Ils font tous le constat que les commerciaux ne sont pas à l'aise, l'approche étant trop confuse. Fort de cette expérience, ils préparent ensemble une prochaine réunion à déployer par les managers auprès de leurs équipes en changeant totalement d'angle de vue :

- Le thème du lancement du produit est changé en formulation d'objectif : savoir vendre le nouveau produit retraite.
- Les étapes de la réunion deviennent des sous-objectifs à atteindre.
- Des messages forts relaient chacune des étapes formalisées.
- Les principes d'animation sont totalement modifiés en privilégiant les échanges, les travaux et des trainings collectifs.
- Et ce, dans un timing de réunion à réaliser en 1 h 30.

Un mois après, les équipes comblent leurs écarts. L'erreur a été douloureuse mais, au final, la remise en question s'est révélée salvatrice.

Comment préparer les réunions commerciales ?

- Définir un objectif global à la réunion ;
- séquencer l'objectif en sous-objectifs ;
- déterminer les thèmes en appui des sous objectifs ;
- formuler le message approprié à chaque séquence de la réunion par une phrase courte : un sujet, un verbe et un complément ou un slogan qui marquent les esprits de ses commerciaux ;
- associer le type d'animation adapté à chaque séquence de la réunion ;
- fixer la durée de chaque séquence de la réunion.

Il est nécessaire de prendre en compte les résultats d'études reconnues sur les comportements humains :

- Le niveau d'attention moyen est de 20 minutes ; pour la génération Y, ce niveau s'approche plus des 10 minutes. Attention donc aux exposés qui, s'ils ont le mérite d'être maîtrisés par le manager, auront peu d'impact sur les commerciaux.
- Les personnes retiennent mieux dans l'action que dans la simple écoute. Pour rappel, l'entraînement est le levier le plus puissant de progrès.

Il faut donc rendre les commerciaux acteurs le plus souvent possible en privilégiant des techniques d'animation actives à la portée de tout manager. La sélection d'une dizaine de pédagogies est centrée sur un minimum de préparation des managers commerciaux. Les réunions doivent privilégier les ateliers de formation pour faire acquérir ou développer les compétences de l'équipe :

■ Le quiz

Utile pour mémoriser des connaissances.

Le manager prépare des questions et trois réponses pour chacune des questions. Sur les trois réponses, une seule est la bonne. Exemple : quelle est la méthode de vente de l'entreprise ?

Réponse 1 : DEAL®, réponse 2 : LEAD®, réponse 3 : DALE.

Chaque commercial répond, le manager apporte ensuite la bonne réponse. Le but est de rendre ludique la séquence tout en rappelant la méthode de vente : elle sera d'autant plus ancrée dans l'équipe. Le manager peut faire la même chose avec des résultats d'équipe ou tout sujet se rapportant à du savoir.

■ Le *battle*

Utile pour valider et mémoriser des savoir-faire.

Cette méthode a pour objectif de faire une révision sur des connaissances *a priori* acquises. Deux sous-groupes de commerciaux s'affrontent autour de pratiques commerciales. Chaque équipe se choisit un nom, prépare deux ou trois questions en trois minutes à poser à l'équipe adverse. Puis, chaque équipe pose alternativement ses questions ; l'équipe qui reçoit la question dispose de deux minutes de réflexion pour répondre. Le manager attribue des points en fonction de la qualité des réponses : 1 point pour une réponse moyenne, 2 points pour une bonne réponse et 3 points pour une excellente réponse. Quel que soit le nombre de points attribué, le manager valorise les réponses en les complétant si nécessaire. À la fin du jeu, le manager fait la synthèse. Le but est ici de muscler et d'ancrer les connaissances des commerciaux en utilisant un mode amical et compétitif.

■ Les experts

Utile pour apprendre un contenu dense ; technique, juridique, etc.

Au lieu de faire un long exposé technique, le manager utilise une méthode très impliquante pour les commerciaux. Il s'agit de répartir les contenus d'un texte ou d'un document à part égale entre différents sous-groupes de l'équipe commerciale. Imaginons trois parties liées à la promotion d'un produit : le cadre juridique et fiscal, les aspects environnementaux et les tendances de marché. Trois sous-groupes de commerciaux sont organisés et se répartissent une des trois parties du document. Chaque sous-groupe doit faire en un temps donné la synthèse de la partie de document confié. À l'issue du temps imparti, le manager reconstitue trois nouveaux sous-groupes de manière à ce que chacun puisse restituer sa partie et bénéficier de la synthèse des deux parties manquantes des autres membres du sous-groupe.

Cette méthode permet une appropriation plus sûre qu'un simple exposé tout en répondant aux questions des commerciaux.

■ Le puzzle

Utile pour valider un apprentissage.

Il s'agit ici d'associer des éléments cohérents entre eux. Imaginons que le manager veuille faire un rappel sur les techniques de négociation dans le but de sensibiliser davantage les commerciaux aux objectifs de marge. Prenons l'exemple de la méthode de négociation DEAL® : le manager va découper aux ciseaux tous les éléments de la méthode. Il demandera ensuite aux commerciaux organisés en deux ou trois sous-groupes de reconstituer la méthode DEAL® en associant chaque élément à chacune des lettres. En consultant la grille de performance DEAL®, cela donne, pour la lettre D :

- Défendre sa position initiale : résister, défendre d'abord son offre par des arguments, puis jouer sur son terrain, celui du service et non celui des conditions.

Une fois le temps écoulé, le manager distribue la grille de performance DEAL® pour correction. En 10 minutes seulement, le manager a rappelé les compétences en négociation. Il a rendu ses commerciaux acteurs et les a mobilisés sur l'application de la méthode.

■ Le tribunal

Utile pour lever des freins, des croyances, travailler sur le savoir être.

Organiser deux équipes ; les commerciaux prennent position en préparant leurs arguments pour défendre une idée ou s'y opposer.

Par exemple, le manager décide d'organiser un tribunal pour faire prendre conscience des avantages et des freins à demander un acompte plus important au client. En général, les avantages l'emportent sur les freins pour deux raisons :

- le jeu permet aux commerciaux opposants d'expurger leurs ressentis ;
- la confrontation aux autres bonnes raisons est d'autant plus légitime qu'elles sont données par ses collègues.

Le manager écrit tout d'abord sur le paper : « Pour ou contre demander plus d'acompte aux clients ? »

Il donne les consignes du tribunal en nommant deux avocats pour chacune des équipes, qui viendront défendre leur position après 10 minutes de réflexion avec les membres de son équipe. Puis, le manager donne le top départ. Le débat s'engage, le manager donne la parole durant 3 minutes à l'équipe opposante pour exposer ses arguments. Ensuite, la parole est donnée à l'équipe qui est favorable à la pratique. Le débat peut s'animer par l'intervention des autres participants des deux groupes. À ce moment-là, le manager joue le rôle d'arbitre en faisant respecter les règles du jeu, à savoir : parler chacun son tour et prendre en compte l'avis des autres.

La synthèse est réalisée par le manager. Il reformule les freins tout en remettant en avant les avantages d'un acompte plus important.

La précaution d'usage est de bien vérifier que cette méthode est au service des objectifs de l'équipe et que la partie des opposants ne fait pas douter l'ensemble de l'équipe commerciale. Le manager pourrait enchaîner par un training.

■ Le dernier survivant

Utile pour produire des idées.

La méthode a pour but de faire exprimer un maximum d'idées en un temps minimum. Par exemple, le manager peut décider d'organiser un « dernier survivant » pour faire exprimer un maximum de contreparties possibles lors de négociations avec des clients. L'objectif est d'élargir le champ de la négociation en cas de blocage avec le client.

Le manager interroge un premier commercial, puis un second... en notant au paper chaque idée jusqu'à épuisement, en éliminant progressivement les commerciaux qui n'ont plus de propositions à faire. Le gagnant est donc le dernier survivant.

En regard du nombre de contreparties possibles, le manager peut encourager l'équipe à peaufiner sa préparation en négociation en fonction de chaque client, car chaque contrepartie vendue est une vente supplémentaire.

■ Les entraînements

Sous forme de jeux de rôles en binômes ou en trinômes.

L'objectif est de travailler le contact client : de la prise de rendez-vous téléphonique, tout ou partie d'un entretien de vente ou de négociation, jusqu'à la demande de recommandation. Le but est de faire progresser l'équipe grâce aux trainings tout en bénéficiant des échanges avec ses collègues.

- Le manager organise des binômes ou des trinômes dans lesquels chaque commercial jouera alternativement le rôle du client, le sien et le rôle d'observateur/coach si l'organisation est en trinômes.
- Le manager sollicite l'équipe sur les indicateurs de débriefing ou remet les indicateurs de débriefing des jeux de rôles ou, mieux encore, il propose d'utiliser les grilles de performance existantes en fonction de l'objectif des trainings.
- Le manager communique ou construit avec l'équipe un contexte client ou prospect qui reproduit les informations en amont dont, habituellement, les commerciaux disposent.
- Le manager indique le timing qui dépendra de l'objectif visé. Trois temps à prévoir :
  - la préparation, de 5 à 10 minutes ;
  - le jeu de rôles, de 5 à 20 minutes ;
  - le débriefing, 5 à 10 minutes ;
- Le manager fait la synthèse globale (10 minutes) en demandant à chaque binôme ou trinôme les points de réussite et de progrès. Il remet en avant les points à maîtriser et les bénéfices pour le client et le commercial.
- Pour un training complet, de la phase de préparation à la synthèse globale, comptez :
  - 15 minutes pour la prise de rendez-vous téléphonique, l'argumentation, le traitement des objections, la conclusion, la demande de contreparties ou de recommandation ;
  - 20 minutes pour un entretien de découverte ;
  - 30 minutes pour un entretien de vente ou de négociation complet.

Il faut multiplier le temps par deux pour des trainings par deux, et par trois pour des trinômes.

Pour résumer l'organisation des trainings collectifs

- Construire les mises en situation. Exemples d'éléments de contexte dans une situation d'entretien de vente :
  - nom et prénom de l'interlocuteur ;
  - son rôle et sa fonction ;
  - sa personnalité ;
  - entreprise : nom, CA, résultats, effectif...
  - secteur d'activité : produits, fournisseurs, clients, international...
  - fournisseurs actuels : produits, services, volume et prix.
- Objectifs de l'entretien pour l'interlocuteur client ou prospect :
  - besoins de l'interlocuteur : matériel, volume, exigences en matière de qualité et de conditions...
  - motivations personnelles de l'interlocuteur : sécurité du matériel et du fournisseur, innovation du matériel et/ou des services, pratique, qualité, prix, relation de sympathie avec le fournisseur...
  - les objections possibles.
- Gérer le timing :

1. **Préparation** (5 à 10 minutes) :
   - des trinômes sont constitués : le client, le vendeur et l'observateur coach ;
   - les indicateurs de compétences sont rappelés/grille de performance ;
   - répartition des rôles ;
   - communication des éléments du cas et définition de l'objectif.
2. **Jeux de rôles** (5 à 10 minutes) : l'observateur note sur une feuille vierge les points forts et à améliorer du vendeur au fur et à mesure du jeu de rôles.
3. **Débriefing** (5 à 10 minutes) :
   - impression du client ;
   - impression du commercial ;
   - l'observateur coach exprime les points forts et ceux à améliorer ;
   - le binôme ou le trinôme utilise la grille de performance pour faire l'analyse ;
   - le vendeur répète le bon geste.

Un contre tous

Le manager joue le rôle d'un client et sollicite ses commerciaux à tour de rôle sur un thème. Exemple : le manager souhaite travailler les objections. Il liste d'abord avec l'équipe les objections. Il rappelle ensuite la méthode CNZ. Puis, il exprime une objection à un commercial qui doit la traiter en utilisant la méthode. Le reste du groupe fait un rapide débriefing. Le manager enchaîne par une deuxième objection jusqu'au traitement de toutes les objections. L'intérêt est de bénéficier des retours de tous les commerciaux. Le manager enfonce le clou en organisant des trainings par 2 ou 3 afin d'ancrer les bons réflexes.

Le métapostit

Utile pour faire produire des idées par l'équipe commerciale sur un objectif fixé par le manager. Par exemple, comment optimiser la prospection ?

Les consignes à donner à l'équipe commerciale :

- communiquer l'objectif, dans le cas cité pour l'exemple : définir un plan d'actions sur la prospection ;
- fixer un temps limité : « Vous avez 15 minutes pour produire toutes les idées possibles tirées de votre propre expérience » ;
- des post-its sont remis individuellement ou aux binômes. Chacun ou chaque binôme doit noter une idée par post-it. Le but est de produire le plus d'idées possibles sans aucune censure selon le principe du *brain storming* ; ni censure, ni jugement de valeur.
- Au terme des 15 minutes de réflexion, chacun ou chaque binôme colle ses post-its sur le paper.
- Le manager regroupe les post-its par thème avec la validation du groupe. S'agissant de la prospection, en général cinq thèmes émergent :
  - les moyens : les fichiers qualifiés, les réseaux sociaux, les prescripteurs et la recommandation ;
  - les cibles : les prospects à potentiel issus des fichiers, des réseaux sociaux et des prescripteurs ; les clients ou prescripteurs satisfaits pour la demande de recommandation ;
  - le « comment » concerne toutes les bonnes pratiques liées à la prise de rendez-vous téléphonique, à la rédaction et la relance par mails et à l'entretien de prospection ;
  - l'organisation du temps de prospection : qualifier les sources de prospection, planifier les séquences de prospection par téléphone, mail et rendez-vous ;

  - le « combien » : les résultats à atteindre, les ratios d'efficacité et l'analyse des écarts ;
- le manager propose à chacun des commerciaux de sélectionner les cinq meilleures idées sur les actions prioritaires à mener sur la période à venir. Enfin, chacun se fixe des objectifs en termes de rendez-vous sur le mois et de transformation sur le trimestre.

■ Les travaux de formalisation

Le manager décide de formaliser un ou des outils commerciaux. L'objectif est de fédérer l'équipe sur des outils communs, partagés et construits ensemble. Par exemple : la bande-annonce des points distinctifs de l'entreprise, une liste de bonnes questions, un argumentaire, des réponses aux objections, des techniques de conclusion, la demande de recommandation, la préparation de négociation, une liste de contreparties...

Imaginons que le manager commercial veuille faire travailler son équipe sur la préparation de la négociation. Il peut s'inspirer de la grille de performance DEAL® dans la partie « Préparation » :

- lister les points susceptibles d'être négociés ;
- définir ses marges de manœuvre : la matrice des objectifs ;
- présenter une offre non comparable si possible ;
- préparer ses arguments et les contreparties ;
- annoncer le niveau d'exigence prévu.

Pour illustrer la préparation, le manager présentera un tableau synthétique à l'aide d'un exemple concret. Il proposera ensuite aux commerciaux de construire le même tableau en l'adaptant à leur prochaine négociation (voir tableau 5.11).

Tableau 5.11 – Le « négostrator »

Points susceptibles d'être négociés	Exigences initiales	Objectifs à atteindre	Limites à ne pas dépasser	Défendre sa position initiale avec des arguments	Contreparties possibles
Prix	X€	(X-x) = Y€	(Y-y) = Z€	Points distinctifs de l'offre	• Volume • Produits associés …
Frais de port	200 €	150 €	120 €	• Coûts de transport • Évolution des prix des matières premières	• Rationalisation des ports • Volume …
Délais de livraison	Un mois	3 semaines	18 jours	• Qualité de fabrication • Normes à respecter • Sur-mesure	• Rationalisation des délais • Livraison sur un seul point, livraison en une fois …
Conditions de règlement	Acompte de 50 % J+30	Acompte 30 % J+45	Acompte 20 % J+45		• Volume • Produits additionnels …

■ La méthode présentation

Le but, pour le manager, est de faire passer ses messages en rendant ce moment participatif. Il va chercher à faire échanger les commerciaux sur un thème donné. Il est important de noter toutes les idées exprimées par l'équipe au paper et de sélectionner les idées les plus efficaces au fur et à mesure.

■ L'exposé

Évidemment, il a ses limites. Il sert à donner des informations, à mettre en avant des messages, à expliquer un processus, un outil, une loi, un marché... enfin, à donner toute information utile et nécessaire à la compréhension des commerciaux, mais pas à les endormir !

En synthèse, voici un outil puissant pour bien se préparer : **la grille de réunion** (voir tableau 5.12). Elle résume non seulement le plan de réunion, mais aussi le scénario de la réunion alternant les méthodes utilisées.

Sur la base des informations décrites dans l'exemple du jeune manager sur la réunion de lancement du produit « retraite », la grille de réunion pourrait se traduire par l'illustration suivante :

Objectif global **: savoir vendre le nouveau produit retraite X.**

Message général **: c'est un produit récurrent à fort potentiel.**

Durée **: 1 h 30.**

Tableau 5.12 – La grille de réunion

Objectifs	Thèmes	Messages	Animation	Timing
Connaître les caractéristiques techniques du produit	1. Les principes juridiques et fiscaux 2. Les possibilités de versements de retrait 3. Les options au terme du contrat	• C'est un produit simple • Les régimes complémentaires ont atteint leurs limites	Les experts Synthèse sur 3 slides	20 minutes
Définir la cible	Le ciblage	1. Le marché est plus grand que nos rêves 2. Viser en priorité les professions indépendantes	• Participatif : quelles sont les cibles potentielles ? • Noter au paper	10 minutes
Susciter l'intérêt des clients par les bonnes questions	Les questions ouvertes	Faire rêver les clients	• Travaux en binômes de 5 minutes pour trouver deux ou 3 questions ouvertes • Noter les réponses au paper Faire la sélection en groupe des meilleures questions	15 minutes
Construire l'argumentaire	1. Argument structuré : avantage + preuve + bénéfice 2. SONCAS	Combler les ambitions des clients	• Métapost it : chaque commercial note un argument par post-it • Coller chaque post-it au paper et associer la motivation qui s'y rapporte	15 minutes
Savoir traiter les objections spécifiques	La méthode de traitement d'objection CNZ	Être à l'aise quel que soit le type de client	• Lister les objections • Trouver les arguments • Training en binôme avec la méthode CNZ	15 minutes

»

»

Objectifs	Thèmes	Messages	Animation	Timing
Définir le plan d'actions équipe sur la retraite	Quoi, qui, comment et combien	Le chemin est tracé « Vous pouvez compter sur moi »	Participatif Synthèse	15 minutes

Autre exemple de grille de réunion sur le thème de la conquête :

***Objectif global* : développer la conquête.**

***Message général* : assurer la croissance par de nouveaux clients.**

***Durée* : 1 h.**

Tableau 5.13 – Autre exemple de grille de réunion

Objectifs	Thèmes	Messages	Animation	Timing
Mettre en avant l'intérêt de la prospection	Les résultats Analyse des écarts	Les enjeux sont importants	Le tribunal	10′
Maîtriser la méthodologie et l'organisation	Les moyens Les cibles	Toutes les méthodes sont bonnes	Métapostit en 2 parties : méthode et organisation	15′
Mettre en évidence notre savoir-faire	Argumentation	Être reconnu sur la place	Trainings avec support écrit	25′
Définir le suivi, faire vivre dans la durée	Le plan d'actions	Pérenniser, optimiser et capitaliser	Le puzzle	10′

En conclusion, à l'image des entretiens de vente et de négociation, la préparation conditionne la réussite. Si le manager cherche, à raison, la participation des commerciaux de l'équipe, c'est parce que les bénéfices sont multiples :

- fédérer l'équipe autour d'objectifs et d'outils communs ;
- impliquer chacun sur sa contribution ;
- enrichir l'équipe et chaque commercial grâce aux échanges ;
- donner l'envie d'agir au nom de l'équipe ;
- faire progresser ;
- valoriser et fêter les succès de l'équipe.

Par la force de l'habitude, le manager peut se contenter de communiquer des informations en organisant un ou deux tours de tables pour recueillir quelques avis, **la réunion d'équipe** doit casser ce rituel. L'exposé doit donc être réduit au minimum, sinon il n'en resterait que le mot réunion, mais certainement pas la vie d'équipe. Cela implique que le manager joue son rôle d'animateur et d'arbitre quand cela est nécessaire.

Les contenus de la réunion sont importants, mais la forme l'est encore plus. C'est la raison pour laquelle le manager commercial doit privilégier l'alternance des méthodes pédagogiques.

Comment gérer la participation en réunion

Changer d'habitude n'est pas facile, même pour un manager commercial. C'est aussi en accepter le risque et faire face à plusieurs situations en réunion. Notamment, savoir :

- susciter la participation ;
- gérer un afflux de questions de l'équipe ;
- traiter des réponses ou des remarques ineptes ;
- recadrer un commercial négatif ;
- définir des règles du jeu.

■ Susciter la participation

Pour favoriser les échanges constructifs, il est nécessaire de lancer les échanges sur la base de faits incontestables. La question alternative, proposant seulement deux choix, facilitera la prise de parole des participants. Exemple : « Nous avons pris 10 % de retard sur les résultats de la campagne X, s'agit-il d'un problème d'organisation ou d'appropriation de l'offre ? » Avant que le silence s'installe, le manager peut s'appuyer sur un commercial « allié » et enchaîner par un tour de table en notant les réponses au paper.

La matière recueillie servira à trouver les solutions adaptées et à définir le plan d'actions *ad hoc*. L'ouverture d'esprit du manager vis-à-vis de l'équipe est donc capitale pour bénéficier des idées de chacun.

■ Gérer l'afflux de questions des commerciaux

La tentation du manager est de vouloir répondre à toutes les questions. Les risques sont nombreux :

– perdre du temps ;
– marginaliser certains commerciaux qui n'interviennent pas ;
– adopter la posture « Je sais tout » et frustrer ceux qui ont des avis ;

- dévier hors du sujet ;
- se focaliser sur un commercial qui pose beaucoup de questions.

Le manager peut répondre à une ou deux questions, mais au-delà le jeu devient périlleux. Il est alors recommandé de demander au groupe si d'autres questions sont à traiter en les notant au fur et à mesure avant d'y répondre. Si le temps manque pour traiter toutes les questions, le manager fixera alors des priorités.

Le manager propose ensuite un ordre de traitement des questions. Il s'appuie sur l'équipe en évitant de prendre le leadership sur les réponses. Exemple : « Qui peut répondre à cette question ? » en relançant la question au groupe après une première réponse : « Quoi d'autre ? » Le manager reformule successivement les réponses en les notant en face des questions.

Face à une question très technique, faire répondre l'expert ou encore différer la réponse. Devant une question difficile, faire répondre un « allié » ou bien demander l'avis à celui qui pose la question.

Si la réponse sur un sujet n'est pas satisfaisante, le manager sollicitera d'abord l'avis des autres commerciaux en apportant lui-même ses propres idées et en les validant auprès de l'équipe.

■ Traiter des réponses ou des remarques ineptes

L'humour est une force, mais dans cette situation devant ses pairs, il peut être blessant pour le commercial qui a pris la parole. En général, mieux vaut imaginer que le commercial n'a pas compris la question : il faut donc reformuler en donnant quelques exemples de réponses possibles. Le but est de sauver la face du commercial. Si celui-ci ne peut répondre, relancer les échanges en sollicitant un autre commercial et en s'appuyant sur le groupe.

■ Recadrer un commercial négatif

Exemples de réactions négatives :

- « On ne peut pas tout vendre. »
- « Cela ne marchera jamais ! »
- « De toute façon, on n'a pas le choix ! »

L'objectif est ici de proposer les comportements adaptés, les plus positifs possibles face à une situation désagréable en recadrant positivement le commercial :

- Le manager pose la question « Qu'est-ce qui te fait dire ça, Franck ? »
- Le commercial répond : « On a déjà 15 produits à vendre. » Le manager enchaîne : « Oui, en fait la question que tu te poses, c'est comment

vendre en plus ce produit, c'est en effet une question intéressante. » Le manager peut alors renvoyer la question au groupe, voire à un allié, ou encore répondre en dernier ressort lui-même.

Selon le même principe, face à la remarque du commercial « Cela ne marchera jamais ! » le manager peut recadrer le commercial en posant la question suivante au groupe : « Comme le dit Lionel, imaginons que l'on y arrive au moins une fois, comment cela aurait-il pu se produire ? »

Face à la remarque « De toute façon, on n'a pas le choix », le manager peut répondre : « Oui, comme le dit Laurent, on a aussi plus de choix et la question est de savoir comment s'organiser, cela fait partie des solutions à trouver. »

En revanche, si la situation s'aggravait, le manager utiliserait un recadrage plus directif.

Exemple

Recadrer un commercial

Un commercial dit : « Moi, je fais comme je veux ! » et se met en rébellion ou en retrait significatif. Les risques encourus par le manager sont, comme il a été déjà évoqué dans la gestion de situations de tension, d'agresser, de manipuler ou de fuir en ne relevant pas cette attitude. Cependant, ici, l'équipe est témoin : la posture du manager doit donc être irréprochable.

Il répondra alors : « Comme tu le sais, nous sommes une équipe et chacun compte sur toi pour contribuer à la recherche de solutions. Je suppose que tu es d'accord ? » Si le commercial valide, même sans enthousiasme, la réunion pourra suivre son cours. Mais, si la situation s'aggrave encore, le commercial répondant, par exemple, « Je verrai », le manager poursuivra : « Pour la dernière fois, je te demande de faire un effort et de te concentrer avec nous sur le sujet, merci. » Si cela n'était pas suffisant, le groupe s'agaçant de cette situation, le manager pourrait alors demander au commercial de sortir.

Le triangle dramatique apporte ses lumières sur le fonctionnement d'un groupe en réunion. Stephen Karpman met en évidence un scénario relationnel typique entre victime, persécuteur et sauveur. Sachant qu'une même personne peut changer de rôle :

- Le persécuteur agresse, dévalorise, ironise : il se veut dominant.
- La victime se tait, est passive, elle se soumet ou alors se rebelle en agressant à son tour le persécuteur et/ou le sauveur.

- Le sauveur prend la défense de la victime et prend à son compte l'attaque du persécuteur.

Exemple

Persécuteur, victime et sauveur

Le manager reproche à un de ses commerciaux, Nicolas, son comportement négatif en le menaçant de l'exclure s'il n'y met pas du sien. Celui-ci se tait et fait semblant durant dix minutes de participer aux travaux du groupe. Le manager, agacé par cette attitude, ajoute : « J'en ai assez de toi, tous les autres réfléchissent, apportent des idées, et toi rien, sans parler du reste ! »

Le groupe est plombé par l'ambiance. Un des commerciaux, Frédéric, se lève et dit : « Restons calmes, il faut juste comprendre que ce n'est pas facile pour Nicolas en ce moment. » Le manager, cette fois-ci excédé, poursuit : « Ce n'est jamais facile pour lui, c'est bien là le problème ! » Deux autres commerciaux, Julie et Théo, prennent la parole en consultant leur montre pour dire : « On doit prendre un train dans deux heures, il faut avancer ! » Le manager, furieux, réplique : « Nous travaillons sur un plan d'actions majeur pour l'équipe et vous en êtes à me parler d'horaires alors qu'il y un train toutes les heures ! »

Nicolas reprend la parole en haussant le ton : « Je n'ai besoin de personne, je vais très bien et je dirais que tout est positif, tout le monde est content ! » Frédéric, énervé répond à la volée : « Tu arrêtes ton cirque, maintenant ! » Les commerciaux se regardent, consternés ; l'un d'entre eux demande une pause pour se remettre de l'épisode. Cause entendue, tout le monde sort de la salle...

Dans cette histoire, les persécuteurs sont nombreux : en premier chef, le manager, puis Nicolas, qui passe du rôle de victime à persécuteur. Dans une moindre mesure, Julie et Théo.

Les sauveurs sont Frédéric et, par nature, le reste du groupe. Les victimes, au final, sont chacun des acteurs de la réunion et l'équipe à la fois. Le scénario amène à l'impasse.

Ce jeu psychologique stérile et parfois rituel se retrouve dans des moments de la vie professionnelle ou privée.

L'un des exemples plus classiques est le scénario du couple avec un enfant qui part en voyage. Au moment du départ, le père persécuteur s'énerve au sujet du nombre de bagages à ranger dans la voiture. Il reproche à son épouse d'en emporter toujours plus. L'épouse, victime, répond « Mais tu sais bien mon chéri que notre fille grandit et qu'elle a besoin de tous ses vêtements et de son vélo pliable pour sortir ». Le mari persécuteur ironise : « Il faudrait acheter un camion, et avec les notes qu'elle a eues, elle ferait mieux de réviser plutôt que faire de la bicyclette. »

Leur fille, dans le rôle du sauveur, prend la parole et dit : « Écoute, papa, je ne veux pas que tu embêtes maman, elle n'y est pour rien. Moi, ce que je peux faire, c'est prendre le train et comme cela, tout le monde sera content. » La mère, touchée par les propos de sa fille, devient persécutrice et dit à son mari : « J'en ai assez de ces histoires ridicules à chaque voyage, je pars en train avec elle et toi tu te débrouilles tout seul ! » Le père, victime, dit d'une petite voix : « Vous me laissez seul comme une vielle chaussette ? », « Mais non, on se retrouvera demain à Royan, comme ça, papa, ton voyage sera déjà tes vacances ! », répond sa fille devenue persécutrice.

Enfin, l'épouse, se sentant soudain coupable et à nouveau victime dit à sa fille : « On ne peut pas le laisser seul quand même ? » Leur fille, excédée et dans son rôle de persécutrice, dit : « Je pars en stop, comme cela vous ferez en plus des économies ! » Fou de rage, le père dit : « En stop à 14 ans ! » « Oui, à 14 ans, et alors ? », répond sa fille... L'histoire est sans fin, mais s'arrêtera là.

La question de départ (comment ranger les bagages) a dérivé vers les thèmes de la solitude et de l'indépendance. Ce scénario démontre l'inutilité de l'agression, du rôle trouble du sauveur voulant défier les autres sur le fond, et de la passivité qui n'arrange rien.

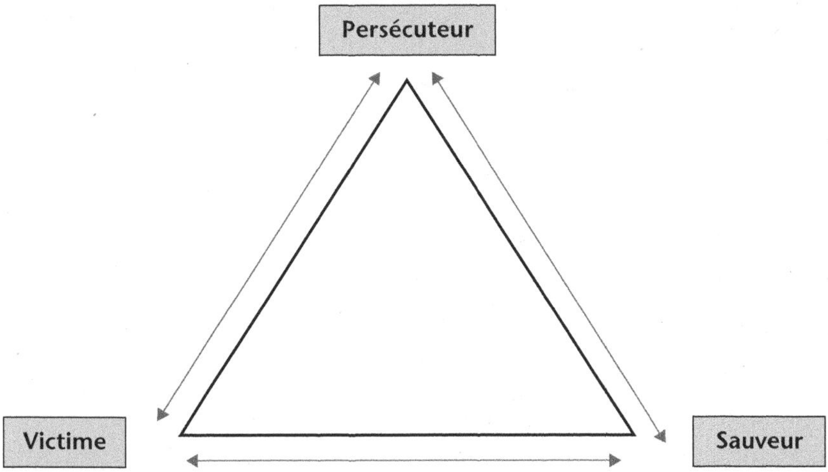

Figure 5.2 – Le triangle de Karpman

Dans une réunion, l'animateur doit éviter le rôle de persécuteur, car le groupe, dans son rôle de sauveur, prendra la défense de la victime. Comme ces deux exemples l'ont démontré, les jeux qui s'instaurent ne sont pas efficaces. En revanche, le manager peut ponctuellement jouer le rôle de sauveur quand un de ses commerciaux est en difficulté, voire ponctuellement de victime en reconnaissant par exemple une erreur.

■ Définir des règles du jeu

Pour encourager les comportements positifs en réunion, il peut être nécessaire de rappeler quelques règles du jeu en début de réunion :
- le respect des horaires, pause comprise ;
- écouter les autres ;
- enrichir les idées de ses collègues ;
- être positif : s'il existe des freins, rechercher des solutions ;
- respecter les avis des autres sans jugement de valeur ;
- participer ;
- éteindre son portable.

Le manager doit faire preuve de bienveillance et de neutralité envers chaque commercial. Il cimentera d'autant plus les comportements recherchés en évitant de marquer ses préférences pour les uns ou son indifférence pour les autres. Être participatif, c'est prendre un risque, mais les techniques présentées plus haut permettent d'y remédier et, en regard des avantages, il n'y a aucune hésitation à avoir. Quelles que soient les réactions des commerciaux le manager doit rester serein. À partir du moment où il permet les échanges et prend en compte les idées, l'équipe lui rendra bien. Au pire, il recourt à un recadrage.

Les réunions commerciales sont l'opportunité de faire progresser l'équipe. Démonstration est faite à nouveau du rôle central du manager. Il dispose de nombreuses ressources pour faire de ses réunions des moments de plaisir et de progrès :
- donner le meilleur de soi ;
- accroître et renforcer les compétences de l'équipe ;
- développer l'esprit d'équipe et la motivation.

Le développement des compétences commerciales est sans aucun doute une autre dimension essentielle de la mission du manager. On peut même se demander si ce n'est pas la **seule** composante essentielle. Les entreprises elles-mêmes se posent de plus en plus la question. A-t-on encore besoin d'un manager pour faire du reporting quand chacun est branché sur le système d'information ? A-t-on encore besoin d'un manager évaluateur quand les parcours individuels sont de plus en plus suivis et banalisés par des programmes ; haut potentiel, juniors... ? En tout état de cause, le manager commercial sera de plus en plus jugé sur sa capacité à **coacher et faire progresser** ses vendeurs.

Pour développer les compétences de l'équipe commerciale, les moyens sont multiples :

Actions de coaching ritualisées en interne	Moyens externes	L'influence du manager commercial
Accompagnement en clientèle	Articles, résultats d'étude et d'analyses, livres,	Expliquer, clarifier, former soi-même
Entraînement individuel	Coaching individuel	Focaliser les commerciaux ou l'équipe sur l'essentiel
Entraînement collectif en réunion	Formation	Privilégier le « comment » au service du « combien »
Travail de formalisation en binôme	Intervention d'experts externes à l'équipe	Faire grandir à toute occasion
Travaux de formalisation en réunion	Intervention d'experts externes à l'entreprise	Organiser et faire participer
Délégation	E-learning	Assurer le suivi
Intranet	Classes virtuelles	Utiliser les outils adaptés

L'e-learning, un outil puissant

Après une période de doute, les entreprises se familiarisent avec ce moyen d'acquisition de connaissances. Il présente les avantages de :

- pouvoir organiser au rythme de chacun l'appropriation de savoirs, quel que soit le lieu ;
- réduire les frais et les temps de formation.

Depuis quelques années, les dispositifs d'e-learning mixtes participent à fédérer des équipes commerciales autour des fondamentaux de la vente. Au-delà du savoir, ils permettent dorénavant de travailler les savoir-faire et les savoir être en proposant des modes interactifs qui exigent :

- d'impliquer le manager commercial tout au long du processus et lors de réunions ultérieures ;
- une formation présentielle entre les phases amont et aval, réduite à l'essentiel, c'est-à-dire aux trainings ;
- une évaluation à chaud et à froid des travaux des commerciaux et de la formation.

Exemple

Le cabinet Halifax Consulting a développé, avec de grandes entreprises, des dispositifs mixtes de formation commerciale et au management qui connaissent un grand succès. Les directions opérationnelles et commerciales sont les plus demandeuses de ces nouveaux outils, souvent en avance sur les responsables formation.

L'essentiel

- **Formaliser les grilles de performances** par domaine de compétences : la prise de rendez-vous par téléphone, l'entretien de vente, l'entretien de négociation des conditions, l'organisation, la vente au grand compte et la présentation d'une offre.
- **Distinguer les objectifs de l'accompagnement en clientèle et la répartition des rôles.** Profiter de ces moments privilégiés pour faire une analyse commune. Adapter le débriefing en fonction de la maturité du commercial. Définir le plan de progrès sur une action prioritaire.
- **Ritualiser et maîtriser l'organisation de trainings individuels.** Comment, en 5 à 20 minutes, faire progresser ses commerciaux ? Trois exemples à forts enjeux : la découverte, le traitement des objections, la demande de contrepartie lors d'une négociation avec ses différentes conditions.
- **Halte aux exposés** : organiser des réunions pour faire progresser l'équipe en utilisant des méthodes pédagogiques faciles à mettre en œuvre. Exemples de grilles de réunion : préparer des négociations, savoir vendre un nouveau produit, développer la conquête.

Chapitre 6

Maîtriser les entretiens individuels

Executive summary

- **L'entretien individuel est la clé de voûte du suivi pour le manager**. Sa fréquence dépend du processus de vente, et la respecter est faire preuve de l'intérêt qu'on porte à chacun des vendeurs, en évitant le mode incantatoire : « Y a qu'à, faut qu'on ! »
- **L'entretien annuel de progrès fait le lien entre le passé, le présent et le futur**. Il offre au commercial et au manager les moyens d'échanger sereinement en permettant de mettre en perspective les projets du vendeur à moyen terme.

Respecter les rituels de suivi

Le suivi est la pierre d'édifice du manager. Le moindre relâchement est une perte de contact avec chacun des commerciaux et son équipe et met en danger le plan de progrès établi. Dans le prolongement logique de cet ouvrage, que ce soit à l'issue des entretiens de remotivation, de recadrage ou des actions de coaching individuel et collectif, il est nécessaire de faire un point sur les résultats de ces actions. Comme il a été précisé, le manager n'attendra pas forcément l'entretien de suivi pour constater une réussite, voire des difficultés de mise en application, surtout quand cet entretien est mensuel. Le but est de mettre sous pression positive les commerciaux pour optimiser leurs réussites. Or les actions de progrès ont tendance à se diluer dans le temps par une confusion de priorités.

Deux types d'entretiens sont effectués : l'entretien de suivi et l'entretien annuel d'évaluation et de progrès. Si les indicateurs et leur fréquence sont distincts, ils ont pour objectif commun de faire un point de la situation sur la période écoulée et de fixer un plan d'actions. Ce sont des moments privilégiés pour le commercial et son manager à partir du moment où les échanges, l'écoute et la recherche de solutions participent à la prise de décision adéquate. Les qualités d'adaptation du manager à communiquer et à adopter le style de management approprié en feront un exercice d'autant plus utile que le commercial se sentira en confiance pour développer ses performances.

Comment mener ces entretiens ?

L'entretien de suivi

Le rituel des entretiens de suivi est programmé en fonction du processus de vente :

- entretien hebdomadaire d'une demi-heure à une heure maximum pour des ventes courtes. Vente réalisée en un ou deux entretiens en présence d'un ou deux interlocuteurs ;
- entretien mensuel d'une heure à deux heures pour des ventes longues. Plusieurs entretiens avec différents interlocuteurs sur des projets à moyen ou long terme.

Dans l'idéal, l'objectif et les rubriques de l'entretien doivent être connus par les deux parties. Les indicateurs d'activité et de performance sélectionnés sont en lien direct avec la stratégie de l'entreprise et les objectifs individuels. Les chiffres en soi ne veulent rien dire, ce sont les écarts qui mettront en exergue les points d'analyse. Si les objectifs sont dépassés ou non atteints, il est évidemment intéressant de savoir pourquoi. L'analyse portera alors sur les compétences et le niveau de motivation quand le résultat attendu n'est pas là. Il est nécessaire d'avoir une vision exacte des familles de compétences et en cela le tableau du manager est indispensable. Pour rappel, il reprend :

- les compétences techniques ;
- les compétences relationnelles ;
- les compétences organisationnelles.

Plus les règles du jeu de ce type d'entretien sont précises et transparentes, mieux l'entretien se déroulera pour se consacrer à l'essentiel : le constat, la recherche de solutions et le plan d'actions ou de progrès.

Le manager doit demander au commercial de préparer l'entretien pour le responsabiliser et le rendre acteur. Plus le commercial s'impliquera dans l'entretien, plus il sera motivé à mettre en œuvre le plan d'actions.

Le support utilisé servira à formaliser le constat et le plan d'actions. Il facilitera ainsi le suivi lors du prochain entretien.

■ La structuration de l'entretien de suivi

Avant :

- Préparer l'entretien à partir de données objectives fournies par la direction et/ou les documents d'évaluation, tableaux de bord.
- Demander au commercial de faire un bilan et de se munir des informations nécessaires.

Pendant :

- Les erreurs classiques :
  - imposer sans faire adhérer ;
  - rester flou sur les actions et les moyens.

1. Faire le point sur la situation avec le commercial :
   - rappeler les objectifs du commercial sur la période ;
   - faire un point sur les résultats qualitatifs et quantitatifs de la période écoulée ;
   - solliciter d'abord l'analyse du commercial : activité, organisation, le « combien » et le « comment » (les réussites, les difficultés) ;
   - écouter et enrichir si nécessaire l'analyse ;

- reformuler et valider les faits auprès du commercial ;
- rappeler ou réexpliquer si nécessaire les orientations de l'entreprise, les objectifs à atteindre pour rassurer le commercial sur la cohérence des objectifs et de la stratégie.

2. Définir les actions à mettre en place pour la période à venir :
   - préciser les résultats concrets à constater et les délais ;
   - déterminer ensemble les modalités de mise en œuvre : organisation personnelle, formation, coaching individuel, outils, moyens ;
   - définir les modalités et les indicateurs de suivi, les points d'étape.
3. Obtenir l'adhésion du commercial sur les actions à entreprendre :
   - encourager ;
   - rappeler les points sur lesquels on exercera un suivi rigoureux.

Après :

Assurer le suivi par des entretiens individuels.

Comme souligné précédemment, la durée de l'entretien de suivi dépend du processus de vente, il varie en fonction des contenus à traiter. Il est indispensable, pour le manager, de trouver le temps nécessaire pour le faire, sinon le risque majeur est de s'enfermer dans un management incantatoire : « Je répète qu'il faut... » et de s'éloigner au final de sa mission principale : motiver et faire progresser ses commerciaux.

Avis d'expert

Questions à Bertrand Lefebvre, directeur régional des ventes chez L'Oréal Paris

Quels conseils donneriez-vous au manager pour réussir les entretiens de suivi avec ses commerciaux ?

Un entretien avec un commercial, pour être performant, doit être préparé et s'appuyer sur des éléments factuels préalablement présentés et partagés. L'idéal est de séquencer les points de passage dans l'année avec un entretien à mi-parcours et un entretien de fin d'année plus officiel, pour faire un point chiffré et exhaustif du pilotage de la performance. Les objectifs définis doivent être accessibles et mesurables même s'ils sont qualitatifs.

Quels sont les bénéfices pour le commercial ?

Le commercial bénéficie d'un cadre défini qui le rassure dans son activité de tous les jours. De la même manière, il dispose de points de passage établis pour partager les objectifs, faire part d'éventuels problématiques et, ainsi, avoir la possibilité de corriger le tir.

»

» Comment en assurer le suivi dans l'année ?

Le suivi doit être assuré par le manager au travers de l'analyse des données mises à disposition par l'entreprise dans les outils de pilotage de la performance, mais aussi au cours de points dédiés lors des accompagnements.

L'entretien annuel de progrès

Les appellations de l'entretien annuel fleurissent :

- « entretien annuel d'évolution »,
- « entretien annuel d'appréciation et d'évolution »,
- « entretien de développement et de performances ».

Elles traduisent la volonté des entreprises de mettre l'accent sur les objectifs clés de l'entretien annuel : appréciation, performance et évolution. Ces trois mots représentent la ligne du temps, avec le passé, le présent et le futur. En quoi cet exercice est-il particulier avec un commercial ?

C'est un moment rare dans l'année pour faire un point exhaustif de la situation, mais aussi aider le commercial à se projeter dans l'avenir. Tout n'est pas toujours agréable à dire ou à entendre, notamment quand le commercial a été en difficulté durant l'année. Le diagnostic doit donc s'établir sur des faits, qu'ils s'agissent des aspects quantitatifs ou qualitatifs, des comportements et de l'état d'esprit du commercial concerné. Le vendeur comprend et adhère à l'idée de contrat et d'engagement mutuel, à partir du moment où les échanges et la compréhension réciproque sont respectés. C'est une opportunité pour cimenter un accord à moyen terme avec son commercial :

- augmenter le portefeuille clients ou le territoire ;
- évoluer sur un poste expert : vendeur grand compte, support avant ou après-vente ;
- devenir manager commercial ;
- sortir de la fonction opérationnelle : marketing, formation, etc.

C'est un moyen unique de prendre le temps pour faire un bilan complet sur le métier, les missions, l'activité, les compétences, les résultats, la cohérence aux valeurs d'entreprise, les ambitions et les progrès à réaliser. L'enjeu est donc de taille, d'autant plus que les réactions peuvent être à certains moments tendues. L'entretien annuel recouvre en effet tout le champ du management individuel : il faut savoir féliciter, remotiver, dire non, recadrer, gérer des tensions, adapter son management en cours d'entretien en fonction de la situation. C'est la raison pour laquelle il faut de part et d'autre être préparé, distinguer les différentes étapes de l'entretien en laissant d'abord la parole au commercial, tout en assurant les transitions à chaque étape. L'exercice demande une grande flexibilité et des compétences relationnelles fortes pour savoir expliquer l'objectif de l'entretien et son déroulé en précisant la durée. Une heure trente à deux heures en moyenne sont à prévoir pour :

- écouter sans *a priori ;*
- analyser ;
- faire des synthèses ;
- argumenter et convaincre ;
- négocier des moyens ;
- prendre des décisions.

Cet entretien comporte de nombreux avantages dans une relation gagnant-gagnant :

Tableau 6.1 – Les bénéfices de l'entretien annuel de progrès

Intérêts pour le manager commercial	Intérêts pour le commercial	Intérêts pour l'entreprise
Créer les conditions d'un échange qualitatif avec ses commerciaux sur l'ensemble des aspects de la vie professionnelle	Faire un bilan exhaustif de son emploi et des compétences mises en œuvre et se situer professionnellement	• Rappeler les axes stratégiques • Mettre l'accent sur les compétences • Faire du progrès continu le levier essentiel de la performance
Mesurer l'adéquation entre les exigences de l'emploi et les compétences mises en œuvre par les commerciaux	Échanger avec son manager sur le contenu, ses conditions d'exercice, ses succès, ses difficultés éventuelles, afin de valider des plans d'action adaptés	• Valider ou ajuster les fiches métier • Évaluer les compétences de l'équipe est de chaque commercial
Apprécier la performance des commerciaux et fixer des objectifs	Livrer son ressenti tout en analysant les faits afin d'avoir un regard objectif	Avoir une vision sur l'adéquation des objectifs
Définir des axes de progrès et des plans d'actions permettant de développer les compétences des commerciaux et de les mobiliser sur des objectifs	Agir en fonction des repères communiqués par son manager : des objectifs fixés et des priorités clairement définies	Optimiser les performances

»

»

Intérêts pour le manager commercial	Intérêts pour le commercial	Intérêts pour l'entreprise
Partager une réflexion commune avec le commercial sur ses perspectives d'évolution	• Formuler ses souhaits d'évolution éventuels, être conseillé sur ses axes de progression et ses possibilités d'orientation. • Globalement, s'inscrire dans une dynamique de progrès	Contribuer à la gestion prévisionnelle des emplois et des carrières
Permettre aux commerciaux d'exprimer leurs attentes en termes de mode de management	Exprimer ses attentes vis-à-vis de son manager	Avoir un retour qualitatif sur le climat social

L'entretien annuel peut aussi se dérouler en deux étapes. La première concerne l'analyse sur l'année et la seconde l'avenir. Il est en revanche recommandé de distinguer l'entretien de rémunération de l'entretien annuel proprement dit pour deux raisons :

- éviter que la discussion se focalise sur le salaire ;
- perturber la sérénité des échanges propice au bon déroulement de l'entretien annuel par les frustrations éventuelles du commercial.

■ La trame de l'entretien annuel de progrès :

- Préparer et faire préparer :
  - préparer à partir de données objectives : la fiche métier, les missions, les résultats, les ambitions, etc. ;
  - demander au commercial de faire son bilan et de se munir des informations nécessaires en lui remettant le support prévu à cet effet et en expliquant l'objectif et le déroulé de l'entretien ;
  - prévoir un bureau isolé sans dérangements possibles et éteindre les portables.
- Au démarrage de l'entretien, mettre à l'aise le commercial :
  - l'accueillir chaleureusement ;
  - réexpliquer l'objectif et le déroulement de l'entretien à l'aide du support qui sera complété au fur et à mesure de l'entretien ;
  - inviter le commercial à demander des précisions, à émettre des observations ou à poser des questions ;
  - solliciter le ressenti général du commercial sur l'année.

- Rappeler au commercial les objectifs quantitatifs et qualitatifs de l'année, les enjeux de la mission ou des objectifs en rapport avec la stratégie.
- Demander au commercial de faire l'analyse en termes de résultats, de compétences, de contribution à l'équipe et aux autres services et de comportements : réussites, difficultés, enseignements et solutions, progrès réalisés.
- Enrichir si nécessaire l'analyse du commercial : écouter, reformuler, être factuel en validant sa compréhension et faire part de sa propre analyse en valorisant les réussites et en étant factuel sur les difficultés. Faire ensemble la synthèse : identifier les points forts et ceux à améliorer par rapport aux écarts constatés, puis définir ensemble les points de progrès prioritaires.
- Expliquer les orientations et la stratégie pour l'année N+1.
- Fixer les objectifs quantitatifs et qualitatifs :
  - présenter chaque objectif en le décomposant pour prouver qu'il est réaliste ;
  - préciser les résultats concrets à constater et les délais ;
  - exposer les moyens de progresser ;
  - échanger sur les moyens et les actions à mettre en place ;
  - vérifier l'engagement du commercial ;
  - traiter les questions, les objections ;
  - conclure : encourager, rappeler les points sur lesquels on exercera un suivi.
- Prévoir les évolutions possibles jusqu'à 3 ans : identifier le projet professionnel (les évolutions de poste et/ou de carrière possibles) et définir les actions pour développer les compétences professionnelles nécessaires.
- Assurer le suivi : confirmer par écrit et suivre par étapes.

L'entretien annuel de progrès ne se suffit pas à lui-même, tout commence dès son achèvement. Que va-t-il se passer ensuite ? Le risque est de perdre la substance de l'entretien à cause du quotidien et des changements à mener. Dans quelques entreprises, il est arrivé d'observer que les plans d'actions n'avaient pas été mis en œuvre, il devient alors difficile de croire à la pertinence du prochain entretien annuel, si celui-ci n'est pas suivi d'effets. C'est la raison pour laquelle de plus en plus d'entreprises organisent un entretien de suivi à mi-année pour faire un point d'étape. Elles s'assurent ainsi des moyens à utiliser, des progrès à réaliser et, au final, des niveaux de performance à atteindre. Car, comme nous le déclarait une DRH du CAC 40, il y a toujours un pic de démission après les entretiens annuels.

Avis d'expert

Question à Alexandre Fritsch, directeur distribution au sein du groupe Tremco Illbruck

Quels conseils donneriez-vous à un manager commercial pour réussir ses entretiens annuels de progrès avec ses commerciaux ?

En premier lieu, c'est pour moi un véritable moment où l'on « pose ses valises » et où l'on « coupe tout » pour se consacrer exclusivement à ses commerciaux. Personnellement, je vois mes vendeurs deux fois par an et c'est le moment de planifier les actions et de faire le point à mi-parcours.

Le climat doit être serein, c'est un moment où l'on peut tout se dire, pas de langue de bois, il n'y a pas de mauvais sujets… aucun tabou !

Pour que l'entretien se déroule bien, il faut un minimum de préparation des deux parties. C'est pourquoi, je fais parvenir avant chaque entretien, une trame avec des questions et sujets précis qui seront abordés durant les deux à trois heures de temps prévu à cet effet.

Chacun, manager y compris, doit préparer ses commentaires afin de ne pas perdre de temps « en brodant » et de ne pas venir les « mains dans les poches » !

Je consacre également un certain temps à refaire le point des actions et des demandes qui avaient été évoquées lors de l'entretien précédent afin de bien être en phase avec le commercial.

L'horaire des rendez-vous est également important, je veille, bien évidemment, à ne pas les programmer « à l'aube » ou trop tard dans la journée. Je me laisse également du temps entre deux entretiens pour éviter toute pression et décalage de temps. Bref, tout faire pour que ce ne soit pas une corvée ni pour le commercial, ni pour le manager !

Quels sont les bénéfices pour le commercial ? On l'écoute ! Ces entretiens permettent souvent de recentrer le commercial sur sa (ses) mission(s) notamment pour ceux qui ont du mal à gérer leurs priorités. Mais c'est aussi le moment d'apporter de la considération au commercial, et lui rappeler qu'il est important pour l'entreprise et pour ses résultats.

Dans certains cas, ce moment privilégié permet de lever des situations de blocage entre collègues suite à différents problèmes et (hélas) permet de recadrer les « déviants » et de mettre en place les actions correctives.

■ Le jeu des 7 erreurs à propos de l'entretien annuel de progrès

Le principe du jeu est d'identifier les 7 erreurs commises par le manager commercial au cours d'un entretien annuel avec un de ses commerciaux prénommé Julien.

Quelques éléments de contexte : Julien a 8 ans d'expérience dans l'entreprise. Il a obtenu cette année d'excellents résultats sur toutes ses lignes d'objectifs, sauf sur celle de la prospection. Il est plutôt chaleureux et positif, impatient de nature, et il exprime facilement ses émotions. Julien a du mal à reconnaître ses points de progrès.

Le manager et Julien ont fixé ensemble la date de l'entretien annuel. À cette occasion, le manager a rappelé à Julien les objectifs de l'entretien annuel de progrès et lui a remis le support afin de préparer au mieux cet entretien.

Au démarrage de l'entretien, le manager en explique le déroulement et ajoute pour rassurer Julien : « Cet entretien va être rapide, on s'est dit déjà pas mal de choses durant les entretiens de suivi. » Il sollicite ensuite le ressenti général de Julien qui lui répond : « J'ai explosé les objectifs ; à part un léger retard sur la prospection, je suis content. Je suis fidèle depuis 8 ans à l'entreprise et j'imagine que cette année, mon salaire va être augmenté, d'ailleurs qu'en est-il des primes et des augmentations ? » Le manager lui dit : « En ce qui concerne les aspects de la rémunération, cela fait l'objet d'un autre entretien, comme je te l'ai expliqué. L'objectif est, ici, d'échanger ensemble sur ton année, de préparer ton année suivante et ton projet professionnel. Je suppose que tu as préparé ton entretien ? » Julien répond, un peu confus : « Oui, enfin vite fait, comme tu l'as dit, on s'est déjà dit pas mal de choses ? » Le manager réplique, sur un ton agacé : « Donc, c'est moi qui vais conduire la discussion de A à Z ! Alors, je t'écoute Julien, comment expliques-tu tes résultats en prospection ? » Julien est mal à l'aise et explique que la fidélisation et le développement de clients lui ont pris davantage de temps. Le manager approfondit l'analyse et arrive ainsi à apaiser le climat de l'entretien. Il écoute et reformule les commentaires de Julien pour conclure par un constat partagé.

Au moment de la fixation des objectifs pour l'année suivante, Julien exprime une légère lassitude en posant la question : « Les objectifs vont encore augmenter, comme d'habitude ? » Le manager répond sereinement : « En effet, comme on l'a vu ensemble, tes résultats sont en progrès, tes compétences se sont élargies tant sur les plans commerciaux que techniques et nous disposons maintenant de moyens encore plus efficaces. » Quelques instants plus tard, le manager aborde un des objectifs qualitatifs concernant la prise d'initiative et dit à Julien : « Il faut que tu progresses sur cet aspect, je te laisse y réfléchir. Passons maintenant au sujet de ton avenir professionnel, quels sont tes souhaits d'évolution dans l'entreprise ? » Julien répond : « J'ai du mal à me projeter dans l'avenir, mais je pense à deux fonctions : responsable marketing ou bien manager... en fait, je ne sais pas vraiment et... », le manager reprend rapidement la parole pour « sauver » Julien : « Je le note, je comprends que c'est difficile. On verra ça plus tard : pour le moment, tu te concentres sur les objectifs de l'année prochaine. » Julien acquiesce et le manager ajoute : « Cet exercice est parfois difficile, mais on est obligé de répondre sur ce point. Ce n'est pas toujours utile, enfin c'est écrit et les RH seront contents. »

Au terme de l'entretien, le manager fait la synthèse en reformulant les points principaux du bilan de l'année et des objectifs de l'année suivante. Il conclut en valorisant Julien et en affichant toute sa confiance en lui. Il remercie Julien pour la qualité de leur échange en lui demandant de valider cette synthèse. Julien donne son accord mais en rappelant que ces souhaits d'évolution sont aussi à prendre en compte. Le manager lui dit alors : « Voilà ce qui arrive quand tu ne prépares pas assez ton entretien, je te rappelle aussi que j'ai noté tes souhaits. »

Avant d'apporter les réponses au jeu des 7 erreurs, un éclairage s'impose sur la nature des relations entre Julien et son manager.

L'analyse transactionnelle apporte des éléments de réponse. Fondée par Éric Berne, médecin psychiatre américain, elle permet entre autres outils d'identifier les positions de vie de chacun dans sa relation avec l'autre.

La position de vie est le niveau d'estime qu'une personne se donne à elle-même et aux autres. Les positions de vie varient en fonction de la situation et des interlocuteurs. Elles reposent sur des croyances fondées sur nos expériences. Ce niveau d'estime se traduit par une vision positive ou négative de soi-même et des autres.

L'analyse des transactions entre deux personnes fait émerger quatre positions de vie :

- **La position +/+** : le manager a confiance en ses propres ressources, il respecte son collaborateur en prenant en compte ses remarques, il écoute et est capable de s'affirmer quand il le faut. C'est un rapport gagnant-gagnant, constructif, dans lequel les échanges permettent de dépasser les idées de l'un et de l'autre pour trouver des solutions.

- **La position** +/- : le manager a une vision positive de lui-même, mais a tendance à déconsidérer son collaborateur. C'est un rapport de domination qui peut aboutir au monologue ou au conflit.
- **La position** -/+ : le manager manque de confiance en lui, il a une vision négative de lui-même et a tendance à survaloriser son collaborateur. C'est un rapport de soumission qui engendre la perte de leadership ou de légitimité sur la situation à traiter.
- **La position** -/- : le manager n'a ni confiance en lui, ni en son collaborateur. La résignation et le cynisme peuvent s'installer jusqu'à la passivité.

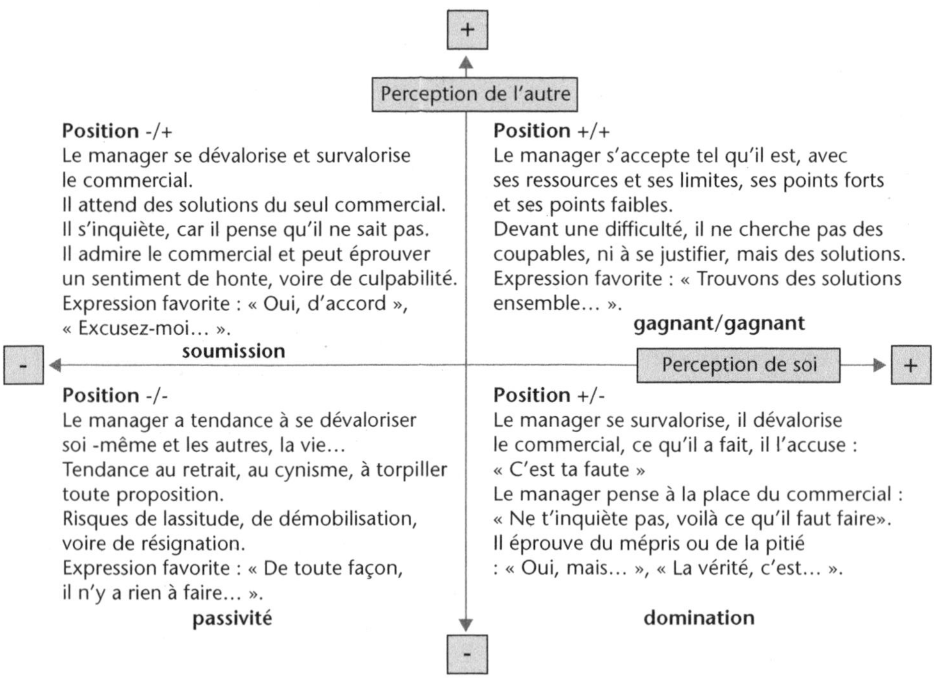

Figure 6.1 – Les positions de vie

Forts de cet éclairage, revenons à l'exemple de Julien. Durant l'entretien annuel de progrès, le manager commercial a été performant, mais il a aussi commis quelques erreurs.

Tableau 6.2 – Le corrigé des sept erreurs

Les sept erreurs	Les solutions
En introduction de l'entretien, le manager dit à Julien que l'entretien sera rapide. Il souhaite s'adapter au tempérament de Julien, mais il perd de vue les enjeux de l'entretien annuel de progrès. La position de vie est -/+	S'en tenir au déroulement de l'entretien comme le manager l'a fait en préambule et préciser calmement que la durée moyenne de cet entretien est de 2 heures.
Le manager s'agace et prend la main brutalement en commençant par le seul point faible de Julien, la prospection : « Donc, c'est moi qui vais conduire la discussion de A à Z ! Alors, je t'écoute Julien, comment expliques-tu tes résultats en prospection ? » La position de vie est +/-	Le manager doit poursuivre dans l'ordre du déroulement prévu de l'entretien : solliciter le ressenti de Julien sur l'année, ensuite enchaîner par les réussites, les faire préciser, reformuler et enrichir l'analyse si nécessaire.
Au moment de la définition de l'objectif qualitatif sur la prise de décision, le manager laisse Julien dans l'embarras : « Il faut que tu progresses sur cet aspect, je te laisse y réfléchir. Passons maintenant au sujet de ton avenir professionnel. » La position de vie est -/-	Le manager n'est pas en confiance sur le sujet et considère que Julien n'est pas en mesure de traiter la question, il fuit la question. Il aurait dû initier une réflexion commune pour trouver des critères d'évaluation, par exemple : organiser 2 réunions clients, coacher un nouveau, intervenir en réunion d'équipe sur un sujet spécifique.
Le manager coupe la parole à Julien lorsqu'ils abordent le projet professionnel de Julien : « Responsable marketing ou bien manager en fait, je ne sais pas vraiment et… », le manager reprend rapidement la parole pour « sauver » Julien : « Je le note, je comprends que c'est difficile. On verra ça plus tard : pour le moment, tu te concentres sur les objectifs de l'année prochaine. » La position de vie est +/-	Écouter jusqu'au bout Julien en creusant les souhaits exprimés, par exemple : « Qu'est-ce qui t'amène à penser à cela ? Comment tu verrais les choses ? Quelles compétences ce poste exige à ton avis ? »
Le manager n'insiste pas sur le projet professionnel en disant que ce thème n'est parfois pas nécessaire à aborder : « On est obligé de le faire, les RH seront contents ». La position de vie est -/-	Visiblement, le manager n'est pas en confiance et il pense que Julien partage son avis sur le sujet des souhaits professionnels. La solution est la même que citée ci-dessus : creuser, écouter, valider les possibilités et rechercher des solutions.

»

»

Les sept erreurs	Les solutions
Le manager fait une reformulation incomplète de l'entretien en omettant de préciser les souhaits d'évolution exprimés par Julien. La position de vie est -/-	Le manager doit reformuler factuellement de que Julien a dit.
En fin d'entretien après la synthèse effectuée par le manager, celui-ci est sur la défensive lorsque Julien lui demande de prendre en compte ses souhaits d'évolution. Il lui répond sèchement : « Voilà ce qui arrive quand tu ne prépares pas assez ton entretien, je te rappelle aussi que j'ai noté tes souhaits. » La position de vie est +/-	Le manager doit rester serein sur le sujet. Si l'étape de l'entretien portant sur les souhaits de Julien avait été positivement traitée, alors des idées sur le sujet auraient émergé. Le manager aurait donc pu reformuler la synthèse adaptée au final.

Avis d'expert

René Monié, directeur formation management et commercial, groupes Anjac/Anfidis

L'entretien annuel d'évaluation

Les qualités humaines du manager sont essentielles à la réussite de l'entretien annuel : écoute, empathie, curiosité, courage, ténacité… D'autant que les commerciaux sont plus autonomes et isolés que d'autres fonctions.

Ces deux caractéristiques imposent des échanges très libres sur les axes de progrès des vendeurs : renforcer leurs points forts, améliorer certains comportements, généraliser les bonnes pratiques…

Cet entretien doit éviter de se focaliser sur les seuls objectifs quantitatifs, déjà si souvent abordés, et porter principalement sur les axes de progrès.

Les objectifs qualitatifs exigent une observation régulière des pratiques : la préparation des visites, l'accompagnement en clientèle, l'analyse *a posteriori* des visites, des réussites et obstacles, pour enrichir concrètement l'entretien.

Il est essentiel que les axes de progrès retenus s'intègrent dans les critères d'obtention de primes annuelles. Or, cela est rarement mis en application.

Enfin, dans le suivi de cet entretien, les managers devront répondre rapidement aux attentes exprimées par les commerciaux : formation, évolution métier, élargissement des responsabilités…

Certes, c'est un effort important pour l'encadrement, déjà très sollicité. Mais cet investissement sera bénéfique : voir ses hommes évoluer et ses équipes réussir est une belle satisfaction pour un manager.

Dans notre entreprise, nous avons réussi notre pari. La prise de conscience de cet acte managérial a permis d'obtenir, après plusieurs années d'effort, les meilleurs résultats européens du métier.

L'essentiel

- **Préparer et faire préparer les entretiens de suivi et annuels par les commerciaux** pour éviter un échange qui tourne au monologue du manager.
- **Privilégier les échanges et la compréhension des réussites et des difficultés du vendeur** pour réaliser un bilan commun et définir les actions de progrès.
- **Respecter les étapes des entretiens** et organiser en milieu d'année un entretien de suivi de l'entretien annuel pour optimiser sa mise en œuvre.

Chapitre 7

Déléguer

Executive summary

- **Déléguer est un acte de management trop rare** à cause de freins qui le sont moins !
- **Pourtant, la délégation présente de nombreux avantages** pour le manager et le commercial, notamment, celui de faire progresser l'équipe et assurer la performance.
- **La délégation se prépare et exige une méthodologie rigoureuse.**

Accorder sa confiance

La délégation est un levier clé sur lequel le manager peut agir pour motiver et faire grandir son équipe. Mais, transférer une partie de son activité ou de son pouvoir à un de ses collaborateurs de façon ponctuelle ou définitive n'est jamais facile. Pourtant, le résultat et la performance de l'équipe sont souvent directement liés au niveau et au nombre de délégations du manager : faire faire, c'est ce qu'on lui demande de réussir. Revenons d'abord à quelques définitions : dans celle du dictionnaire, la délégation est une mission donnée par une personne à une autre pour agir en son lieu et place. Ceci suggère une connotation « noble », à l'inverse de ce qui peut être ressenti comme le syndrome bien connu de la « patate chaude » par le collaborateur.

Une autre définition est encore plus explicite :

« La délégation est une méthode d'organisation qui consiste pour un responsable à confier à un collaborateur (subordonné, expert ou autre) la réalisation d'objectifs élaborés en commun (démarche participative), en lui laissant une autonomie réelle (moyens, méthodes), et en précisant les limites (cadre défini) ; en l'aidant si besoin et en faisant le point régulièrement dans le cadre de procédures de contrôle claires et définies à l'avance soit en clarifiant le système de contrôle (au sens de conduire, piloter)[1]. »

Malheureusement, le résultat est plus aléatoire. Dans nos interventions en coaching de managers, nous constatons que soit la délégation est inorganisée (préparation, engagements réciproques, temps et pilotage), soit elle est inexistante, soit enfin elle se rapproche d'une délégation « poubelle » (celle des petites tâches que nous n'aimons pas effectuer).

Ce manque de savoir-faire peut-être lourd de conséquences : le manager va générer des frustrations, voire des non-dits et des conflits. Ce chapitre aborde les bonnes pratiques de la délégation auprès des vendeurs, notamment :

- les freins à la délégation ;
- les avantages de la délégation dans le pilotage d'une équipe de commerciaux ;
- le processus de la délégation.

1 Pierre Morin, *Le management et le pouvoir*, Éditions d'Organisation, 1991.

Les freins à la délégation

Savoir déléguer dans le cadre d'une équipe de collaborateurs n'est pas naturel au départ, car cela veut dire laisser la place à un collaborateur, lui donner une partie de votre pouvoir au risque de perdre le vôtre...

On connaît tous ces pensées féroces qui peuvent nous empêcher de déléguer, certaines trahissent une culture (ou un culte) du pouvoir encore présent dans certaines organisations mais qui tend à disparaître dans les grandes entreprises :

- « J'ai peur qu'on prenne ma place. »
- « Je suis irremplaçable. »
- « Pourquoi déléguer ce que j'aime faire ? »
- « Ensuite, il va être meilleur que moi... »

D'autres raisons au manque de délégation perdurent et trahissent souvent de graves lacunes de compétences : erreurs de casting dans des équipes de vente mal recrutées, formées, managées depuis des années :

- « Je le ferais mieux moi-même. »
- « Je le ferais plus vite moi-même. »
- « Je suis toujours obligé de repasser derrière. »
- « De toute façon, il n'a pas envie. »

Certains managers préfèrent effectivement écrire les propositions eux-mêmes, assurer certains rendez-vous seuls, mettre à jour les CRM eux-mêmes pour être au moins sûr d'avoir une idée plus précise comme par exemple des ratios de succès sur affaires...

Malheureusement, ce type de management n'est pas durable dans le temps, même si cela peut être un palliatif pour assurer la performance pendant quelques mois. Les effets pervers sont trop nombreux : équipe de vendeurs installés dans le confort et la routine, manager trop actif et proche de l'overdose de travail. La délégation est donc une phase incontournable dans la fonction du manager à un moment ou un autre, même s'il faut passer par quelques renoncements à court terme.

Trois préconisations pour adopter les bons réflexes de délégation :

- Toujours poser la question au commercial : « Et si je n'étais pas là, tu prendrais quoi comme décision sur cette affaire ? »
- Préférer condamner quelques affaires ou clients sans fort enjeu commercial pour permettre au vendeur de se prendre en charge : par exemple, refuser de corriger ou modifier dans l'urgence une proposition mal ficelée, laisser le vendeur conduire son entretien, sa démons-

tration produit jusqu'au bout... pour susciter des prises de conscience « post-trauma échec ».

- Se souvenir que dans la plupart des cas, ceux qui ne font pas partie d'une solution font partie du problème, et aiguiser la curiosité de chacun à augmenter son périmètre de compétence par des exemples fournis en externe : benchmark, concurrents.

Avis d'expert

Questions à Pierre Fequant, responsable gestion de patrimoine Groupama Nord Est

Quels sont les pièges de la délégation ?

Souvent, c'est par manque de lisibilité sur les actions menées et leur efficacité que nous n'aurons pas vraiment réussi notre action de délégation. C'est aussi parfois lorsque nous laissons trop de liberté au collaborateur qui aura alors tendance à se prendre pour le manager... En clair, la délégation doit systématiquement être managée et donc contrôlée par un système de reporting de qualité afin que les orientations puissent être données si nécessaire.

Quelles sont les conditions de réussites de la délégation ?

De l'écoute et donner une autonomie suffisante... Pour déléguer, le manager doit être en confiance. Il peut s'aider d'une feuille de route écrite et précise (cahier des charges, résultats attendus, moyens mis à disposition, calendrier, méthode de reporting). Il faut vérifier que la mission confiée a bien les effets escomptés.

Que ne doit-on pas déléguer ?

Le contrôle et les missions d'audit dans sa propre équipe, les aspects RH (gestion de carrière de ses collaborateurs), mais aussi les flux d'informations : un manager peut demander à un collaborateur d'informer l'équipe sur une nouvelle action, notamment pour le responsabiliser, ou le mettre sur la voie du management, mais il doit rester le seul à décider de ce qui peut être diffusé et à quel moment, pour éviter toute interférence ou toute mauvaise interprétation !

Les avantages de la délégation

Heureusement, le manager n'a pas non plus que des situations de tension à gérer, il peut aussi, sur un certain nombre de tâches et de vendeurs, mener une vraie stratégie de délégation. Comme par exemple, déléguer :

- une tâche ponctuelle,
- un surcroît de travail,
- une tâche courante,

- une mission, un dossier,
- un client...

La délégation recèle beaucoup d'avantages.

Pour le manager

D'abord, le fait de déléguer permet de prendre du recul par rapport au quotidien et de se concentrer sur ses priorités. Le manager ira plus facilement sur le cœur de son métier et pourra passer plus de temps avec ses commerciaux et son équipe. Tout en gagnant en productivité le manager se force aussi à entrer dans une spirale vertueuse. Pour bien déléguer, il doit d'abord évaluer le niveau de compétence du vendeur, identifier ses talents et son potentiel pour entamer une démarche de coaching. La délégation permet aussi d'actionner le levier de la motivation dans son équipe.

Pour le commercial

C'est une opportunité de communiquer sur son travail et donc d'être plus reconnu auprès de son manager mais aussi de ses collègues. Le vendeur va pouvoir se former, apprendre d'autres choses et donc monter en compétence en sortant de sa routine. Ensuite, la mise en situation en posture d'animateur de réunion, de coach accompagnateur, de tuteur d'intégration, d'expert produit, va lui permettre de se confronter à de nouvelles situations : développer son esprit d'équipe, travailler son assurance et son assertivité pour se mettre en avant vis-à-vis de ses collègues et de sa hiérarchie, valider et/ou montrer son engagement et son implication pour l'entreprise. Bref, tester et se préparer à une promotion future : veut-il rester vendeur et maximiser ses revenus, devenir expert technique, passer grand compte avec un rôle plus transversal de chef de projet, prendre la place du chef en meneur d'hommes, rejoindre la formation interne... ? Autant de situations très différentes que chacun a intérêt à expérimenter pour se forger ses objectifs.

Le processus de délégation

Comme nous sommes tous convaincus que les avantages sont bien supérieurs aux freins, voyons comment agir efficacement pour en récolter les fruits.

■ En amont, bien préparer sa délégation

- Déterminer à l'avance la stratégie de délégation avec les résultats à atteindre.

- Mettre en place l'échéancier, les informations à communiquer et les moyens de contrôles envisagés (quoi, quand, comment).
- Prévoir des réponses aux objections possibles d'autres vendeurs de l'équipe et en expliquant à l'équipe pourquoi cette personne est choisie et pas une autre.
- Préparer son diagnostic VSD :
  - **V : vouloir faire**, tester la motivation du vendeur à prendre le projet. Est-il prêt et à quelle condition ?
  - **S : savoir-faire**. Le vendeur a-t-il les compétences pour prendre cette nouvelle fonction (ou tâche), a-t-il fait ses preuves ?
  - **D : disponibilité.** Le vendeur a-t-il du temps pour prendre en charge une activité supplémentaire ? Est-il disponible (en temps, mais aussi dans sa tête) ?

■ Lors de la rencontre avec le commercial

- Revalider ensemble VSD : il est important de prévoir le temps nécessaire pour bien déléguer et de disposer de toutes les informations sur le commercial, c'est-à-dire, dans un premier temps, de connaître sa disponibilité et sa motivation.
- Expliquer le contexte : préciser le contexte de sa prise en charge d'un travail supplémentaire.
- Argumenter et reformuler de manière à clarifier les tâches à accomplir, leur chronologie et les moyens nécessaires pour les deux parties.
- Poser des questions, écouter, répondre aux questions et aux objections : aborder toutes les faces du projet de la délégation.
- Faire confirmer la compréhension de la délégation. Manifester confiance et encouragement.

■ Assurer le suivi

- Mettre en place un moyen de suivi et de contrôle pour que l'engagement puisse être respecté. Un tableau de bord pourra être proposé comme un outil de dialogue entre le manager et le commercial.
- Échanger par messagerie et par téléphone sur les éléments quantitatifs et qualitatifs en cours de projet.
- Mettre en place un planning d'entretiens pour faire le point d'étape jusqu'au bilan final.
- Analyser les écarts par rapport aux objectifs fixés.
- Fixer les actions de progrès à mettre en place.

Avis d'expert

Richard Jean, directeur des investissements au sein du groupe Banque Populaire-BRED

Les trois conditions de la délégation

Déléguer est un acte de management, mais ce n'est pas un acte naturel : c'est un processus relationnel qui doit être maîtrisé. Pour que ma délégation soit efficace et pour me prémunir de tout échec, je respecte trois conditions essentielles :

- J'établis un objectif clair, qui constitue un cadre de référence partagé et accepté ; il est essentiel que le manager et le collaborateur soient en accord sur l'objet de la délégation. Je confie des missions, et pas seulement des tâches. Je m'attache à fixer un objectif assorti d'indicateurs simples et mesurables, qui facilite l'évaluation du résultat de la mission.
- Il doit exister entre le manager et le collaborateur une relation de confiance et de soutien, avec des responsabilités clairement définies. La délégation sera une réussite si elle correspond aux compétences du collaborateur, car elle ne doit pas être source de stress. Les deux parties doivent être convaincues de la réussite de la mission pour établir une relation loyale.
- Il est important de mettre à la disposition de son collaborateur les moyens nécessaires pour réussir la mission ; les négocier et arbitrer si besoin. Après accord, donner l'autonomie suffisante dans l'accomplissement de sa mission.

Objectif clair, climat de confiance, moyens adaptés : les conditions sont ainsi réunies.

L'essentiel

▸▸ **Déléguer n'est pas perdre le pouvoir**, mais confier une mission et en suivre la mise en œuvre.

▸▸ **C'est une action à placer au cœur du management commercial** pour à la fois rendre plus autonomes les commerciaux et gagner du temps.

▸▸ **La méthode VSD** permet d'évaluer la motivation, le savoir-faire et la disponibilité du vendeur avant de lui déléguer une mission.

▸▸ **Réaliser le suivi en apportant l'aide nécessaire** au bon déroulement de la délégation et en mettant en avant les réussites des commerciaux.

Partie III

Piloter l'activité des commerciaux en créant de la valeur

Avant tout, le manager commercial doit évidemment connaître son marché :

- savoir identifier les évolutions et tendances en termes de produits et de services tant sur les volumes que sur la qualité ;
- distinguer les typologies de client ;
- analyser la concurrence ;
- intégrer les caractéristiques de son environnement sectoriel et géographique ;
- respecter l'éthique et les normes en matière de développement durable.

Bien souvent, les services supports de l'entreprise fournissent ces éléments, mais ils ont aussi besoin des informations remontées par les équipes commerciales. C'est la raison pour laquelle la mise en place, dans les organisations, d'outils d'aide à la décision capitalisant sur les informations des CRM, ERP et baromètre de satisfaction client est devenue si nécessaire.

Chapitre 8

Définir le plan d'actions commerciales

Executive summary

▶▶ **Les outils d'analyse de l'activité et des résultats** présentés aident à élaborer le plan d'actions commerciales adapté. Le but est d'atteindre les objectifs fixés en affectant le temps nécessaire aux tâches à forte valeur ajoutée.

▶▶ **Chaque outil permet de définir les actions** à mettre en œuvre pour fidéliser, développer les clients à enjeux et gérer les moins importants.

▶▶ **Ils aident également à évaluer les manques à gagner** chez les clients par rapport à l'offre globale de votre entreprise, ainsi qu'à comparer les évolutions de chiffre d'affaires par client sur plusieurs années.

▶▶ **Enfin, ces outils donnent des clés pour devenir maître du temps** : le vôtre et celui de votre équipe.

Les étapes du plan d'actions commerciales

Il revient en premier lieu au manager commercial et à son équipe de formaliser un plan d'actions commerciales pour l'année à venir. Le manager doit maîtriser une démarche rigoureuse comprenant trois étapes essentielles pour à la fois réaliser le diagnostic de l'année passée et décider des actions les plus efficaces à mettre en œuvre pour atteindre les objectifs de l'année à venir :

- **Première étape**, l'analyse de son environnement et de son marché. Deux outils :
  - la collecte d'informations disponibles ;
  - la matrice EMOFF.
- **Deuxième étape**, le tableau récapitulatif des actions commerciales.
- **Troisième étape**, l'analyse de son territoire. Deux outils :
  - la matrice ABC croisée ;
  - la grille produits/clients.

Enfin, issu des trois précédentes étapes de diagnostic et des actions à mettre en œuvre, le tableau synthétique du plan d'actions commerciales résumera les actions à engager durant l'année.

Avis d'expert

Questions à Arnaud Bouffard, chef des ventes Vachette Assa Abloy

Quelles sont les principales étapes d'un plan d'actions commerciales ?

Au-delà des principes de base de l'élaboration d'un plan d'actions commerciales, il faut étudier précisément l'environnement externe et interne dans lequel il devra s'articuler. La réussite d'un plan commercial nécessite un travail en amont pour analyser le marché selon l'offre de produits ou services que nous souhaitons proposer. Cette analyse souvent réalisée par le service marketing sera une réussite si elle sait écouter et comprendre les attentes du consommateur (professionnels ou privés), VOC (*Voice of Costumer*). Cette étude sera plus percutante et pertinente si elle profite de l'expérience de la force de vente terrain. J'ai malheureusement eu l'occasion de voir les dégâts d'un plan d'actions commerciales construit dans l'idéal, sans concertation, et qui n'a donc pas réussi à faire adhérer les vendeurs. Ensuite, l'élaboration du plan d'actions commerciales doit se construire en adéquation avec les ressources de l'entreprise. La rationalisation actuelle des forces commerciales liée au contexte économique morose nécessite d'agir avec effica- »

» cité. Comme pour le coaching d'une équipe de foot, doit-on prôner l'attaque à tout va pour faire plaisir aux supporters, alors que le coach n'a pas les bons profils de joueurs pour cette stratégie ? Tout le monde n'a pas les moyens du PSG pour remplacer l'équipe en un mois !
Enfin, un objectif clair, précis, individuel et facilement mesurable pour le collaborateur et son manager est un des facteurs clés de réussite du plan d'actions.

Comment faites-vous adhérer vos commerciaux ?

L'adhésion des commerciaux sera la résultante d'un plan d'actions commerciales qui aura valorisé l'individu comme une composante essentielle de sa réussite. Les enjeux de l'entreprise peuvent prendre le pas sur les hommes. Prendre le temps d'adapter un discours personnalisé est indispensable à cette adhésion. La motivation est souvent très différente selon les individus. Cependant, un point commun à tous : ils ont besoin de reconnaissance !

Quels conseils donneriez-vous à un manager commercial pour assurer le suivi dans la durée ?

Il faut pouvoir mesurer à tout instant le résultat d'un plan commercial. Cela passe par des points réguliers avec la force commerciale. Il faut que les commerciaux sachent que leurs performances sont contrôlées. Je mesure rapidement l'implication des commerciaux dans les 15 jours qui suivent le lancement d'un nouveau plan commercial. Cela me permet de rapidement cerner les « leaders » et les « suiveurs » et d'adapter mon coaching selon ces catégories.
Les commerciaux doivent sentir l'implication personnelle du manager sur l'atteinte de l'objectif.

Premier outil : la collecte d'informations disponibles dans son environnement

Dans cette première étape, il s'agit à la fois de faire le point sur les informations disponibles en interne et sur les autres informations qui pourraient être utiles à des actions plus ciblées et donc à plus grande valeur ajoutée. Par exemple, il peut être intéressant de connaître les tendances en termes de recherche et d'innovation dans un secteur d'activité donné, d'anticiper sur un nouveau dispositif législatif, de mesurer les évolutions de la concurrence, ou encore de prendre en compte les nouvelles technologies et pratiques commerciales et de s'étalonner par rapport aux modes de fonctionnement de l'équipe.

L'intérêt de chaque colonne porte, dans l'ordre : sur la nature de l'information interne ou externe, son degré d'utilité et son exploitation, les difficultés à obtenir l'information, la qualification des sources d'information, son coût, qui peut être rédhibitoire, et les actions à engager, à continuer ou à abandonner.

Tableau 8.1 – Exemple de collecte d'informations

Informations	Degré d'utilité de 1 à 3	Utilisation concrète	Difficultés à l'obtenir	Sources d'informations	Mode de collecte des informations	Coûts	Actions à engager
Niveaux de marge par produit	3	Optimiser les marges	En temps réel, sinon il existe un décalage dans le temps	Direction financière	Système d'information entreprise	Élevé	À discuter avec la direction
Taux de réussite des ventes	3	Benchmark en réunion commerciale	Aucune	Tableau Excel	CRM	Aucun	À continuer
Supports commerciaux	2	Supports utilisés en entretien de vente	N'existent pas sauf au lancement des produits réalisés par le service marketing	Réactions des clients	Comptes rendus des entretiens clients	5 à 10 minutes à l'issue de chaque entretien	Créer en réunion des argumentaires sur la base des comptes rendus
Réunions d'informations sur les chiffres et les campagnes commerciales	1	Beaucoup d'infos, mais peu de temps pour les travailler	Aucune	Directions	Réunions	0,5 jour par mois	Associer lors de la réunion d'équipe les infos avec les trainings de vente

»

Informations	Degré d'utilité de 1 à 3	Utilisation concrète	Difficultés à l'obtenir	Sources d'informations	Mode de collecte des informations	Coûts	Actions à engager
Concurrence	3	Mieux connaître nos points forts et nos faiblesses	Certains clients ne veulent pas informer les vendeurs	Clients	Comptes rendus des entretiens Les utilisateurs	Passer 15 minutes de plus en visite utilisateurs	Approfondir les visites sur sites avec d'autres interlocuteurs des clients, notamment les utilisateurs
Canaux de vente existants : tél, internet, entretien en face à face	2	Optimiser l'organisation en adoptant le bon canal en fonction des besoins des clients	Aucune	• Presse professionnelle • Internet	Échange d'informations direction, manager et commerciaux		À continuer
Réunion avec un groupe d'utilisateurs	1	Peu ou pas d'infos obtenues. Peu de plus-value	Les réunions sont amicales, parler travail est une faute de goût	Association des techniciens du département	Compte rendu	Élevé en frais et en temps	À abandonner

Il est aussi utile de faire une synthèse de son marché avec la matrice EMOFF. À titre de rappel, EMOFF signifie : Environnement, Menaces, Opportunités, Forces et Faiblesses.

Cet outil permet :

- de réaliser une photographie de son environnement ;
- d'identifier les menaces et les opportunités externes à l'entreprise ;
- de prendre en compte les forces et les faiblesses internes de son entreprise.

Ici, cette matrice propose de faire une analyse très opérationnelle sur la concurrence afin de saisir des opportunités en prospection ou chez ses clients. Elle permet aussi au manager commercial et à son équipe de :

- vérifier si l'équipe possède une vision partagée ;
- selon le cas, revenir aux faits et remettre clairement les avantages distinctifs de l'entreprise ;
- mettre en perspective la valeur apportée aux clients.

Tableau 8.2 – Exemple de matrice EMOFF

Concurrents	Implantation	Forces	Faiblesses	Opportunités
Dupont entreprise nationale	Tours	Prix Qualité de produits haut de gamme	Proximité SAV	• Évaluer les bénéfices de notre proximité clients • Mesurer les conséquences négatives pour le client d'un SAV défaillant
Martin entreprise internationale	Cinq continents	Forte réactivité Excellente logistique	Prix Produits standard	• Jouer sur la qualité de produits haut de gamme • Mettre en avant les conditions tarifaires
Concurrent X				
Concurrent Y				
Concurrent Z				

Comme observé dans le tableau, les opportunités à saisir portent sur les faiblesses de ses concurrents et il va de soi que les points forts et distinctifs de l'entreprise seront à mettre plus ou moins en avant en fonction du concurrent.

Il s'agit ensuite d'analyser les actions de la période écoulée en mettant en exergue les réussites et les difficultés de chacun des acteurs de l'équipe commerciale. Il est alors nécessaire d'identifier les conditions de réussite des bonnes pratiques retenues, afin de pouvoir les reproduire dans la période suivante. L'analyse des difficultés apportera tout autant d'informations sur les conditions à réunir pour transformer une difficulté en réussite. Bien sûr, si la solution trouvée ne semble pas satisfaisante, le manager commercial et son équipe décideront alors de ne pas réitérer cette action.

Deuxième étape : le tableau récapitulatif des actions commerciales

Le manager commercial organise une réunion d'équipe pour faire le bilan des actions commerciales de l'année. Dans le tableau ci-dessous sont illustrés quelques exemples s'inspirant de nos expériences d'intervention en entreprise en présence du manager commercial et de son équipe. La séquence de réunion se déroule comme suit : chacun des commerciaux complète le tableau avec ses réussites et ses difficultés puis avec l'aide du groupe, le cas échéant, identifie les conditions de réussite. Ce tableau constitue une véritable richesse pour l'équipe, en formalisant ainsi les **meilleures pratiques** recueillies, il permet d'éclairer les performances et aussi d'offrir des solutions aux difficultés éprouvées par les commerciaux dans la période écoulée.

Tableau 8.3 – Récapitulatif des actions commerciales

Réussites	Difficultés	Conditions de réussite
Un prospect prestigieux devenu client		• Approche par recommandation *via* le réseau Google + • Identifier le bon interlocuteur décideur • Préparer l'argumentation distinctive
	Une campagne commerciale liée à la mise en avant du produit X	• Planifier les étapes de la campagne et respecter l'agenda • Faire régulièrement les points d'étapes en centrant l'analyse plus sur les points de progrès que sur la seule analyse des résultats

»

»

Réussites	Difficultés	Conditions de réussite
Ventes additionnelles		Préparer les phrases de rebond commercial pour saisir l'opportunité de vendre les produits connexes S'entraîner, privilégier des micro-trainings
	Organiser le temps commercial pour visiter les clients prioritaires	Mieux identifier ses priorités et s'y tenir en planifiant à l'avance les visites de clients importants Vendre au client les raisons et l'intérêt pour le client du rythme des visites Traiter certaines demandes par téléphone et/ou par mail
	Niveau de marge des ventes du produit Y en décalage avec les objectifs prévus	Formaliser les avantages distinctifs de l'offre de services autour du produit Y Préparer les contreparties possibles pour obtenir une vente supplémentaire à toute concession demandée sur le prix

Ensuite, afin de poursuivre le diagnostic, il s'agit de réaliser la synthèse chiffrée des résultats obtenus, d'analyser les écarts et d'en tirer les enseignements pour l'année à venir. Au-delà de cette première étape d'analyse qualitative et quantitative, il est important de bien appréhender la structure de la clientèle en portefeuille, d'identifier les différentes typologies afin de clarifier les actions à mener et les ressources à affecter.

Troisième étape : l'analyse de son territoire

L'analyse du portefeuille clients de l'équipe commerciale et d'aide à la décision s'effectue à l'aide de **la matrice ABC croisée** : il s'agit d'une segmentation de clientèle qui intègre deux indicateurs, le chiffre d'affaires actuel et le potentiel non exploité et accessible du client. Le premier travail consiste à faire un classement par ordre décroissant de ses clients sur l'indicateur choisi, chiffre d'affaires ou marge. En général, les entreprises font émerger trois catégories de client s'inspirant par-là de la réalité terrain à l'appui de la célèbre loi de Pareto, à savoir que 20 % des clients réalisent 80 % du chiffre d'affaires. Par extension, l'expérience des analyses chiffrées réalisées en entreprise nous amène à identifier trois catégories principales de clients : les clients importants, les clients « moyens » et les clients peu actifs.

Imaginons un portefeuille de cent clients pour un chiffre d'affaires total de 1 000 K€. Les vingt premiers clients réalisent 800K€ dont le vingtième fait 30 K€, les cinquante suivants 150 K€ dont le cinquantième réalise 10 K€ et enfin les trente suivants 50 K€ dont le dernier en classement réalise 1 K€, soit :

- 20 % des clients réalisent 80 % du chiffre d'affaires, ils définissent la catégorie A de clients importants ;
- 50 % des clients réalisent 15 % du chiffre d'affaires, ils représentent la catégorie B de clients moyens ;
- 30 % des clients réalisent 5 % du chiffre d'affaires, ils déterminent la catégorie C de clients peu actifs.

Dès cette première analyse se pose souvent la question du temps accordé à chacun des clients. Il va de soi que, si les commerciaux ont une vision plutôt exacte quant aux poids de leurs clients, la gestion des temps de visites et des déplacements n'est pas toujours rationnelle. En effet, le manque de planification ou la réactivité nécessaire pour répondre à des demandes clients peuvent perturber les priorités ; la course au chiffre d'affaires peut aussi amener un commercial à faire plus de kilomètres que nécessaire en regard de l'importance du client.

Intuitivement, il paraît évident de se consacrer en priorité aux clients importants qui représentent le fonds de commerce du portefeuille. À l'inverse, les clients peu actifs qui *a priori* ont un poids négligeable peuvent présenter un intérêt par leur potentiel.

De façon identique à l'établissement du classement des clients en portefeuille par chiffre d'affaires réalisé l'année n-1, il s'agit ensuite d'établir un second classement en fonction du potentiel de chiffre d'affaires non exploité et accessible des clients A, B et C en créant trois nouvelles strates :

- les clients A' à haut potentiel ;
- les clients B' à potentiel moyen ;
- les clients C' à potentiel faible ;
- comme il s'agit de potentiel, les prospects sont naturellement à intégrer dans l'analyse.

En croisant les deux critères chiffre d'affaires réalisé et potentiel d'affaire non exploité accessible, on peut représenter le portefeuille clients et prospects sous forme de la matrice suivante :

Tableau 8.4 – La matrice ABC croisée

Potentiel non exploité de CA / CA réalisé année N-1	A' clients à potentiel non exploité de CA supérieur ou égal à 30K€	B' clients à potentiel non exploité de CA supérieur ou égal à 10 K€ et inférieur à € 30 k€	C' clients à potentiel non exploité de CA inférieur à 10 K€
A client à CA supérieur ou égal à 30K€	AA'	AB'	AC'
B client à CA supérieur ou égal à 10 K€ et inférieur à 30 K€	BA'	BB'	BC'
C client à CA inférieur à 10 K€	CA'	CB'	CC'
Prospects	PA'	PB'	PC'

Dès lors, nous pouvons définir trois segments de clientèle :

- Le segment AA' AB' et AC' réunit les **clients fonds de commerce**, dont l'objectif est *a minima* de reproduire en année N+1 les résultats de l'année précédente. L'enjeu principal est donc de définir des actions de fidélisation au vu du poids de ces clients dans le chiffre d'affaires du portefeuille.
- Le segment AA', BA' et CA' définit les **clients à fort potentiel de développement**, donc prioritaire pour atteindre les objectifs en année N+1 auquel il faut ajouter la cible de prospects PA'.
- Le segment BB', CB', BC' et CC' représente les **clients à gestion économique** sur lesquels il convient de trouver le bon ratio allocation ressources/chiffres d'affaires.

Une fois cette analyse effectuée en amont par le manager commercial et chacun des commerciaux, il devient très utile d'organiser une séquence en réunion pour identifier les actions possibles à mettre en œuvre par typologie de clients. Au terme de cette réflexion, il sera temps de décider des actions prioritaires.

Exemple

Actions possibles pour fidéliser les clients fonds de commerce

• Assurer une fréquence de visites auprès des différents interlocuteurs.

• Inviter les interlocuteurs à des réunions d'information ou de formation.

• Associer les clients à des challenges, par exemple pour des distributeurs ou le développement d'affaire par le parrainage.

• Proposer un service différenciant pour les clients fidèles : assistance spécifique, offrir à certaines conditions des tarifs privilégiés sur un lancement de nouvelles prestations ou de produits additionnels.

• Mettre en place un baromètre de satisfaction client avec une réelle mise en œuvre d'actions de progrès.

• Inviter le client à des manifestations culturelles ou sportives.

• Organiser un déjeuner d'affaires ou un petit-déjeuner business.

• Faire rencontrer le client par la direction.

• Faire témoigner les clients sur des succès.

• Actualiser les informations client, revue de presse, internet...

Actions possibles pour développer les clients à forts potentiel

• Définir un plan d'actions client : identifier les différents interlocuteurs, leurs rôles respectifs, les enjeux personnels, leurs motivations et les objectifs stratégiques des projets.

• Assurer une fréquence de contacts tant par les visites que par téléphone et par mails en exploitant des motifs à valeur ajoutée pour le client.

• Développer la dimension relationnelle en s'intéressant sincèrement à la personne : hobbies, préoccupations, perspectives, valoriser ses réussites...

• Connaître la concurrence en place, ses points forts et ses points faibles (veille concurrentielle).

• Préparer une offre différenciatrice en associant en amont le client à la réflexion.

• Faire rencontrer les principaux acteurs en interne : expert métier, patron de Business Unit, service recherche ou innovation.

• Si affectation de budget possible, personnaliser les invitations : une invitation à l'opéra peut être plus appréciée qu'un match de football offert à tous les clients importants.

• Faire certaines concessions peu coûteuses à l'occasion d'offre de services et/ou de produits...

• Systématiser la prospection par recommandation.

• Organiser des réunions d'information clients et prospects ciblés visant à élargir le réseau relationnel et professionnel des invités...

Actions possibles pour gérer économiquement les clients

- Diminuer le temps de présence en clientèle en privilégiant le téléphone et le mail.
- Si possible, organiser des réunions clients et présenter les avantages de la nouvelle organisation commerciale en mettant en avant une réactivité plus grande par téléphone et la possibilité d'accompagner le client sur des affaires à plus fort volume.
- Déléguer la gestion des ventes à un(e) assistant(e) commercial(e).
- Dédier cette clientèle à une force commerciale sédentaire.
- Délivrer des kits d'information ou de formation.
- Revoir la politique tarifaire.
- Confier une partie de ces clients, ceux à plus fort potentiel dans leur segment, à de nouveaux commerciaux...

À ce niveau d'analyse, la réflexion amène le manager commercial à se poser plusieurs questions :

- **Éclairer davantage les objectifs d'entretien client** des commerciaux : par exemple, il peut s'agir de fidéliser mais aussi de vendre au client plus de volume ou une autre gamme de produits, service ou prestations. À ce propos, la plupart des entreprises et des managers commerciaux reviennent souvent sur ce message : « La préparation, c'est 90 % de la vente ! »
- **Gérer le capital temps de visites** en fonction de l'importance du client et de son potentiel en intégrant la gestion des déplacements. Dans la plupart des entreprises, il est devenu courant pour un commercial d'avoir défini avec son manager un nombre cible de visites par type de clientèle. Cet échange est nécessaire mais il doit être affiné en prenant des exemples de clients particuliers représentatifs du segment. Le commercial adhère d'autant plus qu'il est associé à la démarche. L'avantage de cette analyse partagée est aussi de rationaliser les arbitrages à faire et d'optimiser la gestion du temps de visite et de gestion commerciale.
- **Optimiser la synergie du personnel d'assistance commerciale avec les commerciaux** en définissant précisément les rôles et les complémentarités de chacun pour mieux satisfaire le client.

Certaines entreprises ont structuré leurs équipes commerciales en fonction de ces trois segments en confiant, par exemple, les clients « gestion économique » à des équipes commerciales sédentaires, ou encore en créant des équipes par type de compétence :

- des commerciaux « chasseurs » ont en charge la prospection et les clients à fort développement de potentiel ;

- des commerciaux « éleveurs » ont eux la responsabilité de fidéliser et développer les clients fonds de commerce.

Le but est ici d'optimiser l'équipement des clients : mathématiquement, on pourrait dire que l'objectif est de saturer le client. Mais, avant d'arriver à l'impossible car nul n'y est tenu, le manager commercial a toutes les raisons de rester optimiste devant les différentes opportunités à saisir en regard des deux premiers outils d'analyse évoqués précédemment.

Avis d'expert

Questions à Alexandre Fritsch, directeur distribution au sein du groupe Tremco Illbruck

Quelles sont les principales étapes d'un plan d'actions commerciales ?

Pourquoi un PAC ? Par exemple, pour vendre un système constructif à un prospect face à nos concurrents :

- présentation du système constructif ;
- SWOT ;
- plan de communication ;
- outils de ventes ;
- tarification ;
- outil des suivis de l'action auprès du prospect, au moyen d'un formulaire dédié :
  - formalisation des actions commerciales qui seront menées tout au long de l'année ;
  - choix des cibles ;
  - formalisation des objectifs CA à atteindre avec ces clients ;
  - planification des visites ;
  - débriefing.

Toujours mettre une date de début et de fin pour chaque étape.

Comment faites-vous adhérer vos commerciaux ?

En premier lieu, il ne faut pas créer autant de PAC qu'il y a de jours dans la semaine… ou dans l'année ! Il faut également que ce PAC soit attrayant et accessible pour toutes les parties internes et externes.

Une formule que j'utilise souvent : « Convaincre et ne pas contraindre. » Pour cela, en fonction des actions, le discours doit être adapté, simple et clair. Ne pas hésiter à reformuler régulièrement et à solliciter l'adhésion au fur et à mesure de l'avancement de la présentation.

Accepter de se remettre en cause sur certains points, parfois lâcher un peu, pour mieux faire passer l'essentiel.

Enfin, faire en sorte que ce projet de PAC devienne le projet du commercial !

»

» Quels conseils donneriez-vous à un manager commercial pour assurer le suivi dans la durée ?

Hélas, pas de miracle, la confiance n'excluant pas le contrôle ! Lorsqu'une action est déclenchée, je vérifie et discute de l'avancement du PAC lors de nos entretiens téléphoniques hebdomadaires du lundi matin. C'est l'occasion de féliciter les « bons élèves » et... de rebooster ceux qui le sont moins.

La grille produits/clients

Cet outil permet d'identifier l'équipement des clients par produit, les potentiels de ventes par produit et les manques à gagner.

Il s'agit ici d'exploiter le classement par catégorie de client AA', AB', AC', BA', BB', BC', CA', CB' et CC' réalisé avec la matrice ABC croisée en précisant par client le potentiel accessible par produit.

Imaginons la gamme de produits d'assurance que tous les lecteurs connaissent bien pour être client eux-mêmes. Pour simplifier, nous résumerons l'offre assurance à 4 produits : l'automobile représente le produit 1, l'habitation le produit 2, l'épargne le produit 3 et la prévoyance le produit 4. Très rapidement, vont apparaître les potentiels non exploités et les manques à gagner lorsque les clients ne sont pas équipés d'un des quatre produits de la gamme. Cet outil a le mérite d'éclaircir plus précisément encore les objectifs de visite par client en face à face ou par téléphone le cas échéant.

Tableau 8.5 – La grille produits/clients

Clients \ Produits	Produit 1	Produit 2	Produit 3	Produit 4
Total Clients AA'				
Client 1 Client 2 Client 3 Client n				
Total Clients AB'				
Client 1 Client 2 Client 3 Client n				
Total Clients...				

»

Clients \ Produits	Produit 1	Produit 2	Produit 3	Produit 4
Client 1 Client 2 Client 3 Client n				

Le tableau ci-dessous propose de visualiser dans le temps les évolutions du couple produit/marché par secteur d'activité et d'observer si la tendance est baissière, haussière ou égale. En termes de production et de décision, il donne des informations importantes quant aux degrés de maturité des produits et, pour l'équipe commerciale, s'il y a lieu de pousser plus fortement certains produits au détriment d'autres.

Tableau 8.6 – Évolution du couple produit/marché par secteur d'activité

Année N/N-1	Produit 1	Produit 2	Produit 3	Produit 4
Marché banque	Maintien	...	Baisse de 15 %	...
Marché industrie	...	Maintien	...	Baisse de 10 %
Marché service	Hausse de 5 %	...	...	...
Marché pharma	...	...	...	Hausse de 30 %

Une fois réalisées les analyses des informations à recueillir, de son environnement, des actions commerciales de l'année passée ou des années précédentes, du portefeuille clients, par la mise en perspective de la segmentation grâce à la matrice ABC croisée et la grille produits/clients, le manager commercial et son équipe sélectionnent les actions les plus efficaces pour atteindre les objectifs fixés par la direction générale.

À la lumière des décisions prises à l'appui des cinq outils d'analyse, le manager et son équipe commerciale peuvent dès lors formaliser le plan d'actions commerciales.

Pour autant, cette démarche n'a de sens que si le manager et son équipe partagent les mêmes notions d'objectifs : objectif ACIER (Actions Concrètes Identifiées Echéancées et Réalistes) ou objectif SMART (Spécifique Mesurable Atteignable Réaliste et Timé), autant d'acronymes connus qui mettent en perspective la définition d'un objectif. Sans objectif précis, il est difficile de dépasser le stade des intentions ou des idées fussent-elles excellentes. Il s'agit là de se concentrer sur les moyens d'atteindre les objectifs. Le travail de l'équipe commerciale animé par son manager est crucial car il permet justement de fédérer les énergies sur les actions précises à mettre en place pour les atteindre. C'est la raison pour laquelle ce travail d'analyse, d'échanges et de décision par la sélection des actions est tout à fait primordial. Cela peut paraître évident, mais pourquoi des sociétés sérieuses et prestigieuses demandent-elles à leurs commerciaux de faire 15 visites par jour ou 400 par an ? Le plan d'actions sera donc le fil rouge de l'année, que ce soit au cours de réunions d'équipe ou lors des entretiens individuels de suivi.

En synthèse, il s'agit maintenant de disposer d'un tableau reprenant toutes les actions sélectionnées issues de l'analyse précédente qui formalise le plan d'actions commerciales. Ce tableau peut prendre plusieurs formes selon le contexte de l'entreprise.

Dans les tableaux suivants, les cibles recouvrent bien sûr les clients et les prospects qui peuvent être, selon le type de produits ou services, regroupés par couple marchés/produits et par catégorie de clients comme vus précédemment avec la matrice ABC croisée. Le plan d'actions commerciales peut se décliner de façon synthétique (tableau 8.7) ou plus affiné (tableau 8.8), il reste à choisir la forme en fonction de la culture d'entreprise.

Tableau 8.7 – Forme synthétique du plan d'actions commerciales

Cibles	Objectifs	Actions

Le tableau 8.8 précise les différents acteurs concernés par les actions, le calendrier et les moyens. Il est utilisé dans un contexte de vente en mode projet pour des clients grands comptes, pour lesquels les commerciaux sont appuyés par des experts. Il est donc nécessaire d'être plus rigoureux, car le processus de vente réclame une préparation sophistiquée : écriture de propositions à plusieurs, réunion avec plusieurs interlocuteurs client...

Tableau 8.8 – Forme élaborée du plan d'actions commerciales

Cibles	Actions	Acteurs concernés	Calendrier étapes	Résultats attendus	Moyens (budget et temps)

Une troisième forme de tableau est plus adaptée dans le cas de figure où les actions décidées au niveau national viennent s'ajouter aux actions régionales, qui elles-mêmes s'additionnent aux actions locales. Il s'agit en fait d'établir un calendrier qui évite que chacune de ces actions vienne dégrader l'efficacité des autres. Nous observons ce type d'actions en cascade dans les secteurs de la banque et de l'assurance. Les commerciaux de l'agence se trouvent devoir mener une série d'actions simultanées qui, si elles ne sont pas toujours suffisamment programmées à l'avance, risquent de perdre de leur impact. Le stress des équipes devient palpable, la lassitude donne ses premiers signes et les critiques prennent alors le pas sur l'envie d'agir. Le manager a, en ce domaine, un rôle prépondérant pour gérer ces situations difficiles. Il peut anticiper et/ou arbitrer les actions commerciales prioritaires au détriment d'autres en fonction de la situation de l'agence par rapport à ses objectifs.

Tableau 8.9 – Le calendrier des actions commerciales année N

Actions/mois	Actions locales	Actions régionales	Actions nationales
Janvier			
Février			
Mars			
Avril			
Mai			
Juin			
Juillet			
Août			
Septembre			
Octobre			

»

»

Actions/mois	Actions locales	Actions régionales	Actions nationales
Novembre			
Décembre			

La gestion du temps des commerciaux et du manager commercial

Lorsqu'un manager commercial décide d'objectiver le temps de visite moyen consacré à un client par exemple à une heure, beaucoup de commerciaux n'apprécient pas de se conformer à ce type de consigne. Ils peuvent à juste titre prétexter que la quantité n'est pas un critère valable, en mettant en avant la qualité des entretiens pour réussir leurs ventes et la différence de temps à consacrer à chaque entretien selon le contexte. Au fond, chacun aura raison : le manager commercial le sait bien, la qualité d'un rendez-vous est déterminante mais tout comme l'est aussi le nombre de visites et la productivité globale ! Et il faut bien donner une norme idéale, selon son processus de vente et du temps moyen de visite.

De nombreuses études sur le temps commercial effectif, telle que celle reportée annuellement par Proudfoot Consulting portant sur la productivité commerciale, font l'objet de mauvaises surprises : de façon récurrente, le temps de visite client réel d'un commercial ne dépasse guère en moyenne les 30 % du temps de travail pour un vendeur itinérant. Il en va de même sur des plateaux de vendeurs sédentaires en appels sortants, qui font rarement plus de 3 heures d'appel par jour travaillé... et le plus souvent 2 heures... Ces études permettent d'évaluer les coûts commerciaux réels, comme le coût de visites ou d'appels. Ceux-ci dépendent des salaires pratiqués, des processus de vente spécifiques, des secteurs d'activité, de la zone géographique et de la nature des ventes (*B to C*, *B to B*, vente aux grands comptes) et des canaux de distribution ; les coûts varient de 50 € à 1 000 €. Par contre, le ratio de maximum 30 % de temps commercial utile est souvent un plafond de verre que l'on retrouve tous secteurs confondus.

Les directions sont naturellement vigilantes sur le temps effectif commercial, que ce soit en face à face ou par téléphone, comme le démontre le chronométrage des temps de contacts téléphoniques dans la plupart des centres de relation client. Avec des résultats pas toujours très fameux, si l'on en juge par les nombreux cas de harcèlement moral relevés dans des environnements commerciaux. Malgré ces difficultés du juste équilibre, elles ne remettent pas en cause l'efficacité d'une force de vente. Le but est de booster les compétences et les technologies pour être le plus productif possible : CRM, visioconférence, tablettes internet mobile, logiciels de couplage Telecom informatique pour reconnaître instantanément un appel client, logiciels de datamining pour mettre en avant automatiquement auprès du commercial les bonnes offres supplémentaires à pousser chez un client, configurateurs automatisés de devis, logiciel d'automatisation d'édition de propositions commerciales... Tous les moyens sont bons pour répondre aux demandes des clients aux bons moments, le plus vite possible et trouver le meilleur compromis dans le couple activité commerciale utile du vendeur et nombre de contacts clients. C'est ce qui permet d'optimiser une couverture de marché et paradoxalement, en regard de la situation de l'emploi, les entreprises continuent souvent à rechercher et recruter plus de commerciaux. Mais l'enjeu d'une bonne couverture de marché et d'une bonne productivité commerciale reste énorme pour la rentabilité de l'entreprise.

Le temps commercial est donc une ressource rare ; le rôle du manager est d'optimiser le temps de ses commerciaux, qu'ils soient commerciaux grands comptes, sédentaires ou gestionnaires client.

Pour rationaliser le temps de ses vendeurs, mieux vaut déjà avoir une appréciation réaliste de la mission demandée à ses commerciaux. Puis, évaluer la meilleure activité possible. Certaines entreprises proposent ainsi un agenda cible reprenant les différentes activités et tâches à valeur ajoutée. Il s'agit de fixer un budget temps par activité en les programmant aux meilleurs moments des journées, de la semaine ou du mois.

Tableau 8.10 – Exemple d'agenda commercial

	Lundi	Mardi	Mercredi	Jeudi	Vendredi
Préparation 12,5 % du temps	1 h	1 h	1 h	1 h	1 h
Relances et prospection téléphoniques 11,5 % du temps		2 heures		1 h	1 h
Visites clients 40 % du temps	2 heures	3 heures	3 heures	4 heures	2 heures

»

»

	Lundi	Mardi	Mercredi	Jeudi	Vendredi
Gestion commerciale 25 % du temps : devis, proposition, compte rendu	2 heures	1 h	2 heures	1 h	3 heures
Réunions et entretiens en interne 10 % du temps	2 heures		1 h 30		

- Dans le temps effectivement commercial, on inclut tous les contacts avec les clients ou prospects :
  - prospection téléphonique ;
  - visites client ;
  - relances téléphoniques ;
  - appels entrants ;
  - mails et courrier ;
  - devis et/ou propositions commerciales ;
  - réunions clients.
- Puis, le temps de déplacement commercial dans lequel mieux vaut rappeler que la loi interdit le téléphone au volant...
- Ensuite, le temps de reporting commercial :
  - compte rendu de visites ou autres contacts pour enrichir la base de données client ;
  - suivi du plan d'actions, analyse d'écarts, actions correctives ;
- Enfin, le temps de contacts internes, de coordination plus ou moins important selon la fonction :
  - entretiens internes, réunions projet ;
  - réunions d'équipe ;
  - convention nationale ;
  - formation.

Se focaliser sur la productivité de ses commerciaux, c'est bien. Mais le temps du manager est aussi à optimiser. Il s'estime en fonction du nombre de commerciaux dans son équipe. Un manager a des actes de management rituels à réaliser qu'il peut chiffrer à :

- 2 à 3 heures pour l'entretien d'évaluation annuel.
- 1 heure pour l'entretien de suivi individuel mensuel.
- 2 heures pour l'accompagnement de ses commerciaux en clientèle, les briefings et débriefings au cours du mois.
- 4 heures pour une réunion mensuelle...

En synthèse, nous pourrions par exemple fixer à 10 % le temps de management nécessaire par collaborateur, comme le pratiquent déjà certaines entreprises. Cette appréciation dépend du contexte, qui doit évidemment tenir compte du secteur d'activité, des zones géographiques et des typologies de clients.

La situation la plus délicate est celle du manager commercial dont le temps est saturé soit par le nombre de commerciaux à manager et/ou par un nombre de clients importants à gérer en direct. Les préconisations sont alors de deux ordres :

- définir les priorités en assurant les principales actions de management et de développement de clients en direct pour lesquelles il est rémunéré ;
- déléguer des clients importants à ses commerciaux et/ou certains actes de management de plus jeunes commerciaux aux plus seniors d'entre eux ; l'accompagnement en clientèle, le tutorat, le suivi individuel.

Avis d'expert

Laurent Malochet, directeur du marché Particuliers chez EDF - direction commerciale Île-de-France

La gestion du temps

Nos managers commerciaux sont centrés sur le management de leurs équipes. Ils doivent organiser leurs agendas pour éviter le syndrome de l'éloignement du terrain tout en se préservant des temps de « respiration » nécessaires à la prise de recul par rapport à une activité opérationnelle rapidement chronophage : analyse des résultats, ajustement de leur plan d'actions, identification des signaux faibles de leur marché, anticipation des difficultés de leurs collaborateurs, etc.

Leurs actes de management sont rythmés par :

- l'élaboration et le suivi d'un plan d'actions opérationnel à la maille de leur équipe, intégrant des actions individuelles et collectives ;
- des entretiens individuels de suivi et de progrès tenus à pas mensuel au cours desquels sont identifiés les points forts et ceux à améliorer ;
- des réunions trimestrielles qui s'articulent quasi systématiquement autour : du rappel du sens de notre action, de l'analyse des résultats, notamment de la recherche d'explication des écarts par rapport à nos objectifs, des faits marquants du trimestre passé, du réajustement de l'action sur le trimestre présent, de la fixation des priorités, de l'information quant aux événements « à venir » impactant la vie du groupe, et enfin du partage de bonnes pratiques ayant conduit à des réussites ou à des résolutions de problématiques particulières. Lorsque l'ordre du jour le permet, j'apprécie la programmation d'une séquence « ouverture », en invitant une personnalité témoignant d'une thématique connexe à la nôtre, mais dans un univers d'entreprise différent ; »

» • l'élaboration et le suivi d'un plan de formation et d'accompagnement individualisé pour chaque membre de l'équipe. La tenue de ce plan de formation fait partie intégrante du contrat d'objectifs annuel proposé à mes managers ;
• le plus important : l'exemplarité, notamment en termes de proximité avec leurs équipes et d'implication à leurs côtés dans l'action commerciale.

Les conseillers commerciaux doivent, quant à eux, éviter de confondre qualité et quantité de contacts traités, mais s'organiser pour valoriser un portefeuille de clients potentiels. J'attends en effet qu'ils exploitent qualitativement les contacts clients qui sont souvent si difficiles à obtenir. Rapidité de re-contact, écoute, cohérence de la proposition avec l'attente du client et qualité de la mise en œuvre de la prestation proposée sont autant de points de vigilance qui permettent de préserver les agendas de ces derniers.

Que ce soit le manager ou ses commerciaux, les règles de bonne gestion du temps sont à rappeler. Le manager en sera évidemment le « gardien » et servira d'exemple en la matière.

C'est un sujet difficile, car il existe d'importantes résistances à la fois de la part des commerciaux et des managers. La principale raison est l'autonomie que chacun revendique pour organiser ses activités, on touche ici un point sensible de la personne. Pourtant, la gestion du temps est, comme on l'a vu, un enjeu majeur en termes de coût et d'efficacité. Le manager commercial a tout intérêt à préciser cette notion en associant son équipe à la réalisation d'un agenda cible. Pour aborder cette question, les entretiens individuels et la réunion sont donc les meilleurs moyens. Ils permettent de prendre en compte les réactions de chacun et celles de l'équipe pour identifier les solutions adaptées.

- Profiter des entretiens de suivi pour mettre en avant les bénéfices d'une meilleure organisation. Le niveau d'activité est un des points à aborder. Il existe un potentiel à mieux exploiter pour développer les performances commerciales. Il est nécessaire d'analyser cet aspect sous plusieurs angles en fonction de la situation du commercial :
  – privilégier le temps commercial effectif, en dégageant du temps sur les autres activités. À ce propos, il est important de raisonner en séquences homogènes en affectant un temps à chaque tâche ;
  – optimiser l'efficacité par la qualification des clients : mieux préparer, qualifier en amont évite des déplacements inutiles, des appels d'offres qu'on aurait pu décliner ;
  – analyser les ratios d'efficacité : le nombre de prise de rendez-vous téléphoniques sur le nombre d'appels, nombre de ventes sur le nombre de visites... Un niveau de compétence insuffisant coûte

cher, c'est la raison pour laquelle le manager doit avoir lui-même le temps de faire progresser ses commerciaux ;
- utiliser les moyens appropriés : téléphone, mail, téléconférence, visites et logiciels de productivité ;
- enfin, établir avec le commercial l'agenda cible.

Pour leur défense, généralement, les commerciaux prétextent des spécificités liées à leur secteur géographique, à leurs clients, à des imprévus de toute sorte, sans parler de la gestion des dossiers et du reporting toujours plus dense. Le manager doit prendre en compte ces remarques en effectuant une analyse détaillée. Le meilleur moyen est de reprendre calmement avec le commercial toutes les activités en les intégrant dans un agenda. Le résultat est très intéressant : on y trouve souvent des réserves de temps disponibles. La sérénité du manager est un gage d'efficacité, l'objectif n'est pas d'avoir raison mais de trouver avec le commercial des solutions. Le plan d'actions défini au terme de l'entretien se résumera à une ou deux actions prioritaires, celles qui participeront le plus à optimiser le temps du commercial.

- Utiliser les moments de réunion pour trouver des actions visant à optimiser la gestion du temps des commerciaux. Le manager définit l'objectif, par exemple : « Établir l'agenda cible du commercial » ou bien encore « Augmenter de 10 % le nombre de visites ». *A priori*, cela devrait augmenter le chiffre d'affaires d'autant, et donc avoir des conséquences positives sur la rémunération et la sérénité des commerciaux. On peut supposer également que le temps effectif commercial est l'activité préférée des commerciaux. Poser l'objectif en ces termes, c'est à coup sûr en venir au thème de l'organisation et de la gestion du temps.

***Objectif global* : augmenter le nombre de visites de 10 %.**

***Message général* : c'est faire davantage ce que l'on préfère.**

***Durée* : 1 heure.**

Tableau 8.11 – Exemple de grille de réunion pour optimiser le nombre de visites

Sous-objectifs	Thèmes	Messages	Animation	Timing
Mettre en perspective les enjeux du temps commercial	• Les résultats Analyse des écarts	Augmenter nos résultats de 10 %	Exposé	5'
Identifier les difficultés de la gestion du temps	• L'organisation • La gestion du temps		• Post-its • à regrouper par thèmes	15'

»

»

Sous-objectifs	Thèmes	Messages	Animation	Timing
Lister toutes les actions possibles à mettre en place pour augmenter le nombre de visites et trouver des solutions aux difficultés	• L'organisation • La gestion du temps	Privilégier ce que l'on aime faire	• Post-its à regrouper par thèmes	20′
Sélectionner les 3 actions prioritaires à mettre en œuvre	Engagement de l'équipe	Gagner en efficacité et en confort	• Chaque commercial choisit les 3 actions en affectant 3 points à son premier choix, 2 à son deuxième choix et 1 point à son troisième. • Le total des points définit les 3 actions à mettre en œuvre en priorité	15′
Définir le suivi	Le plan d'actions	Être plus serein	Exposé	5′

Afin de nourrir la réflexion du manager et de ses commerciaux sur une gestion du temps plus efficace, l'analyse des freins et la sélection de meilleures pratiques qui suivent contribueront à trouver des solutions concrètes. L'approfondissement des six thèmes permettra à chacun de sélectionner au moins trois bonnes idées de mise en application :

- identifier les causes de mauvaise gestion du temps ;
- affecter un budget temps à chaque tâche ;
- privilégier les séquences de travail homogènes ;
- définir les priorités en hiérarchisant les tâches selon leur degré d'urgence et d'importance ;
- gérer les tâches et travailler plus vite ;
- gérer les relations avec son entourage professionnel.

Identifier les principales causes de mauvaise gestion du temps

- Absence de plan d'actions commerciales proactif : par manque de préparation, trop de temps est perdu sur des contacts inutiles, sans potentiel, et/ou à probabilité nulle et/ou à rentabilité ou panier moyen trop faible ;
- mauvaise appréciation de la durée des tâches ;
- absence de temps pour gérer les imprévus. Paradoxalement, les imprévus se gèrent, l'expérience les rend prévisibles et permet d'identifier les bons moments pour les traiter ;
- inadéquation dans le choix des outils de communication ; téléphone, courrier, mail, entretien ;
- objectifs personnels confus ;
- manque d'ordre dans les dossiers, le rangement ;
- manque de règles pour gérer les sollicitations : mails, téléphone, entretiens, internet ;
- pertes de temps prolongées sur consultations de sites internet et réseaux sociaux ;
- pauses récurrentes et répétées : café, cigarettes, discussions informelles ;
- règles du jeu imprécises en interne ;
- peu ou pas de délégation ;
- perfectionnisme ;
- ne pas savoir dire non ;
- faire des entretiens ou des réunions sans prendre de décision ;
- ne pas savoir négocier des délais de réponse...

Il est évidemment exceptionnel que l'ensemble de ces causes concerne une équipe. La première idée est d'en identifier quelques-unes pour trouver les bons remèdes et gagner du temps rapidement. Ensuite, libre à chacun de le réinvestir dans sa vie professionnelle ou privée. Dans tous les cas de figure, continuer à mal gérer son temps, c'est être perdant sur les deux plans.

Affecter un budget temps à chaque tâche

- **Le constat** : plus on dispose de temps pour un travail donné, plus ce travail se dilate jusqu'à occuper la totalité du temps disponible. Exemple : si un commercial ou un manager doivent rédiger une proposition pour un client en se donnant deux jours pour le faire alors que le temps nécessaire moyen est d'une journée, le calcul des pertes est rapide à faire.

- **Les risques** : s'installer dans la totalité des durées disponibles et prendre plus de temps qu'il n'en faut pour être efficace.
- **Les remèdes** :
  - affecter un budget temps à chaque tâche et s'y tenir. Se poser la question de la valeur en temps d'une tâche et privilégier ainsi les temps les plus rentables ;
  - se fixer des heures limites ;
  - raisonner en termes d'objectifs, de résultats plutôt qu'en termes d'activités. Exemple sur l'activité de gestion de dossiers, raisonner objectif ; réaliser 50 % des dossiers en 2 heures.

Privilégier les séquences de travail homogènes

- **Le constat** : faire un travail de façon continue prend moins de temps que de le faire en plusieurs fois. Toute nouvelle tâche à réaliser nécessite un temps de mise en route pendant lequel notre efficacité n'est pas optimale. Selon des études portant sur les seuils d'efficacité sur une tâche, il faut en moyenne 20 minutes pour atteindre le seuil d'efficacité optimale qui peut se maintenir 150 minutes ; ensuite, l'efficacité se dégrade. En revanche, toute interruption d'activité coûte 10 minutes pour retrouver l'efficacité optimale.
- **Les risques** : s'habituer aux travaux en miettes, se droguer aux interruptions et avoir un stock important d'activités en cours.
- **Les remèdes** :
  - se protéger dans la mesure du possible des sollicitations extérieures ; mail, téléphone, intrusion dans le bureau ;
  - s'efforcer de ne pas abandonner une tâche en cours ;
  - regrouper les tâches répétitives et régulières aux heures adéquates : lecture des mails et courrier avec la rédaction de mails et de courrier, appels téléphoniques, entretiens...

Définir les priorités

- **Le constat** : on a tendance à confondre l'urgent et l'important et à réaliser immédiatement une tâche urgente sans en mesurer le degré d'importance.
- **Les risques** : traiter toutes les urgences.
- **Les remèdes** :
  - hiérarchiser ses priorités ;

– afficher ses priorités sur son agenda ;
– préciser des règles du jeu pour éviter les urgences : délais, délégation de l'urgence au personnel support ;
– négocier les délais de réponses.

L'audit du temps commercial est intéressant à faire pour chacun, que ce soit sur le poste de manager commercial ou de commercial. À titre d'exercice que l'on effectue lors de stages commerciaux, on demande à chacun de lister une trentaine de tâches à effectuer correspondant au métier. Puis, les commerciaux ou managers commerciaux doivent affecter un degré d'urgence et d'importance à chacune des tâches, de 1 à 10 par ordre croissant d'urgence et d'importance. Ensuite, on fait préciser par le groupe les définitions des degrés d'urgence et d'importance en fonction du contexte métier (secteur d'activité, processus de vente, actes managériaux, etc.). Le groupe affecte alors les degrés d'importance et d'urgence de chacune des tâches en fonction de leurs missions respectives. Il s'agit à cette étape de l'exercice :

- d'insister sur la définition de l'importance d'une tâche : c'est ce qui participe directement à la réalisation des objectifs, le cœur de ses missions, ce pourquoi on est payé ;
- de pouvoir mesurer le degré d'urgence : par exemple 10 correspond à une réponse dans les 2 heures, 9 dans la demi-journée, 8 dans la journée, 7 dans les deux jours… 5 dans la semaine jusqu'à 1 dans l'année.

Tableau 8.12 – Analyse des tâches par degré d'urgence et d'importance

Tâches	Degré d'urgence	Degré d'importance
Entretien commercial	6	10
Gestion des dossiers	8	8
Plan d'actions commerciales	4	10
Reporting	8	3
Notes de frais	4	2
…		

Enfin, chaque commercial visualise les décalages entre son ressenti et ce que le groupe a défini plus objectivement. On observe alors que les degrés d'importance sont des notions subjectives. Les décalages entre perception et réalité traduisent un manque d'efficacité dans la réalisation de la tâche : si un commercial a affecté 5 à l'entretien commercial, c'est qu'il ne sait pas faire le bon ciblage ou qu'il n'a pas les compétences nécessaires pour réaliser un entretien efficace avec un client... ?

De la même manière si le plan d'actions commerciales ne recueille pas un nombre de points supérieur à 7, la question de son intérêt se pose. Est-il bien conçu, sert-il dans la durée... ?

Des échanges très riches s'établissent. Chacun est amené à se poser des bonnes questions sur les activités tant pour lui que pour l'équipe. Des remises en question débouchent sur des solutions d'amélioration : comment rendre le PAC plus efficace, comment rendre des réunions d'équipe encore plus utiles ?

Gérer les tâches et travailler plus vite

- Connaître la durée des tâches et s'y tenir en les programmant sur l'agenda ;
- si une tâche est supérieure à 2 h 30, la diviser en plusieurs séquences ;
- savoir s'isoler pour des activités de bureau importantes afin d'éviter tout dérangement qui multiplient par 2 ou 3 les durées pour accomplir une tâche ;
- combler les espaces de temps vierge par des activités courtes : notes de frais, réponses à des mails ;
- faire un bilan quotidien de son temps pour évaluer et réorienter s'il le faut son organisation personnelle ;
- prévoir et planifier les activités spécifiques en fonction des périodes de l'année ;
- choisir le moyen de communication le plus adapté à l'objectif.

Gérer les relations avec son entourage professionnel

- Éviter de prendre en charge les problèmes des autres sans ébauche de solutions ;
- programmer le plus souvent possible des plages de disponibilité et d'indisponibilité ;
- proposer ou clarifier des règles du jeu en interne ;
- négocier des délais réalistes ;
- savoir dire non aux propositions qui ne relèvent pas de votre compétence ou de votre responsabilité ;
- fixer et respecter la durée d'une réunion en réalisant un plan minuté ;

- définir un objectif précis et une durée d'entretien avec vos différents interlocuteurs.

Une clé essentielle de bonne gestion du temps est de prévoir et d'anticiper sa propre gestion du temps pour reprendre la main sur son temps professionnel. En clair, c'est au commercial et au manager de savoir agir plus que de réagir aux sollicitations. Il est reconnu meilleur pour la santé de savoir quand traiter une activité que de la voir imposer par une autre personne. Il vaut mieux, par exemple, relancer un client qui a laissé un message en préparant son appel téléphonique que d'y répondre immédiatement avec le risque de stress et de réponse insatisfaisante.

Un autre aspect tient aussi aux habitudes d'immédiateté qui semblent de plus en plus gouverner les émotions des personnes, par exemple : lire immédiatement un mail que l'on reçoit, c'est en quelque sorte assouvir son besoin de curiosité dans l'instant, mais en réalité, c'est surtout perdre son temps. En revanche, savoir choisir le moment de traiter les mails en prévoyant à l'avance le temps nécessaire, c'est en gagner. La liste est longue de ce type d'exemple, mais pendant ces temps perdus, s'ils étaient chiffrés, le potentiel de temps à exploiter utilement constituerait une réserve précieuse.

Avis d'expert

Questions à Bertrand Lefebvre, directeur régional des ventes chez L'Oréal Paris

Quels conseils donneriez-vous à un manager commercial pour optimiser sa gestion du temps ?

Il faut avoir une organisation sans faille et prendre le temps du recul sur les véritables besoins des équipes managées. Il faut aussi identifier les besoins prioritaires en termes de suivi pour éviter de se disperser.

Quels conseils donneriez-vous à un commercial pour optimiser sa gestion du temps commercial ?

L'organisation du *routing* doit se faire en fonction des priorités et des objectifs définis par le manager. De la même manière que pour le manager, le commercial doit prendre le temps de l'analyse de son portefeuille clients, afin d'identifier les clients pour lesquels les marges de progression sont les plus importantes et en définir ses priorités. Sa stratégie commerciale doit faire correspondre les objectifs à atteindre avec les réserves de croissance de son portefeuille de clientèle.

»

» Quelles sont les principales erreurs à éviter pour un manager et un commercial ?

Se disperser est le plus grand risque. Mais une autre erreur est un fonctionnement autarcique (manque de dialogue et d'échanges) qui empêche un feedback positif et constructif sur l'analyse des résultats et les actions à mener autour de son activité.

Identifier le processus de vente adapté à l'activité

De la vente courte *one shot* à la vente complexe d'affaire, les commerciaux doivent suivre un processus de vente précis qui reprend chacune des étapes. Comme on l'a vu dans le chapitre 5, un des leviers principaux de performance par les compétences clés à maîtriser a été abordé. Il s'agit ici de retracer l'activité commerciale, afin que le manager puisse affiner l'organisation type du commercial et disposer du reporting spécifique. Trois facteurs principaux définissent ces processus :

- la nature des produits, services et des prestations à vendre ;
- le nombre d'interlocuteurs clients ;
- les acteurs concernés en interne.

Des règles du jeu à respecter en interne viennent enrichir ces processus :

- segmentation des affaires en fonction du volume et des marchés. Des affaires à forts enjeux nécessitent un traitement différent, tout comme certains marchés induisent un traitement particulier ;
- dérogation tarifaire ;
- contrôle des experts en interne tant sur des aspects quantitatifs que qualitatifs : marge, étude de faisabilité...

La formalisation du processus présente l'avantage de visualiser l'ensemble des actions à mener et d'en faire une analyse par étapes. C'est un travail indispensable pour structurer son logiciel de suivi des affaires (Sales Force Automation ou CRM). C'est donc un outil précieux d'aide au commercial et au manager pour examiner :

- le respect des étapes ;
- l'intensité de l'activité ;
- et le niveau de compétence par un suivi des indicateurs de performance par étapes du processus.

Tableau 8.13 – Exemples de processus de vente par degré de complexité (les spécificités de la colonne suivante viennent s'ajouter aux activités précédentes)

Colonne 1 Processus de vente *B to C*	Colonne 2 Spécificités d'un processus de vente *B to B*	Colonne 3 Spécificités d'un processus de vente aux grands comptes
Qualifier les prospects et les clients sur son marché		
Définir son plan d'actions commerciales		
Prendre des rendez-vous	Traiter un appel d'offres	
Préparer les rendez-vous		• Réunir l'équipe projet en interne Identifier les acteurs de l'équipe projet client • Définir les rôles de chacun Formaliser le plan d'actions en mode projet
Réaliser les entretiens de vente en une ou deux étapes : découverte et proposition	• Identifier les différents décideurs • Rédiger la proposition • Présenter la proposition en réunion client	
Faire les relances clients et prospects		• Faire un point d'avancement du projet • Ajuster le plan d'actions par des actions correctrices
Enrichir la base de données, tenir les fichiers à jour		
Organiser son agenda en fonction des résultats à atteindre : nombre d'entretiens, nombre de ventes, niveaux de CA et marge à réaliser		
Analyser les résultats et définir les actions de progrès		

Le processus de vente a évidemment une incidence sur l'organisation type du commercial et, par voie de conséquence, sur l'activité de pilotage du manager.

L'essentiel

- **Associer l'équipe commerciale à l'élaboration du plan d'actions** pour fédérer l'équipe sur les moyens d'atteindre les objectifs annuels.
- **Utiliser tout ou partie des outils d'analyse proposés en fonction du contexte** et des informations disponibles dans l'entreprise : la collecte des informations, la matrice EMOFF, le tableau récapitulatif des actions commerciales, la matrice ABC croisée, la grille produits/clients, le tableau synthétique de formalisation du plan d'actions.
- **Impliquer chacun des commerciaux dans l'utilisation des outils sélectionnés** pour élaborer son propre plan d'actions.
- **Vérifier la pertinence du plan d'actions** des commerciaux.
- **Préparer le suivi du plan d'actions commerciales** lors des réunions d'équipe et des entretiens individuels.
- **En matière de gestion du temps**, appliquer les lois du temps et viser les agendas cibles pour les commerciaux et le manager.

Chapitre 9

Disposer des outils quantitatifs

Executive summary

- **L'activité des commerciaux est en lien avec les résultats obtenus**, encore faut-il disposer des bons indicateurs de mesure.
- **Au regard de l'activité, les résultats apportent une vision plus claire** de l'efficacité réelle des commerciaux à chaque étape du processus de vente.
- **Cette analyse croisée permet de comparer les commerciaux** et d'identifier des sources de progrès précises.

Analyser les ratios pour orienter l'activité et les résultats

Le manager commercial a deux axes d'analyse qui interagissent :

- le niveau d'activité des commerciaux témoigne de leur organisation ;
- le niveau des résultats des commerciaux témoigne de leur performance commerciale.

Bien sûr, les niveaux de motivation et de compétence jouent, comme on l'a vu, un rôle fondamental sur la performance finale. Ici, l'objectif est pour le manager de disposer des indicateurs d'activité et de résultats pour orienter l'activité et les résultats des commerciaux.

Définir les indicateurs à suivre pour réaliser le bon diagnostic

Les critères d'activité doivent permettre de mesurer, par exemple :

- le nombre de contacts téléphoniques ;
- le nombre d'entretiens en face à face ;
- le nombre de propositions émises ;
- le nombre de relances effectuées...

Les critères sélectionnés doivent permettre d'évaluer les résultats au regard des objectifs intermédiaires, par exemple :

- le nombre de rendez-vous obtenus ;
- le nombre de ventes réalisées ;
- le nombre de nouveaux clients ;
- le niveau de chiffre d'affaires ;
- le niveau de marge...

Le manager commercial, tout comme le commercial peut établir des ratios d'efficacité qui trace chaque étape de l'activité commerciale. Par exemple, sur l'activité de prospection, cela donne :

$$\text{Nombre de prospects} \times \frac{\text{Nombre d'appels}}{\text{Nombre de prospects}} \times \frac{\text{Nombre de rendez-vous}}{\text{Nombre d'appels}} \times \frac{\text{Nombre de propositions}}{\text{Nombre de rendez-vous}} \times \frac{\text{Nombre de nouveaux clients}}{\text{Nombre de propositions}} = \text{Nombre de nouveaux clients}$$

Figure 9.1 – Exemples de ratios d'efficacité (activité de prospection)

Cette équation fournit à la fois un indicateur de mesure de l'activité commerciale en nombre, mais aussi d'efficacité sous forme de ratios. En partant de la base de prospects qualifiés, le terme suivant de l'équation définit un premier ratio d'activité, le deuxième terme traduit un taux de transformation de rendez-vous, le troisième est celui du taux de concrétisation. Ce même raisonnement peut s'appliquer à la réalisation du chiffre d'affaires ou de marge qui dépend du niveau d'activité et de son efficacité.

Appliqué à l'équipe, le manager peut ainsi comparer à la fois l'activité et les résultats de chaque commercial et de l'équipe en fonction de critères précisés en amont.

Exemple

Chaque commercial doit passer 30 appels par semaine pour obtenir 4 rendez-vous, sachant qu'en moyenne un nouveau client est acquis sur les 4 rendez-vous. Quatre situations se dessinent alors :

1. le niveau d'activité est insuffisant et les résultats ne sont pas à la hauteur ;

2. le niveau d'activité est satisfaisant, mais les résultats ne sont pas au niveau de performance voulu ;

3. le niveau d'activité est satisfaisant et les résultats sont en ligne avec les objectifs ;

4. le niveau d'activité est insuffisant et les résultats sont atteints.

Le diagnostic peut de résumer sous la forme de la matrice suivante. Il permet de situer et de comparer les commerciaux entre eux et avec la moyenne de l'équipe :

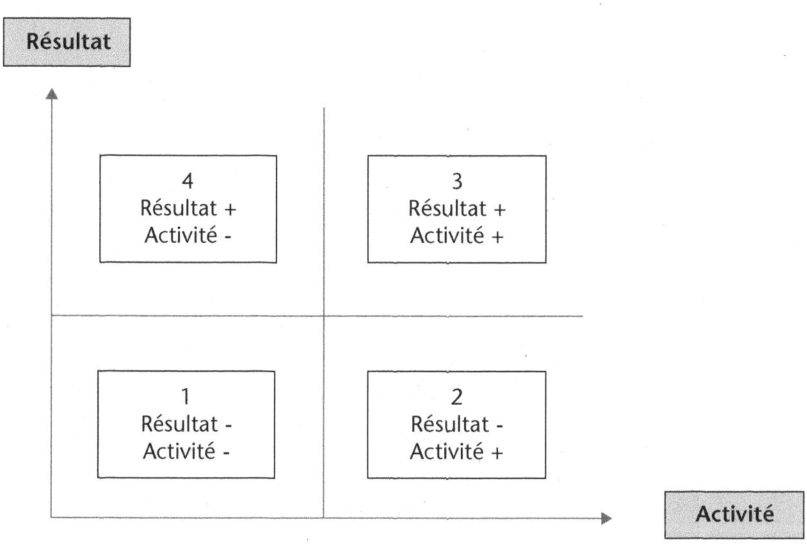

Figure 9.2 – Le positionnement activité/résultat de l'équipe

Ce benchmark interne permet au manager et au commercial de faire un bilan et de définir les actions de progrès individuelles et collectives. Le cas échéant, le manager agira sur les leviers de l'activité et/ou des compétences du commercial.

Exploiter les tableaux de bord

L'activité et les résultats de chacun peuvent donc être comparés et ce d'autant plus facilement qu'ils sont recueillis sous forme de tableau de bord. Reprenons l'exemple de la prospection en imaginant que le manager anime une équipe de quatre personnes. Les indicateurs d'activité comme de résultats sont connus et partagés par l'équipe. Chaque commercial a comme référence de réaliser mensuellement :

- 40 appels ;
- 20 rendez-vous ;
- 15 propositions ;
- 10 contrats signés.

Tableau 9.1 – Tableau de bord activité/résultat

Commerciaux	Nombre d'appels	Nombre de rendez-vous	Nombre de propositions	Nombre de contrats signés
Arnaud	30	10	7	4
Jérôme	40	20	12	5
Élodie	50	30	25	13
Charles	20	15	13	12
Total équipe	140	75	57	34

En regard de cet état des lieux, le manager peut facilement identifier les écarts et décider des actions de progrès sur chacun des critères. Il bénéficie de critères mesurables au départ, d'indicateurs cible qui garantissent une organisation et optimisent le résultat final des commerciaux et de l'équipe.

Le tableau des ratios d'efficacité affine l'approche précédente. Les ratios disponibles permettent des échanges des meilleures pratiques entre commerciaux sans forcément reprendre pour base les indicateurs cibles.

Tableau 9.2 – Tableau des ratios d'efficacité

Commerciaux	Ratio 1 Intensité de la prospection X/40	Ration 2 Taux de transformation des appels	Ratio 3 Taux d'efficacité du rendez-vous	Ratio 4 Taux de concrétisation des propositions
Arnaud	75 %	33 %	70 %	57 %
Jérôme	100 %	50 %	60 %	41 %
Élodie	125 %	60 %	83 %	52 %
Charles	50 %	75 %	86 %	92 %
Total équipe	87,5 %	53 %	76 %	60 %

Le but est de faire travailler chacun et l'équipe sur l'optimisation de ratios, pour identifier toutes les actions qui permettent d'augmenter les performances.

En regard de la situation, comment le manager peut résoudre les 4 situations précédentes ?

1. S'agissant d'Arnaud, le manager doit avant tout fixer avec le commercial une priorité sur l'activité et le taux de transformation des appels : faire plus d'appels pour obtenir plus de rendez-vous.
2. Jérôme doit travailler le taux d'efficacité des rendez-vous et de concrétisation. L'objectif est d'améliorer ses compétences à prendre des rendez-vous et à concrétiser : formaliser le brief d'appel téléphonique, faire un accompagnement terrain observation pour repérer les points forts et de progrès sur l'entretien de vente et enchaîner par des trainings sur les points à améliorer.
3. Élodie doit travailler sur le taux de concrétisation des ventes. Il faut identifier un ou deux points de progrès prioritaires sur l'entretien de vente et organiser les trainings adaptés.
4. Charles doit augmenter son activité de prospection et accroître du coup ses très bons résultats.

En synthèse, le manager identifie précisément les niveaux d'activité et d'efficacité de ses commerciaux et de l'équipe pour améliorer les performances. Les détails sont au service des progrès continus.

L'essentiel

- **Établir les critères de résultats et d'efficacité** à chaque étape du processus de vente pour identifier les points forts et les points de progrès prioritaires.
- **Fixer des objectifs intermédiaires** en nombre et en taux de transformation pour analyser les écarts significatifs, par exemple : nombre d'appels en prospection, nombre de rendez-vous obtenus, nombre de ventes réalisées...
- **Utiliser le tableau de bord adapté** pour comparer précisément l'activité et les ratios de transformation des commerciaux et de l'équipe.

Chapitre 10

Prévoir des outils de suivi qualitatif

Executive summary

- **De la sélection et revue de compte au suivi des affaires,** le chemin est complexe. S'il s'agit de grand compte, l'erreur est d'autant plus coûteuse.
- **Les propositions ne doivent plus dégrader l'image de l'entreprise.**
- **Le CRM est-il au service des commerciaux ?** Où se cache le défaut ?

Assurer un haut niveau de qualité dans le processus de vente

Le suivi est la clé d'un management efficace notamment auprès des commerciaux pour qui les résultats rythment le parcours. Des obstacles sont à franchir, c'est pourquoi le manager commercial est par essence un manager de proximité. Il doit faire régulièrement le point sur les actions en cours, les niveaux de motivation et des compétences associées. Les indicateurs quantitatifs et les tableaux de bord sont précieux pour réaliser les diagnostics factuels et décider des actions correctives. Mais le manager doit aussi aider ses commerciaux à « grandir ». Souvent une façon de les faire grandir est de leur faire prendre de la hauteur sur leur quotidien, du recul et de l'analyse sur leurs affaires, leurs succès et leurs échecs.

Dans ce sens, le manager commercial apporte alors une vraie valeur ajoutée dans le suivi des comptes et des affaires, donc de la performance. Souvent la question est pour le manager : comment aider mes commerciaux à passer d'une culture orale et faite d'opportunisme à la formalisation, la préparation et à l'analyse proactive ? Selon les cycles de vente, court, long, projet, très grand compte ou de distribution, le manager doit disposer bien sûr d'une boîte à outils adaptée, plus ou moins sophistiquée.

Ce chapitre est donc consacré aux outils qualitatifs qui mettent en relief cinq aspects :
- la sélection des comptes ;
- la revue de compte ;
- le suivi d'affaires ;
- la charte de propositions ;
- les solutions CRM.

La sélection des comptes

En général, ce n'est pas le nombre de clients potentiel qui manque pour une entreprise. La question centrale est plutôt de sélectionner les bonnes cibles afin de maximiser :
- les ressources humaines, notamment les compétences de l'entreprise ;
- et les moyens. Plus particulièrement le temps et les coûts.

Prenons l'exemple d'un manager commercial qui a potentiellement 200 comptes à gérer. Ce manager sait qu'il n'a pas les ressources pour activer avec l'intensité nécessaire tous ces comptes sur un an. Par hypothèse, son choix doit se limiter à une vingtaine pour les développer efficacement, tout en maintenant une présence chez les autres clients afin de profiter d'opportunités. Il s'agit, pour lui, de prioriser l'action commerciale sur les meilleures cibles. Pour effectuer ce choix, trois critères d'évaluation sont à prendre en compte :

- le potentiel client ;
- la probabilité de réaliser une affaire ;
- le plaisir dans la relation établie, la connivence.

La « matrice PPP » (voir tableau 10.1) permet de sélectionner les clients prioritaires par rapport à ces critères. Le manager peut alors réaliser un travail avec son équipe en reprenant un à un les critères et dans l'exemple de matrice ci-dessous les huit indicateurs associés. Sur chaque indicateur, le commercial doit noter de 1 à 3 points suivant la situation du client : exemple sur le critère « Évaluer le potentiel », l'indicateur « Compte rentable » est de 1 point si la marge est inférieure à 10 %, 2 points si la marge est comprise entre 10 % et 20 % et de 3 points si la marge est supérieure à 20 %. Le processus est comptable, chacun des critères peut obtenir une note maximale de 24 points, le total des points par critère définit alors le choix des clients prioritaires à développer.

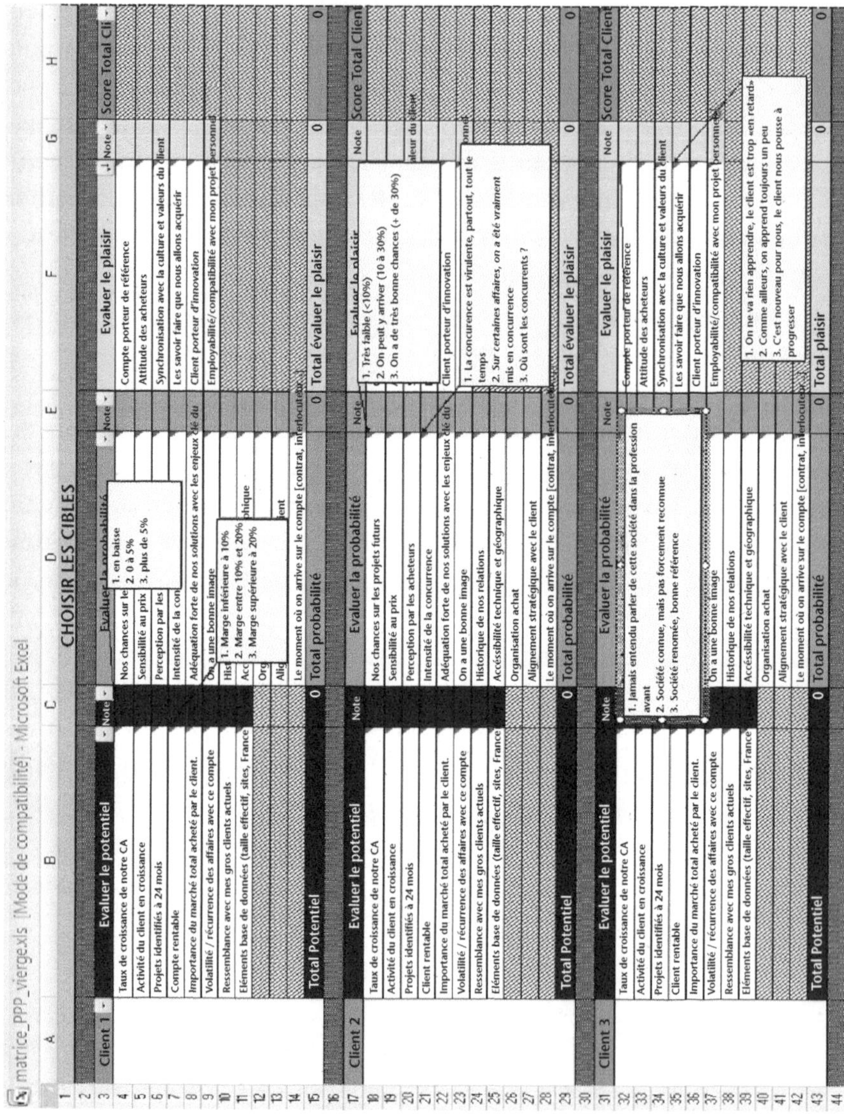

Tableau 10.1 – La matrice PPP

Ce type de matrice est un outil facilement réalisable par le manager. Il peut, seul ou avec l'équipe, définir les critères et les indicateurs associés adéquats pour en faire un instrument d'efficacité en fonction du cycle de vente. Cette analyse approfondie des clients apporte aux commerciaux une réflexion tactique sur leurs comptes et si nécessaire de mener les actions adaptées pour recueillir les informations manquantes.

La revue de compte

La revue de compte a pour objectif de faire le point sur le pilotage des grands clients et la compréhension du compte. C'est aussi savoir passer d'une logique à court terme à une logique à moyen terme, notamment pour les clients grand compte.

L'intérêt est de rassembler les informations client disponibles au sein de l'entreprise ou dans la tête du commercial :
- facturation, comptabilité ;
- SAV ;
- logistique ;
- informations commerciales dans le CRM...

La revue de compte permet ainsi d'identifier ses points forts et ses points d'amélioration pour gagner des affaires chez ce client ou chez un important prospect cible.

Le second aspect consiste à évaluer qualitativement le positionnement du client vis-à-vis de notre entreprise :
- La situation idéale est celle où le lien est stratégique avec le client. Elle traduit un haut degré d'intimité client, une forte réciprocité et une faible intensité de la concurrence sur les nouveaux projets du client.
- La qualité du lien dépend donc des niveaux d'intimité client, de partage de la vision de la valeur ajoutée du fournisseur et de l'intensité de la concurrence sur les projets des clients. On peut donc classer ce lien à 4 niveaux, comme l'illustre le tableau suivant : stratégique, partenaire, tactique et spot.

Le but pour le manager commercial et l'équipe est de progresser au niveau supérieur dans chacune des rubriques en définissant le plan d'actions approprié : client spot à client tactique, client tactique à client partenaire et client partenaire à client stratégique. Il faut ici identifier les possibilités de renforcer l'intimité client en intensifiant les relations avec les bons interlocuteurs et de savoir mettre en avant les points distinctifs de l'offre commerciale.

Tableau 10.2 – Analyse d'une revue de compte

	Intimité client	**Vision de notre valeur ajoutée**	**Intensité de la concurrence**
stratégique	Le client nous consulte sur des projets stratégiques majeurs pour son business Relations fréquentes avec notre top management	Nous faisons des plans stratégiques conjoints Engagements réciproques équilibrés à long et moyen terme	Nouvelles opportunités identifiées en amont Pas de mise en concurrence
partenaire	Le client nous consulte sur des objectifs opérationnels importants Le top management est facilement accessible si nécessaire	Le client reconnaît notre valeur ajoutée différenciatrice Il donne des informations clés sur nos concurrents	Nous sommes informés avant nos concurrents de nouvelles opportunités Nous sommes parfois retenus sans mise en concurrence
tactique	Le client nous ouvre des portes quand ça l'intéresse Nous avons quelques contacts avec le top management	Le client ne connaît que partiellement notre offre et nos points forts	Nous sommes parfois informés avant les concurrents Nous sommes mis en concurrence quasi systématiquement
spot	Le client nous contacte quand il en a besoin Nous avons peu de contacts et peu d'informations sur l'organisation et le business du client	Le client n'a pas de vision précise de nos solutions	Nous sommes mis en concurrence systématiquement Notre taux de réussite est faible

Le suivi d'affaires

Une fois engagées les actions définies sur le compte ou le territoire, il s'agit ensuite d'aider les commerciaux à prendre le recul nécessaire sur les affaires en cours. Il arrive souvent d'entendre certains d'entre eux prétexter la perte d'une affaire du fait de conditions tarifaires trop élevées… Dans la situation inverse, le gain d'une affaire est au contraire expliqué par la qualité du relationnel et la finesse tactique du vendeur... En vente *B to B*, c'est plus exactement la bonne compréhension et l'influence auprès du groupe de décideurs qui fera la différence. C'est donc au responsable commercial de manager le suivi.

Quel que soit le cycle de vente, il est fondamental de rencontrer les décideurs et interlocuteurs influents. Or, la complexité des circuits de décision est croissante. D'une culture latine centralisée, les entreprises ont évolué vers une culture partagée. Dans les grandes entreprises du CAC 40 qui ont connu un fort développement de chiffre d'affaires, le processus de prise de décision a changé. Le nombre d'interlocuteurs à rencontrer est plus élevé, car de plus en plus d'entités doivent être associées à la décision. Les organisations matricielles en témoignent. Chaque interlocuteur client a progressé dans son métier, que celui-ci relève de l'expertise, des ressources humaines, de la finance ou des achats, l'interlocuteur a son mot à dire. Le commercial doit alors bien identifier les enjeux pour chacun des interlocuteurs et personnaliser ses arguments pour avancer vers la conclusion de la vente.

Le tableau suivant, le « profilor », permet au manager et à son équipe d'établir le profil de chacun de ses interlocuteurs à un instant de l'affaire en prenant en compte quatre critères :

- Le rôle :
  - l'acheteur est celui qui valide ou s'oppose à la décision ;
  - le décideur prend la décision finale, seul ou en comité ;
  - l'évaluateur établit la recommandation (technique, achat, juridique...) après évaluation par lui-même ou des utilisateurs. On l'appelle aussi chef de projet ;
  - l'utilisateur utilisera de fait la solution au quotidien ;
  - le conseiller peut donner son avis à différentes étapes du processus de décision ;
- L'influence : elle peut être forte, moyenne, faible ou nulle.
- La proximité : elle est estimée amicale, professionnelle, superficielle ou nulle.
- L'opinion : elle est jugée motrice, bienveillante, neutre, opposante ou hostile.

Tableau 10.3 – Exemple du « profilor »

	Interlocuteur X	Interlocuteur Y	Interlocuteur Z	Interlocuteur A
Rôle				
acheteur	acheteur			
décideur		décideur		
évaluateur			évaluateur	
utilisateur				utilisateur
conseiller				
Influence				
forte				forte
moyenne	moyenne			
faible		faible		
nulle			nulle	
Proximité				
amicale				amicale
professionnelle		professionnelle		
superficielle	superficielle			
nulle			nulle	
Opinion				
motrice				motrice
bienveillante		bienveillante		
opposante	opposante			
hostile			hostile	
Plan d'actions par interlocuteur	Chercher à comprendre sa position sans s'opposer. Écouter et identifier un point d'accord possible. Ne pas insister au risque d'en faire un hostile. Le voir en second	Remettre en avant tous les bénéfices pour l'entreprise. Notamment ceux liés aux collègues de l'interlocuteur et aux utilisateurs, qui seront les principaux acteurs de la mise en œuvre	Éviter de le voir	Lui demander des conseils pour atténuer les effets de l'interlocuteur X. Le voir en premier

En fonction du profil, le commercial établira alors le plan d'actions relationnelles nécessaire pour favoriser la vente. L'ordre des entretiens à effectuer est tactique, la posture à adopter est aussi primordiale, sachant qu'avec l'acheteur les compétences à négocier pourront être déterminantes.

La charte de propositions

S'il existe un moyen de faire la différence dans le processus de vente, c'est la proposition commerciale. Le livre de référence *Optimisez vos propositions commerciales*, co-écrit par Giandra de Castro et Frédéric Vendeuvre (Dunod, 2009), est là pour en témoigner. En France, 750 000 commerciaux du *B to B* émettent des propositions écrites. À ce sujet, les impressions qui ressortent des lecteurs vont du sur-mesure jusqu'à son inverse le standard ! En regard du temps passé par les rédacteurs de propositions, les directions commerciales ont là aussi un sujet. L'exercice en la matière souffre du temps à consacrer à formaliser ces propositions, 25 % du temps en moyenne, qui est souvent vécu par les commerciaux comme des travaux forcés sans réel impact pour le client : « Ils ont à peine lu ma proposition, je n'ai aucun retour, j'ai plein d'autres choses à faire, j'attends la validation de mon boss... » Bref, un jeu qui peut devenir perdant pour les deux parties, le client qui consacre du temps à la lecture souvent fastidieuse de la proposition et le commercial à sa rédaction dans la douleur. C'est aussi la distinction à faire entre un simple devis et une proposition ciblée sur la demande du client *a contrario* d'une proposition « copier-coller ». Les risques en termes d'image sont pourtant importants pour les entreprises, quel qu'en soit le résultat, elle doit a minima laisser une impression positive au lecteur : « Les mots s'envolent et les écrits restent ! » Les principaux reproches relevés par l'étude menée par Halifax mettent en évidence cinq principales causes d'échec, dans l'ordre :

- compréhension insuffisante des objectifs du client ;
- budget incompatible avec les ressources du client ;
- manque de démarche impliquant les dirigeants, notamment sur le retour sur investissement ;
- profil du chef de projet ou de l'équipe non compatible ou pas suffisamment détaillé ;
- manque de proactivité commerciale et/ou d'originalité.

C'est pourquoi il est nécessaire d'appliquer quelques règles simples qui relèvent des attentes client :

- Bien comprendre les enjeux pour le client. Il s'agit ici non pas de reformuler le cahier des charges, mais de l'enrichir de faits marquants du client, de son histoire, des changements associés à sa demande en les mettant en lien avec la stratégie de l'entreprise. À ce point de la proposition, le lecteur doit y trouver une histoire courte dans lequel il se reconnaîtra. C'est proposer un angle de vue original partant de la demande du client pour y trouver un sens dans la rédaction des chapitres suivants. À cet effet, les entretiens préalables avec les différents interlocuteurs seront déterminants avant de commencer à rédiger la proposition. Les informations recueillies construiront la réponse à faire d'autant que ces interlocuteurs participeront à la prise de décision.
- L'objectif recherché par le client, s'il est bien compris par le commercial, doit s'élargir avec un but opérationnel traduit par des résultats qualitatifs et quantitatifs. La solution ou le dispositif prévu contribueront à faciliter la mise en œuvre de la stratégie de l'entreprise cliente.
- Si la solution présentée tient évidemment compte de l'objectif du client, elle doit aussi intégrer les contraintes du client (budget, temps, ressources, compétences, etc.) et de la faisabilité quant à sa mise œuvre par les utilisateurs. Quel que soit le niveau d'exigence, de sophistication ou high tech des attentes du client, il souhaite une réponse simple, rapide et le meilleur retour sur investissement possible. L'originalité à ce propos sera toujours la bienvenue pour le client, à partir du moment où celui-ci est réellement demandeur. Elle sera d'autant plus déterminante pour le commercial qu'il fait l'objet sur cette affaire d'une forte concurrence. Dans tous les cas de figure, les points distinctifs du fournisseur sont à mettre en avant pour répondre plus efficacement à la demande du client. Le ' copier/coller ' a évidemment un effet destructeur aux yeux du client lui laissant une impression d'une solution trop généraliste.
- L'équipe projet, ingénieurs, techniciens, responsable commercial... doit présenter un profil adapté aux besoins du client. Ce critère se révèle de plus en plus précieux, puisque la réussite de la mise en œuvre d'une solution est essentiellement une histoire d'homme : la capacité à comprendre les utilisateurs, à remonter les informations aux décideurs, à ajuster, voire modifier certains aspects de la solution en fonction des premiers résultats. Il souhaite que les acteurs de la mise en place de la solution sachent s'adapter aux aléas du projet : délais, calendrier, changement d'interlocuteurs, nouvelles informations à intégrer...

- Le suivi en cours de projet est en effet une donnée essentielle pour le client. Il doit rendre des comptes en interne et veut naturellement connaître les effets de la mise en œuvre de la solution. Il est donc important de prévoir ces remontées d'informations en qualifiant les indicateurs et les interlocuteurs dès le démarrage du projet : entretien, réunion, compte rendu, évaluation en ligne...

Sur le fond, la charte de proposition reprend les items précédents dont le manager se porte garant pour assurer une valeur ajoutée au devis ou à la proposition présentés au client.

Sur la forme, la charte prévoit les couleurs, les caractères de police en cohérence avec l'image de l'entreprise du commercial. Au-delà des pages titre reprenant le sommaire et les chapitres, des messages doivent apparaître en titre de chaque page afin de faciliter la lecture de la proposition et créer l'envie du lecteur. Ils reprennent les idées directrices de la page et s'enchaînent dans une version qui peut être expurgée en donnant le sens de la réponse à la demande du client.

En fonction de la densité de la proposition, une version synthétique accompagne la proposition afin de donner des repères aux différents lecteurs sur les points clés de la proposition ; décideurs, utilisateurs, responsables de projet en interne. La version complète permet le cas échéant aux lecteurs d'approfondir les chapitres dans le détail.

Tableau 10.4 – La charte de proposition

La structure de la proposition	Les chapitres de la proposition
Le sommaire	Reprendre les différents chapitres du devis ou de la proposition
Le contexte de l'affaire du client	Mettre en perspective les enjeux pour le client
Les objectifs du client	Relier les objectifs à la stratégie de l'entreprise
La solution ou le dispositif à prévoir	• Répondre au plus près des attentes du client en mettant en avant les points distinctifs de l'offre • Préciser le retour sur investissement pour le client
L'équipe projet	Sélectionner les profils adaptés à la demande du client selon les caractéristiques expert et relationnelles
Les aspects budgétaires	Détailler le devis pour éviter des surprises au moment de la négociation
Les annexes : normes qualité, expériences, innovations,	Rassurer le client sur la qualité et les expériences

Une relecture par le manager s'avère indispensable pour trois raisons :

- S'assurer du respect de la charte de proposition.
- Corriger les fautes d'orthographe et/ou de forme, les erreurs de syntaxe. Clarifier des expressions trop longues et sans réelle valeur ajoutée pour les lecteurs client.
- Offrir au client une image positive de son entreprise. Si celui-ci ne sélectionne pas cette offre, il sollicitera à nouveau le commercial pour sa qualité de réponse.

Le manager a donc la responsabilité d'un niveau de qualité à donner au client. Il doit expliquer aux commerciaux l'intérêt à rédiger et présenter dans les règles de l'art une proposition, mais aussi d'accompagner les commerciaux dans leurs premières rédactions jusqu'au niveau de maîtrise souhaité.

C'est aussi en amont de la proposition que les affaires se gagnent, quand les commerciaux peuvent agir auprès des différents interlocuteurs pour influencer la décision finale en leur faveur. Le manager peut alors établir une règle visant à recueillir les informations nécessaires avant de rédiger la proposition. Ce travail est à faire en réunion, car plus les commerciaux seront impliqués plus ils adhéreront au processus de vente et à la charte de proposition qui en découle. La proposition est donc un moyen privilégié de revisiter les bonnes pratiques de vente et d'enrichir les savoir-faire de l'équipe commerciale.

La présentation de la proposition à un groupe de décideurs est évidemment allégée pour mettre en relief l'essentiel. S'agissant de présentation power point, les slides dit « ZEN » (photo et messages associés) appuient les messages à faire passer aux différents interlocuteurs client. Garr Reynolds recommande dans son ouvrage « Présentation ZEN » de laisser 50 % d'espace vide sur les slides, car cela apporte non seulement de la clarté et de l'élégance à la composition, mais amplifie surtout la compréhension du message pour son auditoire.

Pour conclure sur ce sujet fort de la proposition, l'implication du manager est évidemment prépondérante quant à la mise en œuvre de pratiques commerciales plus efficaces, notamment quand il s'agit d'écrit dont l'empreinte est durable dans l'esprit des clients. La complexité des processus de vente exige qu'à chaque étape les commerciaux et le manager s'assurent de la qualité nécessaire pour gagner de nouveaux clients et les fidéliser. Le leadership et le coaching du manager sont au service de changements majeurs quand est abordé le sujet de la qualité rédactionnelle des commerciaux. Ces deux leviers du management sont encore plus indispensables sur un sujet sensible. Le manager pourrait être tenté lui-même de baisser le niveau d'exigence, mais il ne doit rien lâcher. Il doit en effet être convaincu de participer à l'enrichissement de nouveaux savoir-faire de l'équipe et à une plus grande satisfaction client.

Les solutions CRM

La question de la mise en place de CRM en *B to C* ou *B to B*, gestion de la relation client, n'est plus à remettre en cause, toutes les entreprises structurées s'en équipent. La croissance du chiffre d'affaires des SFA, sales forces automation, en témoigne comme les nouvelles solutions *cloud* qui ont le vent en poupe. En effet, les enjeux sont importants, ils recouvrent des aspects fondamentaux de l'activité commerciale comme :

- La qualité des fichiers et leur mise à jour quand il s'agit pour l'entreprise d'initier des campagnes commerciales par e mailing, internet ou téléphone, mais aussi en face à face. Le service Marketing dispose-t-il des bonnes informations, ne seraient-ce que la mise à jour des adresses et coordonnées téléphoniques ? Il s'agit pour ce service d'optimiser les résultats d'actions ponctuelles sur la base d'informations quantitatives et qualitatives.
- La politique tarifaire vis-à-vis de catégories de clients avec une zone d'autonomie plus ou moins souple accordée aux commerciaux. Pour l'entreprise, c'est évidemment contrôler les niveaux de marge ou de chiffre d'affaires, quand apparaissent à l'écran le tarif à appliquer et le niveau de remise à accorder en fonction des caractéristiques de l'achat.
- Les actions à engager auprès de prospects ou de clients en fonction de leur chiffre d'affaires et de leur potentiel, identifier les manques à gagner pour passer de la prise d'ordre à des ventes proactives, nourrir le volume d'affaires en optimisant le ratio du nombre de ventes sur le nombre de propositions ou de devis. Grâce à la qualité des informations, le commercial peut voir afficher à son écran le produit ou service à proposer à chacun des clients.
- Le gain de temps qui permet au vendeur de privilégier son temps commercial effectif sur le temps de gestion administrative et commerciale. Les volumes de chiffre d'affaires et de marge devant mathématiquement se développer.

Les clients sont la propriété de l'entreprise qui en confie la gestion à ses commerciaux. Il est donc légitime que la direction soit informée le plus rapidement possible pour faire des prévisions, connaître la situation de l'activité commerciale menée auprès de ses clients pour décider des actions les plus efficaces. Il est fondamental d'y voir clair sur les tendances par ligne de produit et les réactions des clients pour viser juste. Le manager commercial a donc un rôle fédérateur autour de cet outil.

Pourtant, cela suscite des réactions plus ou moins virulentes de part et d'autre. Certains commerciaux ayant acquis de l'expérience voient dans ce dispositif une remise en cause de leur autonomie et interprètent cela comme un contrôle inutile. D'ailleurs la plupart considère être de plus en plus sollicitée pour rédiger des comptes rendus qui entravent, selon eux, l'intensité de leur activité commerciale et au final leur motivation et ce, d'autant plus que le management ne fait pas de retour sur ces informations. En revanche, la direction considère à juste titre la nécessité d'analyser l'activité commerciale pour avoir une vision globale des réactions clients qui entre elle-même en contradiction avec celle plus naturellement individualiste du commercial, responsable de son secteur. L'argument d'un investissement lourd de la part de l'entreprise, qui de ce fait oblige les commerciaux à appliquer ce qu'on lui demande, a généralement un effet dévastateur si les commerciaux n'ont pas été associés dès le départ au projet.

La direction raisonne global et le commercial local. En prenant le recul suffisant, les deux parties sont gagnantes à disposer d'un CRM ; les commerciaux bénéficient des retours de l'entreprise qui elle, a les moyens de synthétiser les remontées d'informations des commerciaux au profit d'actions plus ajustées pour chacun d'entre eux.

Une étude réalisée en 2009 par Gartner Group révéla que 55 % des mises en place de CRM furent des échecs dont les causes principales relevaient dans l'ordre de :
- la résistance du personnel ;
- l'encadrement non préparé ;
- des attentes irréalistes ;
- un management de projet insuffisant.

La question est de savoir comment faire adhérer les commerciaux à l'utilité d'un CRM. Sur le fond, les équipes commerciales et de direction sont plutôt d'accord sur l'objectif d'un système d'information rapide et réactif, mais les problèmes surgissent plutôt dans la construction et le management du CRM. Il s'agit d'un changement important pour les commerciaux, comme il a été dit dans les chapitres relatifs à la vision et la conduite du changement, la communication et le management autour du CRM sont essentiels.

L'expérience de multiples interventions dans les entreprises à ce sujet met en exergue ces paradoxes dans lesquels les émotions l'emportent sur la réflexion. Cela peut mettre aussi en perspective de façon plus transversale les relations entre les différents services de l'entreprise ; la logistique, les approvisionnements, le marketing, la comptabilité...

Pour éviter ces écueils, **le premier conseil est de faire participer les différentes parties prenantes de l'entreprise à l'élaboration de cet outil.** Cette première action a pour but de fédérer l'équipe autour des bénéfices de cet outil. Le manager, relais de la direction, pourra démontrer les avantages de cette solution pour les commerciaux, les clients et l'entreprise. Il doit aussi en préciser les détails sur l'utilisation, le temps nécessaire à formaliser les données dans les rubriques dédiées, l'exploitation de données au service d'actions commerciales plus ajustées. Prévoir aussi des modifications possibles au cours du temps soit pour en faciliter l'utilisation, simplifier l'exploitation des données, améliorer l'ergonomie, ou enrichir l'outil d'informations plus pertinentes.

Le deuxième conseil est d'accompagner les commerciaux dans l'utilisation du CRM. Avant de devenir familière, une navigation fluide entre les différentes rubriques doit être facilitée par des exercices en double commande avec chacun des commerciaux. Une des réticences des commerciaux expérimentés provient de la symbolique de l'outil ; il enferme, il faut le compléter en se conformant aux règles définies. Un commercial peut donc se sentir mal à l'aise s'il n'est pas déjà accoutumé avec des façons de communiquer que les plus jeunes ont déjà intégrées. Un guide d'utilisation et de navigation pourra être très utile pour ces commerciaux.

Le troisième conseil est d'en assurer un suivi régulier, en réunion et en entretien individuel. Le manager fait un suivi des affaires avec le commercial à l'aide du CRM. Ils complètent ensemble et en tirent des actions adaptées à la situation du client. Le manager doit aussi revenir sur la fréquence d'utilisation et le temps à y consacrer. Il aura aussi à lever les obstacles de certains commerciaux qui mettront plus de temps à se familiariser à l'outil.

Discipliner une équipe commerciale autour d'un outil CRM n'est pas un exercice facile. L'objectif est de faire prendre une nouvelle habitude qui doit devenir un réflexe de la part des commerciaux.

Prenons l'exemple d'un commercial, Hubert, qui a de bons résultats : à l'annonce de la mise en place d'un CRM, celui-ci interprète cet outil comme un « flicage ». Pour lui, la direction manifeste par cette décision un manque de confiance envers ses commerciaux. Reconnu comme leader d'opinion chez les commerciaux, celui-ci ne manque pas de faire des critiques à la moindre occasion. Pour le manager, la situation est tendue. Il remarque qu'une moitié des commerciaux fait le strict minimum en complétant les différentes rubriques succinctement sans pour autant changer leurs habitudes dans leur activité commerciale : trop de visites chez les clients faciles, prises de commande à peu de valeur ajoutée, demandes de négociation interne sur les tarifs non dissipée. Une chance pour l'équipe, les résultats restent malgré tout en ligne avec les objectifs.

Le manager décide d'un entretien individuel pour faire le point avec Hubert au sujet du CRM. Trois versions vous sont proposées, à vous d'en identifier les comportements les plus adaptés à la situation.

Tableau 10.5 – Une histoire de CRM

Version 1	Version 2	Version 3
Le manager recadre immédiatement Hubert en lui indiquant de se remettre en ligne	Le manager rappelle les enjeux et revient sur le contexte de la mise en place du CRM	Le manager écoute Hubert et cherche à comprendre ses résistances au CRM
Il écoute et revient à l'impératif pour Hubert d'utiliser comme il se doit l'outil CRM	Il sollicite Hubert pour connaître les raisons de ses réticences au CRM	Il s'implique en promettant à Hubert d'en parler à la direction
Il lui rappelle la nécessité de s'adapter à un monde nouveau	Il reformule et comprend le ressenti d'Hubert à propos de la mise en place du CRM	Il demande à Hubert d'assurer le minimum afin que la base de données soit à jour

»

»

Version 1	Version 2	Version 3
Il lui indique qu'il n'a pas le choix	Il reconnaît le cas échéant le manque d'accompagnement et de prise en compte des idées de l'équipe. Il rappelle les avantages pour les commerciaux sans pour autant nier les résistances	Il rappelle que c'est une décision de la direction et l'importance de l'investissement pour l'entreprise
Il lui propose de travailler avec un des commerciaux modèle sur l'utilisation du CRM	Il intègre les remarques d'Albert pour affiner la démarche CRM sans remettre en cause l'outil	Il rassure Hubert en minimisant le changement. Sur le fond ça ne changera pas grand-chose à ce qu'il faisait jusqu'à maintenant
Il lui donne un délai d'application en assurant Hubert de sa confiance	Il engage avec Hubert un plan d'actions pour l'aider à se familiariser avec l'outil et propose des actions en distinguant ce qui est possible de faire ou non	Il lui propose son aide durant la prochaine semaine pour compléter avec lui le CRM

Les trois versions comportent chacune des pratiques intéressantes. Mais chacun aura une préférence pour la version 2 qui, d'une certaine manière, synthétise les quelques meilleures pratiques de management déjà vues à ce stade de l'ouvrage.

L'histoire du CRM ne fait que commencer. Il est fort probable que l'accélération et la sélection de l'information soient encore plus importantes demain dans les choix stratégiques des entreprises, tant aux niveaux local que global, mais cette aventure restera fondamentalement humaine. À savoir, associer les différents acteurs aux outils, faire vivre ces outils en évitant de s'enfermer dans la seule logique d'appliquer sans réfléchir.

L'essentiel

- **Pour effectuer le bon choix de comptes,** les passer à la moulinette des « 3P » : potentiel client, probabilité de réalisation d'affaire et plaisir de la relation.
- **Classer les clients à quatre niveaux selon la nature du lien établi avec son entreprise** : stratégique, partenaire, tactique et spot. Situer les clients et définir une tactique appropriée : développer l'intimité client et mettre en avant ses arguments distinctifs.
- **Identifier les rôles de chacun des interlocuteurs** en utilisant le « profilor » pour déterminer le plan d'actions relationnelles.
- **Détruire les « copier/coller » ravageurs** pour l'empreinte laissée à ses clients, respecter la charte de proposition !
- **Associer les commerciaux à la mise en place de CRM** et démontrer que la solution leur facilite le travail.

Chapitre 11

Piloter une équipe commerciale à distance

Executive summary

- **Gagner du temps est un objectif louable**, mais abuser des mails en manageant à distance en fait perdre davantage !
- **Définir des règles du jeu** qui évitent les frustrations ou interprétations des messages.
- « **Rencontrer moins, mais rencontrer mieux.** »

Choisir les bons outils de communication

La course à la productivité, moins de personnes pour faire plus et mieux, n'a pas épargné les forces commerciales. Dans de nombreuses organisations, le nombre de niveaux de managers diminue, les zones géographiques et territoires des commerciaux s'agrandissent. Il n'est pas rare de rencontrer un seul vendeur sur une zone Europe ou mondiale ou un autre sur la France réalisant 110 000 km par an… Dans le même temps, on a diminué les frais fixes de bureau, favorisé le nomadisme total du commercial. La distance s'est imposée encore plus avec le management. A laquelle peut s'ajouter dans un contexte international, les différences culturelles, les habitudes locales qu'un management éloigné a de plus en plus de mal à intégrer et comprendre. Chaque jour nous rencontrons plus de managers ayant un *home office* ou de passage dans un bureau loué. Davantage de forces de vente sont délocalisées sur le terrain et donc plus proches du client, mais sont en revanche plus éloignées de leur entreprise et de leur manager. Dans certaines organisations, il se peut que le manager réside en chine, le N + 1 aux États-Unis et des vendeurs dans le monde entier… les nouvelles technologies ont favorisé ces changements sans qu'on prépare vraiment les collaborateurs à les utiliser comme de vrais relais de communication.

Aujourd'hui, l'heure du bilan a sonné et de nombreuses entreprises réfléchissent à mieux utiliser ces nouvelles technologies de management à distance sans tomber dans les pièges. Comment en tirer le maximum en complément des relations humaines, sachant que rien ne remplacera le contact humain, l'ambiance d'une équipe et les liens personnalisés avec les collaborateurs. C'est surtout dans ces moments de rencontres précieux et donc rares que nous pourrons à ce moment construire une confiance réciproque. La confiance devient alors un des piliers indispensables pour réussir son management avec une équipe à distance. Tous ces changements nous emmènent vers une dématérialisation du management et l'industrialisation de la relation mais avec des limites. Comment être performant en ayant une relation « aveugle » avec son équipe ? Comment manager ses commerciaux à distance sans « perdre la main » ? Finalement cela relève de la magie…

Ce chapitre développe trois thèmes :

- maîtriser les outils de communication : les pièges à éviter pour le manager ;
- un contrat de confiance : définir les règles du jeu ;
- s'adapter à une équipe distante : « Rencontrer mieux, rencontrer moins. »

Maîtriser les outils de communication à distance

Le téléphone portable est dans la poche de chacun et nous sommes joignables à tout moment, à n'importe quelle heure et n'importe quel jour. Le téléphone est le seul relais « vivant » pour garder le contact avec ses vendeurs. Il permet de garder la relation avec les individus de l'équipe et ce, de façon personnalisée. Cet outil peut donner au manager des indices précieux sur le vendeur ; son état de forme, sa motivation, son ressenti. L'impact de la voix dans la communication par téléphone représente 40 % de la communication, les mots en représentant 60 %. Au travers de la voix s'expriment des émotions comme la colère, la tristesse, la crainte, l'enthousiasme, la joie, la confiance, mais également des sentiments, dont le contrôle est plus délicat par téléphone qu'en entretien en face à face. Le téléphone est donc un outil qui réunit à la fois les avantages de pouvoir échanger des informations, des avis et aussi de bien comprendre les réactions du commercial, contrairement aux mails qui peuvent être mal interprétés d'un point de vue émotionnel. C'est là un des points forts du téléphone dans le management à distance.

La relation au téléphone complète la relation électronique et permet de faire le point avec le commercial sur ses réussites et ses difficultés. Il est important de rassurer, de conseiller le vendeur dans les moments où l'éloignement est source parfois d'isolement, de doute, voire de perte de motivation. De même, en cas de fort stress du vendeur, le téléphone est le seul lien humain pour offrir au vendeur une écoute bienveillante et l'aider à prendre le recul nécessaire et le remotiver.

Par contre, comme le téléphone est dans l'instantané, la relation et les émotions ont aussi des limites dans le management à distance. En effet, c'est un média « aveugle », alors que 50 % de la communication en face à face passent par la gestuelle, certaines situations nous échapperont donc. Il faut compléter cet outil de management à distance par des éléments plus factuels comme des écrits ou des lieux et des moments qui permettent de partager des documents de travail pour mieux se comprendre, en entretien ou en web réunion.

Avis d'expert

Lionel Théraud, responsable Market Access Bristol-Myers Squibb DOM-TOM Afrique

Piloter à distance

Les pièges ou les erreurs à éviter :

Pour compenser l'éloignement, le piège principal est une sur-sollicitation des forces de vente par les fonctions d'appui du siège : réunions sous forme de conférences téléphoniques, entretiens individuels par téléphone, nombreux mails destinés aux informations exclusivement descendantes sans commentaires particuliers. Ces excès réduisent le nombre de contacts avec les prospects et les clients et sont de nature, finalement, à démotiver les commerciaux.

Une réactivité trop immédiate de la part du management à des mails de vendeurs peut provoquer des incompréhensions ou des tensions. Ces situations seront d'autant plus mal ressenties par le vendeur qu'il est éloigné. Ses réactions seront plus délicates à réguler et plus difficiles à maîtriser à distance.

Par téléphone, ne pas suffisamment reformuler les faits et synthétiser les points clés.

Les conseils à suivre :

Trouver le juste équilibre entre les sollicitations, les appuis à distance et le management de proximité :

- Privilégier le management de proximité en organisant :
  - des tournées terrain en duo par région, deux fois par an, pour accompagner en clientèle, faire progresser et garder le contact terrain ;
  - une réunion régionale pour échanger sur les actions en cours et à initier, les résultats, la veille concurrentielle, l'adaptation des discours, expliquer le sens de la stratégie, etc. Laisser une place aux moments informels pour apprécier le niveau de motivation de chacun et mieux faire adhérer les forces de vente.
- Favoriser les échanges au cours des conférences téléphoniques :
  - sélectionner pertinemment les intervenants, fixer un agenda précis ;
  - connaître les avis des commerciaux sur les sujets marketing et les supports de communication ;
  - recueillir les informations clients ;
  - impliquer les vendeurs sur la recherche de meilleures pratiques ;
  - solliciter l'avis des commerciaux qui ont tendance à moins s'exprimer.
- Et plus particulièrement en entretien téléphonique individuel : écouter, remotiver, féliciter, gérer les situations de tension, faire une analyse plus fine des actions menées et des résultats, trouver des solutions aux problématiques spécifiques.
- Utiliser les mails pour délivrer des informations factuelles en évitant les mots et les signes porteurs de sous-entendus, comme les points d'exclamation ou de suspension susceptibles d'interprétations. Exemples : retards de paiement, remontées de clients, etc.

Optimiser le management par téléphone

- Privilégier le téléphone, pour entretenir la relation à distance et humaniser la relation au téléphone en limitant la communication par messagerie aux informations et aux faits ;
- éviter d'appeler ses collaborateurs en dehors des heures de travail sauf urgence exceptionnelle ;
- répondre au téléphone si on est soi-même disponible... mieux vaut rappeler et prendre son temps que répondre dans la précipitation ;
- se positionner dans un endroit au calme où il est possible de prendre des notes. Le mieux est dans un bureau quand l'entretien doit être suivi d'un compte rendu, par exemple lors d'entretien individuel périodique ;
- préparer en amont son rendez-vous téléphonique et soigner sa communication : être très clair en utilisant des mots simples et en parlant distinctement ; rythme, articulation, ton, expression..., et en reformulant ses idées clés ;
- être à l'écoute et très attentif à la voix, source d'informations précieuses sur l'état émotionnel et donc motivationnel du vendeur ;
- rédiger le compte rendu à chaud et l'envoyer dans la journée à l'interlocuteur pour les rendez-vous ciblés ; plan d'actions, directives particulières...
- prévoir une durée d'entretien de 30 à 45 minutes.

Privilégier la visioconférence ou web meeting

Beaucoup de solutions existent, dont des gratuites comme Skype et fonctionnent très bien. Elles réunissent à la fois le visuel, partage d'écran et documents et la voix. Dans certaines solutions de type visioconférence, la caméra a même une amplitude importante pour visionner l'ensemble d'une salle et réunir une équipe, par exemple.

Ces solutions présentent de nombreux avantages. On se parle et on se voit c'est donc plus facile que le téléphone et la messagerie électronique. La réunion est plus conviviale qu'une conférence téléphonique simple. Les commerciaux ont la possibilité de travailler ensemble sur des documents et du visuel. On peut ressentir l'ambiance d'une équipe...

Par contre, les choix de matériel performant, d'excellentes connexions internet rendent souvent la faisabilité aléatoire dans l'entreprise. Si les moyens de l'entreprise ne permettent pas les investissements importants en visioconférence, les réunions web sont un bon compromis à condition de prévoir aussi une conférence téléphonique pour l'audio. Quelques conseils pour exploiter au mieux le potentiel de la visioconférence ou web meeting :

- se préparer en amont de la visioconférence. S'assurer que les documents ont bien été envoyés et reçus une semaine avant la réunion pour que les vendeurs aient eu le temps de les lire ;
- rappeler les règles du jeu : ponctualité, parler chacun son tour, se présenter (région, site, etc.), préciser l'ordre du jour à la réunion avec un timing très précis. Ce sont les mêmes règles qu'une réunion normale ;
- chaque personne demande à prendre la parole avant de parler ;
- parler clairement et distinctement ;
- écrire en parallèle sur un bloc-notes les points importants qui serviront au compte rendu ;
- écouter activement demande une forte concentration, proposer alors de courtes pauses s'il le faut ;
- faire des synthèses partielles et finales pour engager le plan d'actions ;
- rédiger le compte rendu à chaud juste après la réunion ;
- prévoir une durée d'une heure à une heure trente.

Gérer les e-mails

L'activité autour de la messagerie est croissante, le temps passé à répondre à ses mails mais aussi à envoyer des mails ne cesse de croître. Un de nos clients avait même calculé que ses commerciaux passaient jusqu'à deux heures à traiter leurs mails... ce qui devenait quelque peu contre-productif ! Chacun d'entre nous a eu l'expérience d'un mail mal compris ou « surinterprété ». Les mots bruts ont parfois plus d'impact que le même message à l'oral. Comment donc être efficace avec ce mode de communication à distance et en étant positionné manager commercial ?

La messagerie électronique est surtout un mode de communication rapide et efficace qui peut remplacer une partie du face à face dans le cas d'un pilotage à distance... surtout informatif. Elle a de nombreux avantages :

- simple et rapide à utiliser, de n'importe où, n'importe quand ;
- diffusion en masse de l'information à l'équipe et au même moment ;
- communication instantanée.

Pour ces mêmes raisons, un des reproches fait aux mails est de provoquer des réactions trop éruptives et brutales... ou massives. Face à l'inflation galopante de mails, certains commerciaux se sentent tellement submergés qu'ils ne lisent même plus les mails de leur manager !

Organiser sa communication par mail

- Gérer et classer ses mails par commercial, par thème dans un ordre chronologique ;
- prendre le recul nécessaire avant de répondre à des mails où une réaction à chaud pourrait être contre-productive : analyser la situation, se distancer pour répondre, se laisser du temps avant de répondre ou envoyer un mail délicat ;
- tenir compte des fuseaux horaires dans les réponses en évitant par exemple d'envoyer des mails à toute heure et jour qui même involontairement exercent une pression morale objective sur les commerciaux. Des mails constituent des éléments de preuves de plus en plus utilisés lors de plaintes pour harcèlement moral ;
- prévoir deux ou trois plages horaires de diffusion et de lecture, par exemple ; matin et midi et soir en jours ouvrés même s'ils sont préparés à d'autres moments ;
- limiter le nombre de mails adressé à l'équipe et le temps perdu ;
- mettre en copie les seuls interlocuteurs concernés ou demander à vos collaborateurs de vous mettre en copie de certains types de mails ;
- rédiger un mail c'est être factuel, structuré et court sans sous-entendu ;
- favoriser le mail pour donner de l'information : envoyer le rapport mensuel, les comptes rendus des réunions, les chiffres de la semaine, du mois, la rentabilité, les flashs d'information du marketing sur une offre... confirmer les dates de rendez-vous et de réunion...
- soigner la forme, la ponctuation ; le point, la virgule le point d'exclamation ou d'interrogation sont interprétés, ils peuvent exacerber des situations de tension, des non-dits, voire des conflits !

Bien sûr, au-delà d'une bonne utilisation des outils, il ne s'agit pas uniquement de bien ou mieux communiquer, il s'agit de manager ses vendeurs. Dans ce management à distance, comme dans la vie de l'équipe, il s'agit aussi de mettre en place des règles du jeu.

Définir les règles du jeu, le contrat de confiance

Il n'est pas toujours simple de créer de la confiance et de l'entretenir au sein de l'équipe commerciale, or, dans le management d'une équipe de commerciaux à distance, les rencontres étant rares, virtuelles, ce

« contrat » de confiance doit être plus particulièrement renforcé. Le manager n'a d'ailleurs pas le choix, il ne pourra jamais tout contrôler. Le manager à distance a encore moins les moyens de vérifier ou contrôler l'activité quotidienne d'un vendeur (si son collaborateur est au travail... ou à la plage) que le manager de proximité. C'est pour cette raison que les managés à distance doivent posséder une grande autonomie et la maturité nécessaire pour travailler seul. Le manager doit pouvoir compter et se reposer sur ses vendeurs sans crainte ! Lorsque l'on est éloigné de ses équipes et que les rencontres sont rares, le doute peut très vite s'installer... de part et d'autre d'ailleurs. Le vendeur de son côté peut vite croire qu'on se désintéresse de lui, or il a besoin de sentir cette confiance managériale pour être motivé et force de proposition avec ses clients. Pour créer ce climat, il est fondamental de créer des liens avec toute l'équipe et avec chaque personne de l'équipe, en instaurant de l'informel mais aussi des rituels de rencontres bien établis.

Premier facteur clé de succès : le vendeur doit avoir confiance en son entreprise pour atteindre ses objectifs et réussir. C'est dans ces conditions que son action doit trouver du sens sur le terrain et au quotidien. Les objectifs fixés au vendeur doivent donc être réalistes et motivants.

Deuxième facteur clé de succès : l'implication de chacun pour réaliser un projet demande au manager de l'équité et une bonne relation avec l'équipe. Elle passe par son comportement, son charisme, sa congruence. Mais à de nombreuses occasions, les vendeurs vont communiquer entre eux, échanger et cette facilité à le faire directement entre eux est un facteur important de motivation et de solidarité partagée en dehors du lien hiérarchique. Le manager a donc intérêt à favoriser ces échanges directement entre vendeurs éloignés pour partager ou échanger sur des dossiers.

Troisième facteur clé de succès : être un manager... communiquant. Le manager a un rôle pour entretenir l'envie, challenger, mais aussi savoir aider un collaborateur quand le manager possède l'expertise et déléguer une tâche si le manager la maîtrise moins. Être transparent avec ce que l'on est. Expliquer, faire la pédagogie des choix et des directives de l'entreprise, transmettre et relayer une vision claire du business pour que le vendeur puisse faire le lien avec les actions qu'il déploie sur le terrain très loin du siège. Autant d'actes au quotidien importants pour rompre le sentiment de solitude à distance.

Gagner la confiance de ses vendeurs en zones éloignées

- Communiquer régulièrement, avec des rituels bien établis : lancement de semaine, de journée, entretien périodique individuel, réunion d'équipe, flash infos ;
- avoir une organisation sans faille, formaliser les comptes rendus, envoyer en amont les agendas et documents à préparer ;
- maîtriser les nouvelles technologies de web meeting et partages de documents collaboratifs ;
- être en écoute active et disponible au téléphone avec ses collaborateurs, faire des comptes rendus des points clés évoqués ;
- entretenir des contacts informels non intéressés directement par le business pour garder le contact ;
- demander à chaque commercial d'avoir au minimum un contact par semaine avec son manager spontanément.

Au fond, on pourrait conclure que manager à distance, c'est juste manager... normalement et rigoureusement. En effet, on a plus de mal à rattraper les petites erreurs, frustrations, déceptions quand on est loin, c'est plus simple à détecter immédiatement et à rattraper avec de la bienveillance et de la convivialité quand on est proche. Le management des commerciaux doit donc être encore plus organisé et formalisé lorsqu'il est à distance.

S'adapter à une équipe distante

Les rencontres physiques sont rares, il faut donc les optimiser au maximum et donc les organiser. Parfois, le manager rencontrera certaines équipes, ou une partie de ses équipes une fois par an. Les tendances culturelles du pays, de la région mais aussi de l'entreprise sont des données très importantes à prendre compte afin de déterminer le bon rythme de visite terrain en intégrant les contraintes de temps et de budget pour se déplacer. Il n'y a pas de règles préétablies, car la situation est très différente bien sûr entre un manager en France dirigeant des commerciaux régionaux en home office au nombre de 8 ou 10 dans une entreprise qui se porte bien et celui manageant 25 commerciaux ou plus à travers le monde sur un business en perte de rentabilité et surveillé par ses financiers internes...

Comment rencontrer moins et mieux ?

- Préparer son déplacement longtemps à l'avance, prévoir une journée complète avec chaque vendeur sur le terrain, demander des objectifs clairs de visite client (type de client, type d'offre etc.) ;
- visiter le site local et organiser des rencontres avec les autres acteurs du site ;
- créer une relation plus personnelle, anticiper des moments *off*, sorties, team building etc. ;
- organiser un séminaire annuel de deux jours minimum toutes équipes mélangées ou en partie d'équipes par zones géographiques homogènes.

En plus des rencontres individuelles, des mails, des visioconférences, des entretiens d'évaluations, il est indispensable d'organiser un ou deux séminaires collectifs dont l'objectif est de travailler sur un sujet donné. Il s'agit aussi de créer une cohésion d'équipe et développer un sentiment d'appartenance. C'est le minimum de team building que l'on peut faire, on a toujours l'impression que cela coûte cher, car on a plus de mal à calculer ce que coûte un turnover, un vendeur pas motivé qui a deux fois moins d'activité de ce qu'il pourrait. Souvent, des commerciaux à l'inverse nous décrivent leur attachement à leur entreprise et leur équipe en donnant des exemples, de ce que des gourous du management ont appelé le *funky business* : un intervenant surprise (sportif de haut niveau, témoignage...), une formation marquante de haut niveau, une soirée festive.

Le pilotage à distance a vocation à se développer, mais concomitamment les moyens de réduire les distances ont aussi un fort potentiel de développement grâce aux moyens technologiques. Cependant, la relation en face à face, dans laquelle tous les sens sont en éveil pour mieux se comprendre : échanger ses émotions dans l'instant, partager des moments festifs et informels resteront quant à eux irremplaçables mais sans doute plus rares. Ce manque de proximité doit être compensé par le profil de commerciaux recrutés, à la fois autonome et capable d'appliquer une stratégie de l'entreprise sur sa zone géographique. Vaste dilemme dans lequel la question de proximité managériale reste posée. Certaines entreprises ont déjà réagi en nommant des managers de zone pour activer les temps de réaction entre les managers siège et les commerciaux. Il s'agit pour eux de fluidifier les décisions en les adaptant aux spécificités du pays et en assurant une plus grande présence sur le terrain. Le virtuel a donc ses limites, les véritables contacts ont donc encore un bel avenir !

L'essentiel

- **Éviter les pièges du management à distance** dans l'utilisation des outils de communication.
- **Définir un contrat de confiance en ritualisant** les actes de management à distance : mail, téléphone et web meeting ou visioconférence.
- **Sélectionner les bons outils en fonction des objectifs de communication** : informations, entretien individuel ou réunion.
- **Faire des rencontres sur site** des moments privilégiés pour les commerciaux !
- **Renforcer** le contrat de la confiance mutuelle.
- **Témoigner de la reconnaissance** : l'éloignement accentue les frustrations.

Conclusion

Le monde de l'entreprise, à la recherche de nouvelles richesses, a besoin de vitesse et d'innovation pour survivre. Le triptyque « Plus haut, plus vite et plus fort » a vécu, un nouveau émerge : « Différent, meilleur et humain. »

Face à la complexité d'un environnement exacerbée par une concurrence et des canaux de vente multiples, les clients se sont professionnalisés dans leurs achats. Leurs niveaux d'exigence accentuent la pression sur les commerciaux, qui doivent en permanence savoir s'adapter.

L'acte de vente intègre des aspects plus larges que le chiffre d'affaires : marge, financier, marketing, qualité, logistique… Dans ce contexte, le commercial ne peut s'isoler et doit prendre en compte les enjeux des autres services de l'entreprise. Messager, il matérialise une relation privilégiée entre les clients et l'entreprise dans une compétition à la fois locale et mondiale.

À l'image des meilleurs sportifs, le vendeur a besoin d'un manager coach pour développer ses talents et entretenir sa motivation, au service de ses résultats.

Le manager commercial est au cœur de l'équipe qu'il doit fédérer, en l'associant plus étroitement aux voies de la performance. La vision et les valeurs partagées en procurent le sens, et l'organisation en trace le chemin.

Le parti pris de ce livre repose sur une conviction : le manager commercial détient un rôle fondamental dans l'entreprise, et difficile à tenir. Son champ d'intervention est large et exige des qualités humaines indispensables à la réalisation des objectifs : établir la confiance pour favoriser l'épanouissement, écouter pour soutenir, faire progresser, encourager, recadrer, sont indispensables à la sérénité du commercial, qui ne peut se permettre de dépenser de l'énergie à lutter contre le doute et le stress.

Finalement, manager, c'est aimer ! Pour recevoir, il faut savoir donner, et en relevant ce challenge subtil, le meilleur est certainement à venir.

Bibliographie

BALAAM C., *Optimiser son organisation commerciale*, Dunod, 2002.

BUCKINGHAM M. ET COFFMAN C., *Manager contre vents et marées : développer les talents dans l'entreprise*, Village mondial, 2010.

BUCKINGHAM M. ET CLIFTON D., *Découvrez vos points forts*, Village mondial, 2008.

CARON N. ET VENDEUVRE F., *Démotiver à coup sûr*, Éditions d'Organisation, 2003.

CARON N. ET VENDEUVRE F., *Le grand livre de la vente*, Dunod, 2008.

CAYATTE R., *Manager une équipe à distance*, Dunod, 2009.

DEMILLY S., *Manager avec l'approche Herrmann*, Éditions d'Organisation, 2009.

HERRMANN N., *Les dominances cérébrales et la créativité*, Retz, 1992.

KORDA P. ET DESCARPENTRIES J.-M., *L'entreprise réconciliée*, Albin Michel, 2008.

PY P., *Le grand livre du responsable commercial et son plan d'actions*, Éditions d'Organisation, 2009.

Collection Fonctions de l'entreprise

Série Commercial/Vente

- M. Aguilar et Ph. Lafaix, *Les accélérateurs de vente,* 2e éd., 2011.
- M. Aguilar, *Vendeur d'élite,* 5e éd., 2011.
- M. Aguilar, *Vaincre les objections des clients,* 3e éd., 2012.
- J.-C. Brucher, *Rentabiliser son service après vente,* 2003.
- F. Buchet et N. Caron, *Les tableaux de bord de la fonction commerciale,* 2e éd., 2010.
- N. Caron et A. Girod, *Les clés mentales de l'excellence commerciale,* 2010.
- N. Caron, *Vendre aux clients difficiles,* 3e éd., 2007.
- G. de Castro et F. Vendeuvre, *Optimisez vos propositions commerciales,* 2009.
- M. Choukroun, *Les dynamiques de succès de la distribution,* 2012.
- S. Cogitore, *Le Category management,* 2003.
- M. Corcos et F. Siméon, *techniques pour vendre en grande distribution,* 2005.
- M. Corcos et S. Mercier, *Les techniques de vente… qui font vendre,* 5e éd., 2011.
- P. Desbordes, *Le coaching efficace des commerciaux,* 2e éd., 2006.
- L. Dugas et B. Jourdain, *Gagner les appels d'offre en équipe,* 2008.
- L. Dugas et B. Jourdain, *La vente complexe,* 2003.
- A. Fossier et O. Letrillart-Bénard, *Profession manager commercial,* 2012.
- H. Fraisse, *Manuel de l'ingénieur d'affaires,* 4e éd., 2006.
- M.-P. Le Gall et Couzon, *Mieux se connaître pour vendre plus,* 2005.
- P. Goupilleau, *Gagner en proximité avec le client,* 2002.
- J.-F. Granadel, *Vendeurs, mettez-vous en scène,* 2003.
- M. Kahn, *Franchise et Partenariat,* 2e éd., 2009.
- Ph. Korda, *Négocier et défendre ses marges,* 4e éd., 2010.
- F. Huyot et J.-Ph. Lafaix, *Faites évoluer vos méthodes de vente,* 2008.
- Y. Lellouche et F. Piquet, *Négociation Acheteur/vendeur,* 2e éd., 2010.
- J.-P. Loizeau et J.-P. Mariaccia, *Ingénieur d'Affaires,* 2006.
- C. Pardo, *Responsable des comptes-clés,* 2004.
- D. Rondot, *Négocier avec la Process Com,* 2006.
- F.-X. Simon et M. de Sousa, *Management et gestion d'un point de vente,* 2e éd., 2008.
- F. Vendeuvre et Beaupré, *Gagner de nouveaux clients,* 3e éd., 2008.
- F. Vendeuvre et T. Houver, *Vendre et négocier avec les grands comptes,* 2006.
- P. Whiting, *Les 5 grandes règles de la vente,* 2003.

58176 – (II) – (0,4) – OSB 90° – NCO – SBI

Dépôt légal : octobre 2012 – Suite du tirage : décembre 2014

Achevé d'imprimer par la Nouvelle Imprimerie Laballery
58500 Clamecy
N° d'impression : 411308

Imprimé en France

La Nouvelle Imprimerie Laballery est titulaire de la marque Imprim'Vert®